Vimala Thakar

Spirituell leben und sozial handeln

Vimala Thakar

Spirituell leben und sozial handeln

Revolutionäre Wege zu
Ganzheit und Einssein

Aus dem Englischen
von Martina Dietrich

Chalice Verlag

Die Originalausgabe erschien
1984 bei Vimala Programs California, Berkeley,
unter dem Titel *Spirituality and Social Action:
A Holistic Approach*

Deutsche Erstausgabe

Buchgestaltung: Robert Cathomas
Herstellung: BoD – Books on Demand GmbH
Printed in Germany

ISBN 978-3-942914-60-4

Inhalt

Teil III
In Ganzheit handeln

Teil IV
In Ganzheit leben

Vorwort von Renata Keller

In die Freiheit des Friedens und der Stille
hineinzuwachsen, ist nicht das Privileg weniger
Auserwählter. Es ist der natürliche Seinszustand
eines jeden Menschen. Wir brauchen die Freiheit nicht zu
erschaffen. Sie ist da. Sie ist die Substanz der Wirklichkeit.
Wir müssen lediglich das Falsche lautlos fallen lassen.
Wir schrecken vor der Freiheit zurück, weil es
in der Freiheit keine Zugehörigkeit gibt,
außer – zu allem.

VIMALA THAKAR

Ich erinnere mich, wie ich im Februar 2001 mit einer kleinen Gruppe von Freundinnen morgens vor Vimala Thakars Haus in Mount Abu, Radschastan, Indien, stand. Müde, aber frisch geduscht, nach einer schlaflosen Nacht im Zug von Rishikesh über Delhi nach Mount Abu. Noch einige Tagen zuvor waren wir gemeinsam in einem mehrwöchigen Meditationsretreat gewesen und hatten uns spontan entschieden, Vimala Thakar, über die wir vieles gehört hatten, zu besuchen. Als Frau sehnt man sich danach, weise Frauen zu treffen, und sie waren (und sind leider noch immer) in unserer patriarchal geprägten Welt nicht so einfach zu finden, da sie nicht gerne im Rampenlicht stehen. Ich war aufgeregt und gleichzeitig entspannt. Das wochenlange Sitzen in Stille hatte mir einen Boden von Vertrauen und Zuversicht gegeben. Durch ein kleines Tor traten wir in einen bunten Garten. Ich erinnere mich an die blühenden Oleandersträuche und höre noch immer die indischen Straßenklänge: Vogelgezwitscher, hupende Motorräder, das Krächzen der Krähen. Kaiser Irani, Vimala Thakars engste Mitarbeiterin und Herausgeberin ihrer englischsprachigen Bücher, hieß uns mit einem freundlichen und bescheidenen Lächeln willkommen.

Sie ging vor uns die Treppe hinauf und bat uns, in ein kleines Zimmer zu treten. Dort saß bereits Vimala, in einen weißen Sari gekleidet, im Schneidersitz und schenkte uns ein breites, warmes Lächeln. Nach der traditionellen indischen Begrüßung nahmen wir auf den ausladenden Sofas und auf dem Boden Platz und versanken unmittelbar in die Stille, die den Raum erfüllte. Mit scharfen, aber liebevollen Augen blickte Vimala in die Runde. Ihre Anmut und Aufmerksamkeit glichen denen einer Löwin. Sie nahm jede Einzelheit wahr. Als Erstes fragte sie uns, wie die Reise verlaufen war und ob wir im Gästehaus gut aufgehoben seien. Wir stellten uns vor und erklärten ihr, warum wir gekommen waren. Wir sprachen noch ein bisschen weiter, doch die Stille ließ unsere Sätze immer kürzer werden. Es gab keinen Grund, mehr zu sagen oder zu erklären, da alles schon so war, wie es war. Vimala meinte: *"I love sitting in silence. We do not have to speak."*

Nach dieser ersten, zeitlosen Begegnung mit viel Schweigen lächelte Vimala zu uns herüber, bot uns Tee an und stand auf. Auch wir erhoben uns. Ich staunte: Vimala reichte mit ihrem Kopf gerade mal bis zu meinem Bauch. Wir mussten alle lachen. Auch Vimala. Ihre Herzensgröße und Lebenskraft hatten den ganzen Raum, ja das ganze Universum erfüllt. Darum hatte ihre körperliche Größe unsere Wahrnehmung für einen Moment verwirrt. Sie fragte, ob wir am nächsten Morgen wieder kommen würden. Mit tiefem Glücksempfinden sagten wir zu. Zum ersten Mal in meinem Leben hatte ich eine zutiefst befreite Frau getroffen, die in das Leben selbst verliebt war.

Diese Begegnung mit Vimala ist nun über zwanzig Jahre her. Und Vimala weilt auch nicht mehr physisch unter uns. Doch während ich diese Worte schreibe, spüre ich noch immer die Präsenz jener Begegnung, als ob sie grade jetzt stattfände. So könnte man das Phänomen Vimala Thakar beschreiben. Ihre Präsenz ist allgegenwärtig, wenn man sich auf das eigene Herz, die eigene Liebe zur Stille und zum Leben besinnt. Eine ihrer vielen Aussagen, die sich meinem Gemüt eingeprägt hat, lautet: *"I love life. I love human beings."*

Lassen Sie, liebe Leserinnen und Leser, diese einfachen Sätze für einen Moment auf sich wirken. Vielleicht können Sie den ersten Teil noch gut mittragen, hadern aber möglicherweise mit dem zweiten? Für mich ist diese Aussage jedenfalls ein lebendiges Mantra geworden.

Während unserer dreitägigen Begegnung in Mount Abu hatte ich zum Glück die Hellsichtigkeit, viele von Vimalas Büchern zu erwerben und in meinen Koffer zu stopfen. Ohne dass ich es geplant hätte, sind diese Schätze mein spirituelles Zuhause geworden, meine seelische Nahrung – und später meine ersten Informationsquellen für den Dokumentarfilm *Im Feuer der tanzenden Stille – Reflexionen mit Vimala Thakar,** den ich über sie gedreht habe. Vimala Thakar hat mir mit diesen Büchern über die Jahre immer wieder auf die Schultern geklopft und mir einen anderen Satz, den sie oft im Munde führte, zugeflüstert: *"I live through the words."* In der Vertiefung ihrer Texte kam ich immer tiefer zu mir selbst.

Mein spiritueller Weg begann sehr früh. Es war der Buddhismus, der mich als Teenager an die Hand nahm und mich das Leben mit neuen Augen sehen ließ. Ich erinnere mich noch gut an den Vortrag eines buddhistischen Mönches in Thailand, der den Sinn des christlichen Glaubens erklärte. Zum ersten Mal konnte ich meine »hauseigene« Religion, die ich als Jugendliche immer als sehr lebensfremd, patriarchalisch und autoritär empfunden hatte, ein wenig verstehen. Ich nahm diese östlichen und traditionell bewährten Lebensweisheiten über Jahrzehnte dankbar an und vertiefte meine spirituelle Praxis mit den Lehren verschiedener Mystikerinnen und Mystiker, Philosophen und einigen zeitgenössischen spirituellen Lehrern. Ohne genau zu verstehen was, fehlte mir etwas Wesentliches. Erst in der Begegnung mit Vimala Thakar fand ich dieses Essenzielle: diese Bescheidenheit und Demut, die Fürsorge für das Alltägliche, für alle Lebewesen, diese Freude am Leben – das alles konnte ich hautnah spüren und meine Seele vermochte sich endlich in der Tiefe zu entspannen. Es ging nicht mehr nur um Worte, sondern um den Raum zwischen den Worten und um »Zwischenwesenheit«. Ich spürte eine gelebte Liebe. Diese kam in Vimala lautlos daher, undramatisch und so selbstverständlich, dass sie nicht einmal ansteckend, sondern einfach in sich selbst gegenwärtig war. Vimala sah sich nie als jemand Besonderes, sie war kein Guru, keine Auserwählte. Sie war ein Mensch wie Sie und ich. Und sie betonte auch immer, dass sie keine spirituelle Autorität, sondern eine Lernende war. Sie wollte keine formelle Gemeinschaft um sich herum und benötigte weder äußere Rituale noch einen institutionellen Überbau. Die Stille war ihr Tempel.

* www.imfeuerdertanzendenstille.de.

Während ich im Jahr 2019 für meinen Film über sie recherchierte, erhielt ich Einsicht in ihre Korrespondenz. Ihre Sammlung von Briefen und Notizen in der ihr gewidmeten Bibliothek in Rajkot, Gujarat, überwältigte mich. Vimala hat sich bis zu ihrem Tod unermüdlich politisch engagiert, hat Briefe geschrieben, gesellschaftliche Visionen entwickelt, Pläne entworfen für bessere Bildung und bessere soziale Bedingungen in Indien. Dabei hat sie die Medien immer gemieden, nie das Rampenlicht gesucht.

Wie kann man in einem Leben so viele Bücher, so viele Briefe geschrieben und so viele Seminare, Vorträge und Workshops gehalten haben – in Dutzenden von Ländern – und sich gleichzeitig um das Wohlergehen der Menschen in Indien und auf der ganzen Welt bemühen?

Vimala handelte auf lautlose Weise. Sie setzte ihre tiefen Einsichten unmittelbar in Taten um. Von Augenblick zu Augenblick, von Tag zu Tag.

In diesem Buch beschreibt sie zukunftsweisend, wie wir mit größter Dringlichkeit als verantwortungsbewusste Menschen aus unserem innersten Verstehen heraus handeln können und müssen.

Bevor Sie mit der Lektüre beginnen, möchte ich Sie warnen. Vimalas Worte werden Ihnen einen radikalen Blick auf unsere jetzige Situation als Menschheit eröffnen. Sie beschönigt nichts und macht uns nichts vor. Sie sagt auch nicht, der vor uns liegende Weg werde ein Spaziergang, aber sie ermutigt uns, in einen dynamischen Prozess mit uns selbst und unserer Umwelt zu treten. Möglicherweise werden Sie einige Textpassagen als irritierend empfinden; Vimalas Worte können in ihrer Direktheit und Klarheit harsch wirken. Lauschen Sie nach der Stille hinter dem Geschriebenen. Vielleicht flüstert Ihnen etwas aus der Zukunft zu.

Busswil bei Melchnau, August 2023

Teil I
Die Ganzheit entdecken

Spiritualität ist das Samenkorn.
Soziales Engagement ist der Baum,
der daraus wächst.

Zu vollkommener Revolution erwachen

In finsteren Zeiten dringt der Ruf zur Revolution tief in die Herzen empfindsamer, fürsorglicher Menschen. Wenn die Dunkelheit den Geist der Menschen einnimmt und Angst und Verzweiflung sich breitmachen, ist es dringend notwendig, dass besorgte Menschen erwachen und sich zur Revolution erheben. In einer Zeit, in der das Überleben der Menschheit auf dem Spiel steht, kommt die Beibehaltung des Status quo einer Kooperation mit dem Wahnsinn und dem Chaos gleich.

Im Herzen eines jeden Menschen wohnt die Sehnsucht, ein gesundes, harmonisches und friedliches Leben zu führen und die Wärme der Liebe zu erfahren. Der Geist der Liebe und der Wahrheit ist nicht tot, aber sein reines Leuchten wird von dicken Schichten des Verfalls überlagert. Könnte die Liebe zerstört werden, so wäre sie durch all die Achtlosigkeit, zu der die Menschen fähig sind, ausgelöscht worden; und könnte die Wahrheit verletzt werden, so wäre sie durch die furchtbaren Vernichtungswaffen, die der menschliche Verstand erschaffen hat, zerschlagen worden.

Die Schlauheit des menschlichen Geistes hat uns in die komplexe, entsetzliche und allumfassende Krise geführt, der wir nun gegenüberstehen. Die vertrauten Lösungen, die auf einem beschränkten Menschenbild gründen, versagen weiterhin und sind auf erbärmliche Weise unzureichend. Dennoch stecken wir enorme Ressourcen in diese überholten Lösungsansätze und glauben, wenn die Ausgaben nur groß genug seien, würden wir mit den alten Lösungen die neuen Herausforderungen bewältigen. Haben wir den Mut, Misserfolge als solche anzuerkennen und sie als vergangen abzuhaken? Haben wir die Vitalität, über enge und einseitige Perspektiven auf das menschliche Leben hinauszugehen und uns für das Absolute, die Ganzheit zu öffnen? Das Gebot der Stunde lautet, das Fragmentarische zu überwinden und zur vollständigen Revolution zu erwachen.

Dabei geht es nicht um eine der revolutionären Formeln der Vergangenheit; diese sind gescheitert; warum sollte man sie in neuem Gewand wieder hervorholen? Die Herausforderung besteht jetzt darin, eine völlig neue, lebendige Revolution anzustoßen, die das gesamte Leben miteinbezieht. Nie haben wir gewagt, die Gesamtheit des Lebens in all seiner überwältigenden Schönheit anzunehmen. Wir haben uns damit begnügt, Fragmente zu bewahren und Schlupfwinkel zu erfinden, in denen wir uns gedanklich und emotional sicher und geborgen fühlen.

Diese kleinen Zufluchtsecken und -nischen könnten wir haben, wäre da nicht das furchtbare Durcheinander, das wir bei dem Versuch angerichtet haben, das kosmische Ganze in mundgerechte Häppchen zu zerlegen. Wir haben ein schreckliches Chaos geschaffen und versuchen nun, die komplizierte Situation mit den oberflächlichsten Flickschustereien zu bereinigen.

Den Ursachen sozialer Missstände auf den Grund gehen

Als leidenschaftlich engagierte Menschen, denen die Lebensqualität ein Anliegen ist, jene, die wir für uns selbst geschaffen haben, wie auch jene, die wir künftigen Generationen bereiten, müssen wir zur Ursache, zu den Wurzeln des Chaos vordringen. Liegt die Ursache unseres Elends nicht darin, dass wir uns eine sehr oberflächliche und begrenzte Sichtweise auf die Gesamtheit des Lebens angewöhnt haben? Wurzelt das Chaos nicht in unserer Unwissenheit und in unserer Verleugnung der Ganzheit?

Die bisherigen Revolutionen, die Versuche, das menschliche Elend zu lindern, haben sich auf Teilgebiete konzentriert, entweder auf das äußere Leben der sozioökonomischen und politischen Strukturen und Systeme oder auf das innere Leben des Bewusstseins. Da sich die Lösungen auf Teilaspekte konzentrieren, werden wesentliche Dynamiken des Lebens ignoriert; es wird so getan, als gäbe es diese nicht, aber weil sie existieren und nicht ignoriert werden können, verursachen sie großes Leid. Die Illusion derjenigen, die zu sozioökonomischen und politischen Lösungen neigen, liegt in der Annahme, dass die Menschen in Frieden, Harmonie und Kooperation leben werden, sobald die Strukturen und Systeme reformiert sind. Und das Trugbild derer, die sich für einen Bewusstseinswandel einsetzen, besteht darin, dass die Strukturen und Systeme im Grunde nicht als wesentlich erachtet werden müssen und solange in Ruhe gelassen werden können, bis innere Freiheit und Transformation sich einstellen.

Tatsache ist, dass das Leben eine Ganzheit ist, eine unteilbare, nichtfragmentierbare Ganzheit, in der jedes Element alle anderen beeinflusst und nichts als irrelevant abgetan werden kann. Nur scheuen wir uns davor, uns den Konsequenzen unserer essenziellen Verbundenheit zu stellen. So halten wir an einer Weltanschauung fest, die besagt, dass die Einteilung der Menschen in Freund und Feind unbestreitbar und real sei, dass Abgrenzungen zwischen Völkern als anerkannte Wirklichkeiten gälten und dass die Überlegenheit des Menschen über alle anderen Lebewesen ein nicht zu bezweifelnder Fakt sei. Wir haben uns mit all unseren Vorurteilen und Vorlieben in winzig kleine Schubladen gezwängt und wundern uns, warum wir nicht in Harmonie und in Frieden leben können.

Heute, da die Narben unserer vergangenen Fehlschläge unser Dasein beeinträchtigen und die Ängste vor der Zukunft schwer auf unseren Gemütern lasten, können wir dieses gefährliche Spiel der Fragmentierung nicht länger fortführen. Wir kommen nicht mehr um die Tatsache herum, dass wir in Ganzheit alle miteinander verbunden und gleichwertig sind.

Wissenschaft und Technologie haben dazu geführt, dass wir alle in enger Beziehung zueinander stehen. Wir sind wahrhaftig eine globale Menschheitsfamilie. Allerdings haben wir als Familie nicht gelernt, in Frieden, frei von Gewalt und ohne Ausbeutung zusammenzuleben. Eine kooperative Lebensweise, die uns fördert, aber nicht der Freiheit beraubt, kennen wir nicht. Wir leben in Angst voreinander; selbst Nachbarn werden mit Misstrauen und Argwohn betrachtet. Wir ertragen ein entmenschlichtes und freudloses Leben, während jeder von uns innerlich nach Liebe, Freundschaft und Zuneigung dürstet.

Zu Beginn des zwanzigsten Jahrhunderts schrieb Bertrand Russell, der Mensch könne wie ein Vogel in der Luft fliegen, er könne wie ein Fisch im Wasser schwimmen, aber wie man unter anderen Menschen lebe, das wisse er nicht.

Doch ist es nun, am Ende des zwanzigsten Jahrhunderts, unbedingt notwendig, dass die Menschen unverzüglich lernen, wie sie harmonisch zusammenleben können. Die Schatten des Krieges, sogar eines Atomkrieges, verdunkeln den Horizont der globalen

Menschheitsfamilie. Kein Land, weder in Ost, West, Süd noch Nord, bleibt von den Spannungen und der Angst vor einer nuklearen Massenvernichtung verschont.

Regierungen vieler Länder erpressen ihre Bevölkerung mit Atomwaffen und nuklearer Aufrüstung unter einer Herrschaft von Schrecken, Unsicherheit und Furcht. Mit dieser Angst, dieser Ungewissheit, die über uns allen schwebt, können wir nicht weiterleben.

Obwohl unser Überleben auf dem Spiel steht, setzen wir uns eher oberflächlich, emotional und sentimental mit dieser Krise auseinander. Auf subtile Art und Weise haben wir versucht, uns jeder tieferen Verantwortung für den Zustand der Menschheitsfamilie zu entziehen. Uns selbst oder unsere engeren Bezugsgruppen halten wir für zutiefst aufrichtig und friedliebend und schreiben Außenstehenden, Fremden und machtgierigen Bösewichten die Verantwortung für Aggressionen und Kriege zu.

Doch wie können wir uns, als Angehörige von Gesellschaften, die sich auf Krieg vorbereiten, als friedliebend betrachten und die anderen als gewalttätig darstellen? Genau das versuchen wir jedoch zu tun. Wir lesen in den Zeitungen von Bomben, vom Atomkrieg, vom chemischen Krieg und wir sind sehr betroffen; wir verlangen, dass die nukleare Aufrüstung gestoppt und der Atomkrieg verhindert werden müssen. Im Fernsehen oder im Radio erfahren wir von Massakern und Kriegen in verschiedenen Ländern und empfinden es als dumm, Krieg zu führen. Wir fragen uns, warum die Politiker, die Staatsmänner und die Verwaltungsbeamten nicht die Weisheit besitzen, all diesen Unsinn zu stoppen.

So reagiert vermutlich jeder sensible Bürger dieser Welt. Wer aber führt den Krieg? Sind die Kriege das Ergebnis von einzelnen Entscheidungen, Entscheidungen von Regierungen, ihren Kabinetten und Ministern? Wo liegen die Wurzeln des Krieges? In den Köpfen einer Handvoll Individuen, die über ihre jeweiligen Länder herrschen? Oder sind die Ursachen des Krieges nicht vielmehr in den wirtschaftlichen, politischen, administrativen und industriellen Systemen zu suchen, die wir erschaffen haben und nach denen wir seit Jahrhunderten leben? Wenn wir nicht romantisch oder sentimental sind und uns nicht damit zufriedengeben, lediglich emotional zu reagieren, indem wir bekunden, wie schlimm Kriege sind, sondern tiefer gehen, werden wir die Wurzeln des Krieges dann nicht in den Systemen und Strukturen finden, die wir selbst akzeptiert haben?

Wir werden entdecken, dass es Systeme und Strukturen gibt, die unweigerlich zu Aggression, Ausbeutung und Krieg führen. Wir haben Aggression als eine Lebensart hingenommen. Wir schaffen und verstricken uns in Strukturen, die in Kriegen gipfeln. Diese Strukturen aufrechtzuerhalten und gleichzeitig Kriege zu vermeiden, ist nicht möglich.

Warum nehmen wir solche Strukturen oder Systeme hin? Weil die Psyche des Einzelnen von Zukunftsangst und dem Drang nach Sicherheit besessen ist und weil der Verstand ständig auf der Suche nach Vergnügung ist. Sind nicht das Verlangen nach Vergnügen, das Streben nach Sicherheit und das Befangensein durch Angst drei Ursachen, die dazu führen, dass wir Systeme und Strukturen akzeptieren, die unserem rationalen Verständnis nach eine Bedrohung für den Frieden darstellen?

Es ist einfach, uns selbst als arme Opfer staatlicher Maßnahmen zu betrachten. »Die sind verantwortlich, nicht wir.« Aber wir werden uns eingestehen müssen, dass wir indirekt an all der Gewalt und den Kriegen, die in der Welt stattfinden, mitbeteiligt sind. Ihr und ich sind als Einzelne zu einem sehr großen Teil mitverantwortlich. Wir haben uns jedoch daran gewöhnt, Autorität zu akzeptieren und unter ihr zu leben, sei sie religiös, politisch oder wirtschaftlich. Wir haben diese Autoritäten anerkannt, und so reagieren wir und sagen: »Sie sind verantwortlich, nicht wir.« Und dann erwarten wir, dass irgendein politischer Retter die Bühne betritt und die Welt erlöst, oder dass ein religiöser oder spiritueller »Übermensch« von irgendwo herabsteigt und die Lage und somit uns rettet.

Bitte seht ein, dass wir Einzelnen, damit meine ich euch und mich, verstehen müssen, auf welche Weise wir mitverantwortlich sind und teilhaben an der Schaffung dieser Gewalt, wie wir mit den Systemen kooperieren und dadurch an der Gewalt und den Kriegen mitwirken. Und dann müssen wir der Frage nachgehen, ob wir aufhören können, mit den Systemen zu kooperieren und uns an Kriegen zu beteiligen, um alternative Lebensweisen für uns zu erkunden.

Wir müssen zu den Wurzeln des Problems vordringen, zum Kern der menschlichen Psyche, und erkennen, dass kollektives soziales Handeln mit individuellem Handeln beginnt. Man kann das Individuum und die Gesellschaft nicht voneinander trennen. Wir alle tragen die Gesellschaft in uns, wenn wir ihre Wertestruktur übernehmen, wenn wir die Prioritäten anerkennen, die die Staaten, Regierungen und politischen Parteien für uns aufgestellt haben. Wenn wir ihre Prioritätenordnung, ihre Wertestrukturen und Einschätzungen akzeptieren, was bleibt dann noch an Persönlichem, Originellem und Unmittelbarem, das jeder von uns leben kann? Dann sind wir lediglich ein Ausdruck des Kollektiven, wiederholen das für uns erschaffene Muster und sind zufrieden, weil uns physische und wirtschaftliche Sicherheit, Komfort, Freizeit und Vergnügen geboten werden.

Haben wir bemerkt, wie der Mensch durch die umfangreichen technologischen Veränderungen immer stärker von Maschinen als von anderen Menschen abhängt, wie unser Leben entpersonalisiert und entmenschlicht worden ist? Ob wir nun in Fabriken, Büros, Schulen oder Universitäten arbeiten, wir haben die Wärme und den Zauber der Anmut menschlicher Beziehungen verloren. Langsam, aber stetig wurden uns kleine Dosen verabreicht und wir haben sie angenommen aus Angst, allein dazustehen. Wir wurden dazu erzogen, uns von einem Sicherheitsdenken geradezu beherrschen zu lassen; der Gedanke an morgen quält uns viel mehr als die Verantwortung für das Heute. Wir schaffen es nicht, in der Gegenwart präsent zu sein und dem Leben so zu begegnen, wie es ist und wie es kommt, denn uns wurde beigebracht, entweder mit der Vergangenheit oder mit der Zukunft beschäftigt zu sein.

Einen heilenden Ansatz finden

Sind wir bereit, diesen unangenehmen Tatsachen ins Auge zu sehen und sie anzuerkennen, dann können wir uns weiterentwickeln. Verfallen wir in Selbstmitleid und Depression, dann kann diese Negativität zu Zynismus und Bitterkeit gegenüber anderen Menschen und gegenüber dem System führen. Und solche negative Energie freizusetzen, trägt keineswegs zur Lösung der Probleme bei.

Wir müssen bei den Tatsachen bleiben, so wie sie sind. Ob es uns gefällt oder nicht, wir sind mitverantwortlich für das, was in der Welt geschieht.

Dulden wir die Gewalt in unseren Herzen, dann kooperieren wir mit jenen, die Krieg führen. Wir sind daran beteiligt, weil wir psychologisch gesehen Gewalt befürworten.

Um Kriegen wirklich ein Ende zu setzen, müssen wir tief in die menschliche Psyche vordringen, dorthin, wo die Wurzeln der Gewalt verankert sind. Solange wir die Ursprünge von Gewalt, Ehrgeiz und Eifersucht nicht finden, wird uns der Weg aus dem Chaos verschlossen bleiben. Wenn wir die Wurzeln nicht beseitigen, sind wir für immer zur erbärmlichen Wiederholung der Vergangenheit und ihrer Fehler verdammt.

Bitte versteht, dass das Innere und das Äußere aufs Engste zu einem Ganzen verwoben sind und dass wir eines nicht ohne das andere erfolgreich angehen können. Die Strukturen und Systeme bedingen das innere Bewusstsein, und die Konditionierungen des Bewusstseins schaffen die Strukturen und Systeme. Wir können nicht einen Teil der Wechselbeziehung herausschneiden, ihn hell und schön machen und dem Rest keine Beachtung schenken. Die Kräfte der menschlichen und gesellschaftlichen Konditionierungen sind tief in uns verankert; sie lassen sich nicht ignorieren.

Indem wir die Verantwortung für ein willkürlich geschaffenes Teilstück übernehmen, versuchen wir uns der Verantwortung für das Ganze zu entziehen. »Ich bin ein spiritueller Mensch; ich überlasse die Politik denen, die an Macht interessiert sind. Ich bin zu sensibel für Wirtschaft oder Politik.« Oder: »Ich bin ein sozialer Aktivist; die Erforschung des Bewusstseins überlasse ich den sentimentalen, abergläubischen Menschen, die gerne glauben.« Ihr müsst verstehen, wie gefährlich es ist, ein vertrautes Gebiet abzustecken und die Verantwortung für etwas zu verweigern, das außerhalb der persönlichen Komfortzone liegt.

Bislang gab es zwei verschiedene Ansätze. Der eine Ansatz richtet sich auf die sozialen, wirtschaftlichen und politischen Probleme und besagt: »Seht her, solange die wirtschaftlichen oder die politischen Probleme nicht gelöst sind, wird es kein glückliches Leben, keinen Frieden und auch kein Ende des Leidens geben. Es liegt in der Verantwortung eines jeden Einzelnen, sich an der Lösung dieser Probleme im Sinne irgendeiner Ideologie zu beteiligen. Es ist nicht so wichtig, sich dem inneren Leben mit seinen Unausgewogenheiten und Unreinheiten zuzuwenden; das kann später erledigt werden, weil es eine selbstbezogene, egoistische Beschäftigung ist. Aber wir sind verantwortlich für die Gesellschaft, für die Menschheit, darum sollten wir all diese Fragen von Meditation und Stille, von innerer Kultivierung und von Transformation zur inneren Revolution beiseitelassen. Kümmert euch zuerst um dies hier.«

Der andere Ansatz dagegen sagt: »Die politischen und wirtschaftlichen Probleme können nicht gelöst werden, solange der Mensch nicht vollständig transformiert ist. Konzentriert euch auf eure geistige Transformation, auf die innere, radikale Revolution. Die politischen, wirtschaftlichen und sozialen Probleme können warten.«

In der Regel folgen die Menschen einem dieser beiden konventionellen Ansätze: religiöse Gruppen, die sich um inneres Wachstum und innere Transformation bemühen, und soziale Aktivistengruppen, die sich im Dienst an der Gemeinschaft engagieren. Aber diese Aufteilungen haben als einseitige Bemühungen die menschliche Gesellschaft nicht tiefgehend verändert oder revolutioniert. Als Volk, als Menschheit, als globale Gemeinschaft, als globale Menschheitsfamilie befinden wir uns in einer äußerst misslichen Lage. Einerseits haben wir erstaunliche technologische Fortschritte erzielt, andererseits leiden wir zutiefst an der Dürftigkeit unseres Seelenlebens.

Ich frage mich, ob es nicht an der Zeit ist, über die herkömmlichen fragmentarischen Ansätze hinauszugehen und das Leben von einem ganzheitlichen Standpunkt aus zu betrachten, einen ganzheitlichen Ansatz zu wählen.

Dieser holistische Denkansatz betrachtet das Leben als eine unteilbare, nichtfragmentierbare Ganzheit. Die Essenz des Lebens, seine Schönheit und Würde, liegen in seiner Ganzheit. In Wirklichkeit lässt sich das Leben nicht in Inneres und Äußeres, in Individuelles und Soziales oder in Politisches und Wirtschaftliches aufteilen. Aus Gründen der Zweckmäßigkeit und der Analyse können wir für das Gemeinschaftsleben zwar willkürliche Aufteilungen vornehmen, aber im Grunde genommen hat jede Unterteilung zwischen innen und außen weder eine Realität noch eine Bedeutung.

Wir haben undurchlässige Abgrenzungen innerhalb der Gesellschaft, die Fragmentierung des Lebens, als faktisch und notwendig akzeptiert. Wir leben in diesen fragmentarischen Bezügen und nehmen die verinnerlichten Einteilungen – die verschiedenen Rollen, die wir spielen, die widersprüchlichen Wertesysteme, die gegensätzlichen Motive und Prioritäten – als Realität hin. Innerlich hadern wir mit uns selbst und halten das Innere für etwas völlig anderes als das Äußere. Wir meinen, das »Ich« sei vom »Nicht-Ich« getrennt und die Unterteilungen zwischen Menschen und Nationen seien notwendig, und wundern uns zugleich, dass es in der Welt Spannungen, Konflikte und Kriege gibt. Die Konflikte beginnen im Denken jener, die an Fragmentierung glauben, an ihr festhalten und die Ganzheit ignorieren.

Die Herausforderungen, vor denen wir als globale Menschheitsfamilie stehen, erfordern ganzheitliche Antworten und keine partiellen, fragmentarischen Lösungen. Wenn wir überleben wollen, werden wir lernen müssen, den Planeten als ein Ganzes zu verstehen, die Erde als ein ganzheitliches System zu betrachten und Mitgefühl für die gesamte menschliche Familie zu entwickeln. Wir müssen primitive, stammesbezogene Sichtweisen überwinden, in denen die Weltsicht stark eingeschränkt ist, und unser Wissen und unsere Wahrnehmung über kleinliche Trennungen hinaus auf die Einheit ausdehnen.

Die Welt als eine große, zusammengewürfelte Ansammlung von Teilstücken zu betrachten, von denen einige als »Freund« und andere als »Feind« betitelt werden, beginnt im Inneren. Wir stecken unser inneres Terrain mit denselben positiven oder negativen Bezeichnungen ab wie das äußere Territorium, und es finden dort genauso Kriege statt wie draußen in der Welt. Ein Teil des Verstandes will das eine tun, ein anderer will etwas ganz anderes; es tobt ein Konflikt, der sich zwar im Ausmaß, nicht aber vom Wesen her, von dem der Weltkriege unterscheidet.

Wenn wir uns selbst nicht als Ganzes wahrnehmen, wie sollte es dann überraschen, dass wir die Ganzheit der Welt nicht erkennen können? Wenn wir glauben, jeder von uns sei ein beliebig zusammengewürfeltes Sammelsurium aus wünschenswerten und unerwünschten Eigenschaften, widersprüchlichen Motiven, unausgegorenen Überzeugungen und Vorurteilen, Ängsten und Unsicherheiten, werden wir all dies nicht auf die Welt projizieren?

Die Reife der globalen Menschheitsfamilie setzt voraus, dass wir uns der Realität der Ganzheit bewusstwerden und eine Beziehung zu ihr aufbauen. Gegenwärtig definieren wir uns bezogen auf die Bestandteile der modernen Gesellschaft: auf Maschinen und Geräte, auf Theorien und Ideologien, auf politische und wirtschaftliche Strukturen. Selbst bei anderen Menschen beziehen wir uns auf eine bestimmte Auswahl an Vorstellungen, die wir von der Person haben, und nicht auf die Ganzheit ihres Wesens.

Erkennen wir hingegen die Tatsache unserer natürlichen Beziehung zur Einheit allen Lebens, wird sich unsere Einstellung zur Erde, zu den Pflanzen und Tieren, zum Mond, zur Sonne und zu den Sternen grundlegend ändern; auch unsere Einstellung zu uns selbst wird sich komplett wandeln. Wenn wir die begrenzende Fragmentierung des Verstandes überwinden und seine Beschränkungen hinter uns lassen, werden wir in der Ganzheit neu erwachen und die subtile, feine, vitale Verbundenheit mit allen Wesen erleben. Damit lösen sich alle Trennungen zwischen dem Ich und dem Nicht-Ich, zwischen Mein und Dein, zwischen Innen und Außen im Bewusstsein der Einheit auf.

Da die Ursache menschlicher Konflikte, sozialer Ungerechtigkeit und Ausbeutung in der menschlichen Psyche liegt, müssen wir dort ansetzen, um die Gesellschaft zu verändern. Diese Auseinandersetzung mit dem Verstand und der menschlichen Psyche ist kein Selbstzweck, keine selbstbezogene Beschäftigung, sondern ein Akt des Mitgefühls für die gesamte Menschheit. Wir müssen tief bis zu den Wurzeln des gesellschaftlichen Verfalls vordringen, damit die neuen Strukturen und sozialen Systeme, die wir entwerfen, ein ausreichend tragfähiges Fundament im Miteinander erhalten und die Möglichkeit haben zu gedeihen.

Weder die bestehenden sozioökonomischen Strukturen noch der individuelle Verstand haben das Chaos und die unbegreiflich traurige Misere, in der wir uns leider befinden, allein verursacht. Beide sind Ausdruck des kollektiven Bewusstseins, das an falschen Auffassungen und ungesunden Einstellungen über das Wesen der Wirklichkeit und des Menschen festhält.

Wir müssen uns von dem Irrglauben verabschieden, dass die Verbesserung eines Teilaspekts zur Entwicklung des Ganzen führen wird, dass also die Konzentration und Verbesserung eines einzelnen gesellschaftlichen Aspekts zur Reifung der gesamten Gesellschaft führen wird. Wir erkennen, dass die Entwicklung der Gesellschaft eine ganzheitliche Sichtweise erfordert, bei der alle Aspekte der Gesellschaft und ihre Beziehungen untereinander als relevant betrachtet werden sollten. Wir werden nicht länger zulassen können, dass die Motivationen und Werte, die dem persönlichen und kollektiven Verhalten zugrunde liegen, im Verborgenen bleiben und nicht hinterfragt werden. Es nützt uns nichts, die oberflächlichen Strukturen und Verhaltensweisen zu ändern, solange die tieferen Grundfesten dekadent und instabil bleiben.

Die Strukturen der Gesellschaft müssen transformiert werden und ebenso müssen die verborgenen Motivationen und Grundannahmen, auf denen diese Strukturen beruhen, verändert werden.

Die individuellen und kollektiven Werte und Motive, die die Ungerechtigkeit und Ausbeutung der modernen Gesellschaft billigen, stehen genauso im Brennpunkt der Veränderung wie die sozioökonomischen und politischen Strukturen.

Diejenigen unter uns, die ihr Leben dem sozialen Handeln gewidmet haben, betrachten ihre persönliche Einstellung zu Moral und Ethik, ihre Motive und Gewohnheiten allgemeinhin als Privatsache. Wir wollen unsere persönlichen Beweggründe und Gewohnheiten nicht nur vor der Öffentlichkeit verbergen, sondern auch vor uns selbst.

In der Vergangenheit war die Auseinandersetzung mit psychologischen Schwächen im Zusammenhang mit sozialem Handeln ein Tabu und nicht akzeptabel. Solange ein sozialer Aktivist oder eine soziale Aktivistin anderen Gutes tat, wurde es als irrelevant angesehen, ob er oder sie unter Gier, Eifersucht, Wut oder Angst litt. »Das ist meine persönliche Angelegenheit, nicht eure«, lautete die Einstellung.

In Wahrheit ist das innere oder psychische Leben keine private oder persönliche Sache, es ist vielmehr eine soziale Angelegenheit. Der Verstand ist ein Ergebnis kollektiver menschlicher Bestrebungen. Es gibt nicht »deinen Verstand« und »meinen Verstand«, es ist ein menschlicher Verstand. Es ist ein kollektiver menschlicher Verstand, der sich über Jahrhunderte hinweg ausgebildet und etabliert hat. Werte, Normen und Maßstäbe sind Verhaltensmuster, die von Kollektiven gebildet werden. Sie haben nichts Persönliches oder Privates an sich. Nichts an ihnen könnte Anlass geben zu Stolz oder Peinlichkeit.

Privatheit im persönlichen Leben ist nicht möglich. Diese Aussage mag sich schockierend anhören, aber macht euch bitte klar, dass Gedanken eine sehr subtile Materie sind, die von jedem von uns ausgeht. In dem Moment, in dem ein Gedanke geboren wird, ob er nun ausgesprochen wird oder nicht, breitet er sich in Form einer Welle aus und schwebt im Raum. Wir mögen die Türen unseres Zimmers schließen und glauben, dass niemand unsere Gedanken kennt, aber was wir in der sogenannten Privatsphäre tun, wirkt sich auf das Leben um uns herum aus. Wenn wir unsere Tage als Opfer negativer Energien, negativer Gedanken, verbringen, wenn wir in Depressionen, Melancholie und Bitterkeit verfallen, verschmutzen diese Energien die Atmosphäre. Wo bleibt dann die Privatsphäre?

Es ist unsere gesellschaftliche Verantwortung zu lernen, das Bewusstsein als etwas zu betrachten, das kollektiv geschaffen wurde, und zu erkennen, dass unsere individuellen Äußerungen ein Ausdruck des menschlichen Geistes sind. Unsere Gedanken, Gefühle und Emotionen sind allesamt ein Abbild der in uns enthaltenen Erinnerung. Was wir als »meine Reaktion« bezeichnen, ist in Wirklichkeit eine Reaktion des Kollektivs, die Reaktion eines indischen, eines französischen, eines weiblichen oder eines männlichen Verstandes, je nach Konditionierung.

Traditionelle Schranken überwinden

Es ist wichtig zu verstehen, dass unser Verstand diese Muster tagein, tagaus mechanisch wiederholt und zwar unser ganzes Leben lang. Mit dieser Einsicht verschwinden aller Stolz und alle Eitelkeiten in Bezug auf unsere Gedanken, Werte und Maßstäbe, unsere Vorlieben und Abneigungen. Denn diese Neigungen und Abneigungen, diese Präferenzen und Vorurteile, Schlussfolgerungen und Beurteilungen führen zu Schwierigkeiten in Beziehungen. Wir sind nicht frei und spontan im Umgang miteinander, weil wir es nicht schaffen, uns in innerer Freiheit, unabhängig von Gedankenstrukturen und den uns eingeimpften Verhaltensmustern zu begegnen. All unsere Reaktionen sind an diese Muster und damit an die Vergangenheit gekettet.

Aus diesem Grund werden zwei Menschen, sobald sie sich begegnen, unsicher und gehen in die Defensive; der Abwehrmechanismus kommt ins Spiel, noch bevor sie miteinander zu sprechen beginnen. Sich gegenseitig anzuschauen, reicht aus, um die Abwehrmechanismen anzufachen.

Und was auf der individuellen Ebene geschieht, äußert sich ebenso auf kollektiver oder auf nationaler Ebene. Die Nationen reden vom Frieden, stecken aber immense staatliche Ressourcen in die Errichtung aufwendiger Verteidigungssysteme. Und im Namen der Verteidigung werden Nationen aggressiv und finden die beschämendsten Vorwände, um die Jugend ihrer Länder in sinnlose Kriege zu schicken.

Innere Freiheit von der Vergangenheit, von der Denkstruktur, vom organisierten, normierten kollektiven Denken ist unbedingt notwendig, um einander ohne Misstrauen, ohne Angst zu begegnen, um einander ohne Hemmungen anzuschauen und zuzuhören. Erst dann wird es eine echte Beziehung zwischen den Menschen geben. Gegenwärtig gibt es nur eine Anpassung von Eigenarten. Es ist ein gegenseitiges Ausweichen vor den Schwächen, den Ecken und Kanten oder Macken des anderen. Es ist ein Spiel, bei dem es darum geht, in der Defensive zu sein oder anzugreifen.

Das Studium des Bewusstseins, die Erforschung der inneren Freiheit, ist nichts Utopisches, nichts Egoistisches, sondern es ist dringend notwendig, damit wir als menschliche Wesen die Barrieren überwinden können, die die Reglementierung des Denkens zwischen uns errichtet hat. Dann werden wir uns selbst wahrnehmen als menschliches Wesen ohne Etikett, nicht als Inder, Amerikaner, Kapitalist oder Kommunist – sondern als Mensch, als Miniatur-Ganzheit. Das haben wir noch nicht gelernt. All unsere Reaktionen wurzeln in der Vergangenheit und sind an Unterteilungen im Namen von Nationen, Religionen oder Ideologien gebunden. Deshalb gibt es auch keine Freiheit in unseren Beziehungen. Und in der Unfreiheit beginnt das Leiden; Misstrauen, Argwohn und Angst machen sich breit; Aggressivität und Abwehrverhalten setzen sich durch. Physisch sind wir einander nahe, doch emotional sind wir meilenweit voneinander entfernt.

Die soziale Verantwortung für das Erlangen der inneren Freiheit ist ganz offensichtlich ein sehr wichtiges Thema.

Wir befassen uns mit dem Bewusstsein, weil wir uns die Harmonie des Friedens wünschen, weil wir die Freude der Liebe in unseren Herzen brauchen und weil wir uns um die künftige Lebensqualität unserer Kinder sorgen. Wir beschäftigen uns nicht mit dieser Thematik, weil wir nach etwas Neuem und Esoterischem für unser Ego suchen oder ein paar transzendentale Erfahrungen machen wollen, um unser Selbstbild aufzupolieren. Wir untersuchen den Verstand aus sozialer Verantwortung; wir erkennen, dass die Wurzeln von Gewalt, Ungerechtigkeit, Ausbeutung und Gier in der menschlichen Psyche liegen, und wenden uns ihr mit klarer, präziser und objektiver Aufmerksamkeit zu.

Die Erforschung des Verstandes, der psychologischen Struktur, erfordert keine Zurückgezogenheit, aber sie verlangt Aufmerksamkeit. Die Regungen des Verstandes sind sehr schnell. Die Nuancen dieser Regungen sind so subtil, dass wir dem Modus Operandi des Verstandes nicht auf die Spur kommen werden, solange wir nicht lernen, ihn ohne Reaktion zu beobachten. Erst dann erkennen wir, wie Stolz und Eitelkeit aufkommen und die chemischen und neurologischen Systeme des Körpers beeinflussen und was Ärger und Angst mit uns machen. Diese Dynamiken zu beobachten, erfordert eine beständige Aufmerksamkeit, jedoch keine Abschottung. Beziehungen sind Gelegenheiten für eine intime Begegnung mit dem inneren Wesen. Unser Dasein beruht darauf, dass wir miteinander verbunden und nicht isoliert sind, dass wir keine einsamen und verlassenen Geschöpfe in diesem riesigen Kosmos sind. Wir sind keine isolierten Individuen; wir sind ganz natürlich mit der geheimnisvollen Ganzheit verbunden, die uns umgibt.

Wir sind organisch miteinander verbunden, und diese Beziehungen müssen wir leben. Der Dynamik des inneren Seins Aufmerksamkeit zu widmen, bedeutet, kein Netz von Ausflüchten zu erfinden, um unserer Verantwortung zu entgehen. Es heißt auch, damit aufzuhören, eine falsche Überlegenheit aufrechtzuerhalten, die behauptet, ich sei sensibel und du seist es nicht. Es geht darum, einfach zu erkennen, dass unsere persönlichen und kollektiven Beziehungen eine traurige Angelegenheit sind, die Angst und Beklemmung erzeugen und uns in die Defensive drängen. So sehr wir uns auch nach Frieden sehnen, sind wir emotional nicht reif genug für den Frieden. Unsere Unreife wirkt sich auf alles aus, was wir tun, auf jede unserer Handlungen, und sei sie noch so ehrenwert.

Die Auseinandersetzung mit dem Bewusstsein soll keine religiöse Zurückgezogenheit entstehen lassen, sondern allen Menschen in der Gesellschaft dabei helfen, zu reifen und soziale Verantwortung zu übernehmen, und zwar auf eine intelligente, harmonische Weise, die jene friedliche Gesellschaft widerspiegelt, die wir anstreben.

Die Beseitigung der inneren Unordnung geschieht im Leben derer, die Interesse daran haben, wahrhaft kreative, vitale und leidenschaftliche ganze Menschen zu sein, und die erkennen, dass innere Anarchie und Chaos Energie rauben und sich in achtlosem Verhalten in der Gesellschaft äußern. Achtsamkeit erfordert eine ungeheuer große Liebe für das Leben. Sie ist nichts für diejenigen, die sich durchs Leben treiben lassen, oder für jene, die meinen, dass wohltätiges Handeln in der Gesellschaft eine abstoßende innere Lebensweise rechtfertigt.

Die totale Revolution, die wir hier beleuchten, ist nichts für Ängstliche oder Selbstgerechte. Sie wendet sich an diejenigen, die die Wahrheit mehr lieben als den Anschein, und an all jene, die aufrichtig und demütig einen Ausweg aus dem Schlamassel finden wollen, den wir, jeder Einzelne von uns, aus Gleichgültigkeit, Nachlässigkeit und mangelnder Zivilcourage verursacht haben.

Die Herausforderung stellt sich jenen, die den Mut besitzen, traditionelle Schranken zu überwinden, neues Terrain zu erkunden, ohne sich von alten Autoritäten einengen zu lassen, und sich über die Fragmentierung hinaus zu einem Bewusstsein für die Gesamtheit des Lebens, zur geheimnisvollen Ganzheit, entfalten wollen.

Spiritualität und soziales Handeln zusammenführen

Seit jeher haben wir Grenzen gezogen, und Erkundungen jenseits unseres eigenen Terrains blieben nur oberflächlich. Die sozialen Aktivisten haben ihr Territorium abgesteckt: das äußere Leben mit seinen sozioökonomischen und politischen Strukturen. Die spirituell orientierten Menschen haben das ihre abgesteckt: die innere Welt höherer Bewusstseinsdimensionen, transzendentaler Erfahrungen und Meditation. Diese beiden Gruppierungen haben sich im Laufe der Geschichte gegenseitig verachtet. Die sozialen Aktivisten betrachten die spirituell Suchenden als selbstgenügsam, und diese wiederum halten jene für Gefangene ihres Aktivitätenwahnes, die die Essenz des Lebens leugnen.

Gelegentlich gab es oberflächliche Vermischungen, spirituelle Gruppen, die sich sozial engagierten, und soziale Aktivisten, die religiösen Organisationen beitraten, aber eine echte Integration von sozialem Handeln und Spiritualität auf einer tiefen, innovativen Ebene hat bisher in keinem nennenswerten Umfang stattgefunden.

Der Verlauf der menschlichen Entwicklung ging in Teilbereichen vonstatten und die Mehrheit der Menschen gab sich mit dieser Zerteilung zufrieden. Die Gesellschaft hat es gutgeheißen. So hat jede gesellschaftliche Gruppierung ihr eigenes Wertesystem. Viele soziale Aktivisten haben Wut, Hass, Gewalt, Bitterkeit und Zynismus als normale Verhaltensweisen akzeptiert, obwohl die Wirksamkeit dieser Motivationen für ein friedvolles Leben sich als ziemlich fragwürdig erwiesen hat. Und Generationen von spirituell Suchenden haben die Gleichgültigkeit gegenüber den Bedürfnissen der Armen auf schockierende Weise in Kauf genommen, weil ihnen höhere Bewusstseinszustände viel wichtiger waren als das Elend der hungernden Millionen.

Jetzt, am Ende des zwanzigsten Jahrhunderts, wartet eine neue Herausforderung auf uns: Es gilt, über die Zersplitterung und die unvereinbaren Wertvorstellungen, an denen selbst ernsthafte Menschen festhalten, hinauszugehen, über die Selbstgerechtigkeit der eigenen Ansätze hinauszuwachsen und sich für ein ganzheitliches Leben und eine allumfassende Revolution zu öffnen.

In der heutigen Zeit ist es ein Luxus, auf der spirituellen Suche zu sein, ohne ein soziales Verantwortungsgefühl zu entwickeln. Und ebenso ist es töricht, sozial engagiert zu sein, ohne ein Verständnis über die inneren Regungen der eigenen Psyche zu haben. Keiner der beiden Ansätze war bisher erfolgreich. Es steht nun außer Frage, dass spirituell Suchende sich um den sozialen Kontext bemühen müssen und dass Aktivisten sich von der moralischen Krise der menschlichen Psyche berühren lassen und sich für Achtsamkeit und Mitgefühl interessieren müssen.

Die Herausforderung, die auf uns wartet, besteht darin, als menschliche Wesen viel tiefer zu gehen, oberflächliche Vorurteile und Vorlieben aufzugeben. Dann müssen wir dieses Verständnis auf eine globale Ebene ausdehnen und die Gesamtheit des Lebens integrieren. Wir sollten uns der Ganzheit des Lebens bewusstwerden und verstehen, dass wir selbst eine Manifestation dieser Ganzheit sind.

Mit zunehmender Tiefe unseres Verstehens schwinden die willkürlichen Trennungen zwischen innen und außen. Dann steht es außer Frage, dass ein Suchender sich um ein soziales Bewusstsein bemühen muss oder dass ein Aktivist von der moralischen Krise in der menschlichen Psyche überzeugt werden muss und wie wichtig es ist, dem Innenleben Beachtung zu schenken. Wenn das Bewusstsein der Ganzheit im Herzen erwacht und man sich der Verbundenheit aller Wesen untereinander gewahr wird, ist es nicht länger möglich, sich auf ein einzelnes Fragment zu beziehen und dort zu verharren. In all unseren Handlungen werden wir ganzheitlich, absolut, natürlich und unangestrengt sein. Alles Handeln oder Nichthandeln wird dann den Duft der Ganzheit verströmen, und kreatives Leben wird sich spontan und mühelos entfalten.

Der ganzheitliche Ansatz versteht das Leben als eine Ganzheit, als eine nichtfragmentierbare, unteilbare Ganzheit. Es handelt sich nicht um zusammengefügte Einzelteile, die wie mit Nadel und

Faden aus verschiedenen Philosophien zusammengenäht wurden. Es ist eine harmonische Ganzheit.

Eine ganzheitliche Herangehensweise anerkennt die Harmonie und Ganzheit des Lebens. Berühren diese Wörter »Harmonie« und »Ganzheit« die Tiefe eures Wesens? Das Leben ist nicht unterteilt; es kann nicht in geistig und materiell, individuell und kollektiv zergliedert werden. Wir können das Leben nicht in politische, wirtschaftliche und soziale Schubladen einteilen. Was auch immer wir tun oder lassen, beeinflusst und berührt die Ganzheit, die Harmonie.

Wir sind für immer und ewig organisch mit dem Ganzen verbunden. Wir sind Ganzheit und wir bewegen uns in ihr. Die Tiefe und die erhebliche Tragweite dieser Worte sind nur schwer zu fassen, weil auf unserer Psyche ein regelrechter Fluch der Fragmentierung lastet. Wir sind kaum in der Lage, das Leben als ungeteilt, als ein unteilbares und harmonisches Ganzes wahrzunehmen.

Wir sehen das Leben so, wie es von unserem Verstand, unseren Normen und Maßstäben, unseren Vorlieben und Vorurteilen zusammengefügt wird. Wir betrachten es mit den Motiven des Egos, immer Herr der Lage zu sein und im Zentrum des Lebens zu stehen. Doch in der Ganzheit gibt es kein Zentrum, kein Ego kann Herr sein. Der Wunsch und der Drang, das Leben zu kontrollieren und seine Größe auf unbedeutende Manipulationen und Manöver zu reduzieren, führt zu einer krankhaften Angst vor dem Tod oder jedem anderen Ereignis im Leben, das wir nicht vollständig kontrollieren können. Durch den Versuch, ein eigenes, persönliches Zentrum unabhängig von der Gesamtheit zu schaffen, geraten wir in einen ständigen Widerspruch zu den natürlichen Rhythmen und Ereignissen des Lebens, und stehen unter konstanter Anspannung, weil wir versuchen, das zu manipulieren, was im Grunde nicht manipuliert werden kann.

Erleben wir uns im Widerspruch zur Intelligenz des Lebens oder machen uns das Leben zum Gegner, geschieht es leicht, dass wir uns besiegt oder erniedrigt fühlen, denn das Ego kann sich selbstverständlich nicht gegen das Leben durchsetzen; es kann sich nicht gegen die natürlichen Kräfte behaupten. Das Ego kann das Leben nicht bezwingen und versucht doch genau dies zu tun. Und diesem Versuch entspringt alles Elend der Welt.

Sobald wir uns der Ganzheit bewusst sind, werden jeder Moment und jede Bewegung heilig. Das Empfinden von Einheit ist dann nicht länger ein intellektueller Bezug. Das Bewusstsein pulsiert in uns und führt zu spontanem Handeln, welches dann nicht auf eine von der Gesellschaft geschaffene Schublade beschränkt bleibt.

Der ganzheitliche Ansatz anerkennt einfach keine Trennung oder Abschottung, selbst wenn diese als gesellschaftliche Tatsachen existieren. Das Bewusstsein der Einheit weigert sich, ein Getrenntsein zu akzeptieren. Der holistische Ansatz erkennt also all die Unterteilungen und Spaltungen im Namen von Religion und Spiritualität, im Namen der Sozialwissenschaften und der Politik oder im Namen von Ideologien nicht an.

Verstehen wir die Wahrheit, dann halten wir nicht länger am Falschen fest. Sobald wir das Falsche als falsch erkennen, messen wir ihm keinerlei Bedeutung mehr bei. Es hat im täglichen Leben keinen Platz mehr. Eine psychische und psychologische Aufhebung jedweder Art von Fragmentierung ist der Beginn von positivem sozialem Handeln.

Zu ganzheitlichen Lösungen übergehen

Was wird geschehen, wenn die Fragmentierung überwunden ist und ein Bewusstsein für die Ganzheit und die Harmonie besteht?

Die menschlichen Probleme werden nicht mehr in politische, wirtschaftliche, kulturelle und soziale Probleme oder Frauenprobleme und Männerprobleme unterteilt sein. Die Wahrnehmung menschlicher Probleme, globaler Probleme, wird eine grundlegende Revolution und eine drastische qualitative Veränderung erfahren.

Heutzutage betrachtet ein Wirtschaftsexperte die ökonomischen Probleme aus einem bestimmten Blickwinkel; seine Anhaltspunkte sind Bücher über Wirtschaft und deren Theorien, seien sie alt oder modern. Ein Politiker beschäftigt sich mit Fragen der Verwaltung, des Managements und gesellschaftlicher Beziehungen, mit der Schaffung von Arbeitsplätzen und dem Schutz von Person und Eigentum eines jeden Bürgers. Er betrachtet diese Probleme nur im Zusammenhang mit dem, was er unter Politik versteht, wie etwa Machtpolitik oder Parteipolitik. Es gibt keinen ganzheitlichen Ansatz. Es gibt nicht einmal einen wissenschaftlichen Ansatz.

Wenn ein ganzheitlicher Ansatz zum Tragen kommt, wird eine Politik der Menschen, unter Beteiligung aller, zum zentralen Anliegen. Durch die Mitwirkung der Bevölkerung in der Verwaltung, im Management, in der Bildung und in der Verteidigung des Landes wird ein partizipatives politisches System entstehen. Dann könnte vielleicht eine echte Demokratie erlebbar werden.

Bei einem ganzheitlichen Ansatz wird es um die Politik der Menschen gehen, nicht um Partei- oder Machtpolitik. Mit dieser Herangehensweise werden politische Missstände nicht im Licht politischer Theorie, sondern im Hinblick auf das gesamte menschliche Leben betrachtet. Es wird keine »ökonomischen« Werte und Verhaltensnormen geben, keine »politischen« Spielregeln und Bewertungen. Es wird für das gesamte Leben eine einzige Wertestruktur geben.

Ein ganzheitlicher Ansatz im sozialen Handeln wird die Menschen dafür sensibilisieren, menschliche Probleme nicht isoliert und exklusiv anzugehen, sondern in dem Bewusstsein, dass das Leben ein Ganzes ist, dass wir alle in dieser Ganzheit leben müssen.

Wir befinden uns in einer ökologischen Krise. Gäbe es die heutigen ökologischen Probleme, wenn wir bereits einen holistischen Ansatz hätten? Wären wir uns bei der ganzen Industrialisierung, der Computerisierung unseres Lebens, dem Einsatz von Raketen, Flugzeugen und anderen Kommunikationsmitteln, bei der enormen Macht der Industrie nicht bewusst, wie folgenschwer die Verschmutzung und Schadstoffbelastung sein werden? Weil es keine ganzheitliche Sichtweise gibt, ist es überhaupt erst zur ökologischen Krise gekommen.

Revolution, vollkommene Revolution, setzt das Experimentieren mit dem Unmöglichen voraus. Und wenn ein Mensch einen Schritt in Richtung des Neuen, des Unmöglichen geht, schreitet die gesamte Menschheit durch diesen einzelnen Menschen voran. Mahatma Gandhi war solch ein Mensch. Er brachte eine neue Form des politischen Kampfes zum Ausdruck, die für ihn Gewaltlosigkeit, für seine Mitstreiter jedoch Frieden bedeutete. Ohne Hass auf die Briten beendete er die britische Herrschaft in Indien. Diese Dynamik war in der Geschichte bis dahin unbekannt.

Gandhi war ein engagierter Mensch, ein Weltbürger, ein Teil der globalen Menschheitsfamilie. Auch wenn er in Indien geboren wurde und aufwuchs, gehörte er der ganzen Menschheit an. Außerdem war er ein Mann des Glaubens. Er erkannte eine intelligente Kraft, ein intelligentes Zusammenwirken der Energien im Universum, kein blindes Chaos.

Das Bewusstsein der Gesamtheit und des Ganzen verlieh Gandhi enorme Energie und den Mut, sich gewaltigen Herausforderungen zu stellen. Ganzheitlichkeit war für ihn nichts Intellektuelles oder Theoretisches. Weil jeder Augenblick seines Erwachsenenlebens vom Bewusstsein des Ganzen durchdrungen war, verfügte er über ausreichend Kraft und Vitalität, um in allen Lebensbereichen ein Revolutionär zu sein.

Es steckt viel unerforschtes Potenzial in jedem Menschen. Wir bestehen nicht nur aus Fleisch und Knochen oder einer Ansammlung von Konditionierungen. Wäre dem so, dann stünde uns keine besonders rosige Zukunft auf diesem Planeten bevor. Das Leben bietet unendlich viel mehr als das Materielle und das Psychologische. Jeder, der mit Leidenschaft lebt und wagt, jenseits des Bruchstückhaften und des Oberflächlichen, das Geheimnis der Ganzheit zu ergründen, hilft der gesamten Menschheit zu erkennen, was es heißt, voll und ganz Mensch zu sein.

Überall auf der Welt leiden wir in der Dunkelheit des Elends, das wir geschaffen haben. Weil wir an das Fragmentarische und Oberflächliche geglaubt haben, ist es uns nicht gelungen, in Frieden und Harmonie zusammenzuleben. So macht sich eine große Finsternis am Horizont breit, und die Bedrohung durch Krieg überschattet unser aller Leben.

In solch düsteren Zeiten spüren gewöhnliche Menschen wie ihr und ich die Dringlichkeit, tiefer zu gehen und oberflächliche, unzureichende Ansätze aufzugeben, um die kreativen Kräfte zu aktivieren, die jedem von uns als Ausdruck der Ganzheit zur Verfügung stehen. Die unermessliche Intelligenz, die den Kosmos lenkt, ist für jeden zugänglich. Die schöpferischen, intelligenten Energien und das immerwährende Licht in unserem Leben, können niemals durch die Dunkelheit zerstört werden. In unserer Unwissenheit mögen wir uns gegenseitig auslöschen, aber wir können die Intelligenz, die Absolutheit und die Ganzheit des Lebens nicht leugnen. Angesichts dieser uns potenziell zur Verfügung stehenden Kraft, ist Verzweiflung weder angebracht, noch möglich.

In Einheit wachsen

Aus einer ganzheitlichen Perspektive betrachtet, ist jeder Mensch eine wundervolle Schöpfung mit unbegrenztem Entwicklungspotenzial und nicht einfach nur ein isoliertes physisches, biologisches oder psychologisches Wesen, das zu einem Dasein in Unwissenheit bestimmt ist. So wie die gesamte Schöpfung einzigartige Schönheit aufweist, wie die zarte Frische der Morgendämmerung, die majestätische Präsenz des Himalajas oder die filigrane Struktur eines Blattes, so gibt es auch Größe und Schönheit im Menschen. Menschsein ist keine so üble Sache. Die Menschen mögen ihr Leben verunstalten, aber die Essenz des Menschseins ist etwas Großartiges.

Als ein Ausdruck der Ganzheit beginnt jeder von uns mit einem reichen Erbe. Aus der Ganzheit geboren, ist jeder von uns ganz. Wir sind kein Fragment des Ganzen, kein Bruchstück des Kosmos, sondern ein vollständiger kleiner Kosmos. Mit all den Energien, der Intelligenz und den schöpferischen Kräften des Kosmos, die uns zur Verfügung stehen, ist unser Potenzial riesengroß, geradezu grenzenlos.

Leider werden wir nicht zur Ganzheit erzogen, sondern zu Getrenntheit, Wettbewerb und Isolation. Frühzeitig aus der Ganzheit entwurzelt, entwickeln wir eine Reihe von psychologischen Instabilitäten, ebenso wie jedes Element, das der Ganzheit entzogen wird, die Stabilität, Energie und Unterstützung des Ganzen verliert. Im Grunde genommen können wir nicht aus der Ganzheit herausgerissen werden, aber wir können es so empfinden und dadurch versäumen, die enorme Stärke, die Intelligenz und die schöpferische Kraft zu erkennen, die in uns steckt.

Nehmen wir uns selbst als begrenzt wahr, dann verkennen wir die Größe, die Ekstase und den Reichtum eines Lebens als ganzes Wesen. Möglicherweise erzielen wir bewundernswerte Erfolge in einzelnen Teilbereichen unserer Wahl, doch die wesentliche Herausforderung, die absolute Realität unserer Ganzheit zu erkennen, haben wir noch nicht gemeistert. Wir sind Experten im einseitigen Wachstum, jedoch Anfänger darin, uns als ganze Menschen zu entwickeln.

Wir haben im Laufe der Geschichte großartige Leistungen für die Menschheit erbracht, wir haben uns an den vielen Produkten des technischen Fortschritts erfreut und doch sind wir als Menschen unzufrieden, unsicher, wer wir sind, unsicher, ob wir überleben werden. Wir fahren fort mit pathetischen Versuchen, unser Leben mit immer mehr Vergnügen und Komfort zu füllen, mit immer mehr Aktivitäten, die es uns erlauben, durch das Leben auf einen gefürchteten Tod zuzurasen, ohne auf dem Weg dorthin jemals etwas wirklich tief zu fühlen, ohne jemals innezuhalten, um darüber nachzudenken, was wir mit unserem Leben tun.

Ein Leben, das aus einer endlosen Menge von Teilstücken besteht, ist wie ein Zimmer mit zu vielen Gegenständen; es fühlt sich chaotisch und bedrückend an. Es hat keine Schönheit und keinen Zauber.

Die Ganzheit hat ihre eigene Pracht. Wenn sie in unserem Leben wirkt, entstehen eine wundersame Schwingung von Harmonie und Rhythmus, die helle Klarheit präziser Intelligenz, die Anziehungskraft von Liebe und Mitgefühl und ein spontaner Fluss von Kreativität. Unser Leben ist dann nicht länger armselig und unordentlich, sondern wird edel und elegant durch die natürliche Strahlkraft des Kosmos.

Unsere kulturellen Leitfiguren haben uns den Weg zur Ganzheit nicht aufgezeigt. Selbst im sozialen Handeln und in der Spiritualität haben sich die führenden Persönlichkeiten auf Teilbereiche konzentriert.

Es gibt jene, die eine wunderbare Begabung dafür haben, äußere Strukturen zu revolutionieren, und jene, die die Furchtlosigkeit besitzen, über mentale Strukturen und das Ego hinauszugehen und andere Dimensionen des Bewusstseins zu ergründen. Doch nur wenige haben die Beharrlichkeit und die Leidenschaft, sowohl innerlich als auch äußerlich Revolutionäre zu sein, als ganze Menschen zu leben und sich der Herausforderung einer vollständigen Revolution zu stellen.

In der Vergangenheit mag es für religiös gesinnte Menschen möglich gewesen sein, sich in *samadhi,* in Ekstase, zurückzuziehen, und für soziale Aktivisten, Revolutionen mit allen Mitteln durchzuziehen, ungeachtet der Auswirkungen auf die menschliche

Psyche. Doch die Dringlichkeit und die Ernsthaftigkeit der gegenwärtigen Situation lassen derartigen Luxus nicht länger zu. In der heutigen Welt sitzen wir auf einem Pulverfass – kein Ort für Unausgewogenheit oder Irrtümer.

Die Herausforderung eines ganzheitlichen Lebens annehmen

Wenn wir unzufrieden werden angesichts der Verschwendung, die mit der Fragmentierung einhergeht, des Verlusts von Kraft, Vitalität, Kreativität und Intelligenz, wenn wir uns als von der Ganzheit entwurzelt wahrnehmen, dann sind wir bereit, von einer begrenzten zu einer holistischen Lebensanschauung überzugehen.

Auf unserem Weg von der Fragmentierung zur Einheit sollten wir uns keine Sorgen machen, dass es keine Vielfalt oder Einzigartigkeit mehr geben wird oder dass jeder Mensch zu einer faden, gleichgemachten Kopie aller anderen wird, nur weil jeder Mensch eine eigene kleine Ganzheit ist.

Im Garten des Lebens gibt es eine unendliche Vielfalt von Charakteren, Talenten und Geschmäcken – die Welt wäre langweilig, wenn dem nicht so wäre – und doch sind alle auf tiefer Ebene eng miteinander verbunden. All die verschiedenen Talente, Fähigkeiten und Sichtweisen sind notwendig, um mit unserer komplexen Welt umzugehen. Die besonderen Qualitäten sind für ein reichhaltiges und sinnvolles Leben unerlässlich, doch die Unterschiede müssen nicht zur Isolierung führen.

Es ist ausgesprochen schön, einen Teilbereich wahrzunehmen und sich mit ihm zu befassen und gleichzeitig das Bewusstsein für das Ganze zu behalten. So sehen wahres soziales Handeln und die Essenz der spirituellen Suche aus. Wenn es uns gelingt, in der Ganzheit mit all ihrer Kraft, Kreativität und Intelligenz verwurzelt zu bleiben und dennoch die Strukturen und Systeme zu revolutionieren, Ungerechtigkeit und Ausbeutung zu bekämpfen und die Millionen von Hungernden zu versorgen, dann sind wir der Bezeichnung »Mensch« würdig, dann erstrahlt ein Licht des Optimismus für die Menschheit.

Sich des Ganzen bewusst zu sein und gleichzeitig mit Teilaspekten umzugehen, ist keine Kunst, die man durch ein akademisches Studium erlernen kann. Das Bewusstsein für die Ganzheit allein auf theoretischer Ebene führt nicht zu einer Stärkung oder Ausweitung unserer Fähigkeiten, es muss zu einer gelebten Realität werden.

Wir können damit beginnen, Bewusstsein mit sprachlichen Mitteln und akademischen Studien zu erforschen. Doch sobald wir intellektuell verstanden haben, kann die weitere Ergründung der Wahrheit des Lebens nur dadurch erfolgen, dass wir es leben. Dann ist jede Beziehung eine Gelegenheit zur Selbstentdeckung und zur individuellen Entdeckung der Wahrheit des Lebens.

Das Verständnis des Einsseins oder der Einheit des Lebens, der Unteilbarkeit und Homogenität des Lebens ist keine Theorie, die man im Kopf wälzen sollte. Es ist keine Philosophie, der wir unsere intellektuelle Loyalität schenken. Es ist eine Tatsache des Lebens, die wir in jeder Handlung zum Ausdruck bringen.

Die Erforschung des Lebens verpflichtet uns zu nichts Geringerem als dem Leben selbst. Sie fordert unser ganzes Wesen, nicht bloß unser Gehirn. Wenn wir darin fortschreiten, wenn wir anfangen, unsere Erkenntnis mit jedem Schritt zu leben, dann führen diese Lebenspraxis und das Gespür für die Einheit zu Mitgefühl, was eine Voraussetzung für sinnvolles soziales Handeln ist.

Mitgefühl ist eine spontane Regung der Ganzheit. Den Armen zu helfen oder freundlich zu den Notleidenden zu sein, ist keine wohl überlegte Entscheidung. Mitgefühl hat eine ungeheure Eigendynamik, die uns ganz natürlich, und ohne uns eine Wahl zu lassen, zu menschenwürdigem Handeln bewegt. Es besitzt die Kraft der Intelligenz und der Kreativität und die Stärke der Liebe.

Mitgefühl kann nicht kultiviert werden; es entsteht weder aus intellektueller Überzeugung noch aufgrund emotionaler Reaktionen. Es ist einfach da, sobald die Ganzheit des Lebens zu einer wahrhaftig gelebten Tatsache wird.

Mitgefühl manifestiert sich nicht, wenn wir an der Oberfläche des Daseins leben, wenn wir versuchen, uns aus leicht zugänglichen Fragmenten ein bequemes Leben zusammenzubasteln.

Mitgefühl erfordert das Eintauchen in die Tiefen des Lebens, wo die Einheit Wirklichkeit ist und das Getrenntsein lediglich eine Illusion.

Wenn wir auf der oberflächlichen Ebene des Seins verweilen, werden wir uns der offensichtlichen Unterschiede zwischen den Menschen auf körperlicher und geistiger Ebene sowie der äußerlichen Verschiedenheiten im Kulturellen und im Verhalten bewusst.

Dringen wir jedoch zum Wesentlichen vor, werden wir entdecken, dass es keinen grundlegenden Unterschied zwischen dem einen und dem anderen Menschen gibt oder zwischen den Menschen und anderen Lebewesen. Alle sind Manifestationen des Lebens, die mit denselben Lebensprinzipien erschaffen wurden und von den gleichen lebenserhaltenden Strukturen genährt werden. Im Grunde ist das Leben ein Fließen und eine Schwingung, wobei jedes Wesen mit allen anderen verbunden ist und von ihnen abhängt. Das Einssein ist die absolute Realität; die Verschiedenartigkeit hat nur eine vorübergehende, relative Realität.

Es reicht nicht aus, wenn in der Gesellschaft nur einige wenige Menschen zu den Tiefen des Lebens vordringen und fesselnde Berichte, ergreifende Gedichte oder Lieder über die Einheit aller Wesen verfassen. In diesen kritischen Zeiten ist es erforderlich, dass alle feinfühligen und fürsorglichen Menschen die Tatsache des Einsseins für sich selbst entdecken und Mitgefühl in ihr Leben strömen lassen. Wenn Mitgefühl und die Erkenntnis der Einheit zur Grundlage menschlicher Beziehungen werden, wird sich die Menschheit weiterentwickeln.

Wir müssen beginnen, indem wir jenseits der bekannten Sphären physischer und mentaler Realitäten forschen, um herauszufinden, ob das Leben über diese beiden begrenzten Dimensionen hinausgeht.

Sind wir uns der Wirklichkeit, in der wir leben, in vollem Umfang bewusst? Wir wissen, dass wir Körper haben, die uns zu – limitierten – Handlungen befähigen, und dass wir über mentale Strukturen verfügen, die unsere – beschränkten – Verhaltensweisen bewirken. Sind wir uns einer anderen Dimension des Lebens bewusst, die keinerlei Begrenzungen hat, die über den eingeschränkten Bereich körperlicher und geistiger Aktivitäten hinausgeht und ewig, unendlich, für immer rein und voller Liebe ist?

Unsere Erziehung und Kultur haben uns nicht dazu verholfen, eine direkte Beziehung zu dieser Dimension aufzubauen. Wir haben gelernt, unseren Körper und den Verstand zu nutzen, aber unsere Herzen und Seelen bleiben uns verborgen. Wir haben unser Leben auf die materielle Welt ausgerichtet und sind auf diese Dimension fixiert, doch findet unser Leben dort keine Verwirklichung.

Wir sind unendlich viel mehr als das Materielle. Im Grunde überschreiten wir die Grenzen des Physischen und des Mentalen.

Die Schönheit und das Wunder des Lebens liegen darin, dass wir Kreativität, Intelligenz und unbegrenztes Potenzial mit dem Rest des Kosmos teilen. Es wäre äußerst langweilig, wenn wir mechanische Wesen wären, die allein von physikalischen Wirkprinzipien gesteuert würden.

Ist das Universum unermesslich und geheimnisvoll, so sind wir es ebenso. Enthält es unzählige schöpferische Energien, so enthalten wir diese auch. Verfügt es über heilende Energien, dann tun wir es ebenfalls.

Die Erkenntnis, dass wir nicht einfach nur physische Geschöpfe auf einem materiellen Planeten sind, sondern dass wir ganze Wesen sind, jeder ein Miniatur-Kosmos und auf innige und tiefgreifende Weise mit dem gesamten Leben verbunden, sollte unsere Wahrnehmung unserer selbst, unserer Umwelt und unserer sozialen Probleme grundlegend verändern. Nichts kann jemals von der Ganzheit losgelöst werden.

Solange wir auf das Materielle fixiert bleiben, weiter durchs Leben hetzen und uns dabei ausschließlich mit den körperlichen und mentalen Energien auseinandersetzen, werden wir die Ganzheit nicht entdecken. Und wenn wir die Ganzheit nicht entdecken, werden wir nie herausfinden, wie wir voll und ganz leben können, wie wir auf tiefer Ebene genährt, geheilt und revitalisiert werden können.

Wir müssen erst noch über die materielle Ebene hinaus in die volle Dimension des Lebens geführt werden, wo Handlung und Nichthandlung, Bewegung und Bewegungslosigkeit, Klang und Klanglosigkeit miteinander verbunden sind. Bewegung verbraucht Energie, doch Bewegungslosigkeit gibt Energie zurück. Klang drückt Vitalität aus, aber Stille stellt Vitalität wieder her. Ein ganzheitliches Leben, das Handlung und Nichthandlung, Klang und Stille im Gleichgewicht hält, war bisher nicht Gegenstand unserer Erziehung. Wir sind auf Handlung, Bewegung und Klang fixiert und sind deshalb chronisch erschöpft, deprimiert und psychologisch labil.

Sind wir müde und abgekämpft, dann hilft uns niemand, vollständige Entspannung im positiven Nichtstun zu finden, das uns stärken könnte. Man bringt uns Sprachen bei, doch keiner weist uns darauf hin, dass Worte aus Klängen und Klänge aus der Stille hervorgehen, und dass die Stille uns nährt. Dieser Aspekt der Stille ist uns neu. Wir haben weitreichende Beziehungsnetze, aber niemand erklärt uns, dass das Alleinsein ein ergänzender Aspekt des Lebens ist, der ebenfalls stärkend wirkt.

In der Ganzheit des Lebens gibt es sowohl Bewegung als auch Bewegungslosigkeit, Sprache und Stille, Beziehungen und Alleinsein; es gibt das Körperliche, das Verbale und das Mentale. Lernen wir also das bewegungslose Sein, die lautlose Stille und das beziehungslose Alleinsein kennen, dann ist Ganzheit nicht mehr nur ein Konzept. Sie wird zur Realität, weil wir von der Stille kosten, aus ihr trinken, den Nektar der Abgeschiedenheit genießen und davon genährt werden.

Neue Dimensionen erkunden

Sobald die Ganzheit nicht mehr ein Konzept, sondern eine Realität in unserem Leben ist, werden sich selbstverständlich auch unsere Beziehungen verändern. Auf intellektueller Ebene sind wir daran gewöhnt, andere als getrennte Wesen wahrzunehmen, von denen jeder ein isoliertes Leben mit egozentrischen Motiven und Interessen führt. Wenn wir auf der intellektuellen Ebene leben, sind Unterschiede die Realität. Jeder Mensch ist eine körperliche Gestalt mit eigenem Zentrum und eigener Identität. Leben wir jedoch in der Ganzheit, dann nehmen wir die Vielfalt der einzelnen Menschen im Verhältnis zu den Wechselbeziehungen, zur gegenseitigen Abhängigkeit, zur grundlegenden Einheit und zur grenzenlosen Liebe wahr.

Liegen uns unsere Beziehungen und die Qualität unserer Gesellschaft am Herzen, werden wir uns nicht mit unseren gegenwärtigen Beziehungsverhältnissen zufriedengeben, in denen sich entfremdete, von egoistischen Interessen geleitete Wesen begegnen. Stattdessen werden wir Konflikte überwinden und uns dem Gemeinsamen zuwenden.

Konflikte entstehen in Beziehungen, seien sie persönlich oder kollektiv, wenn der Einzelne sich als Subjekt und die anderen als Objekte in einer dualistischen Welt betrachtet, und wenn wir davon ausgehen, dass wir uns verteidigen und angreifen müssen, um unser privates Territorium zu schützen. Nehmen wir einander jedoch aus der Perspektive der essenziellen Ganzheit allen Lebens wahr, dann ist die Einheit viel stärker als die Verschiedenheiten, dann gibt es kein persönliches Territorium zu schützen.

Erkennen wir, wie eng und auf wie vielen Ebenen unsere Leben miteinander verflochten und voneinander abhängig sind, dann gehen wir ganz natürlich eine tiefere Verbundenheit mit allen Wesen ein. Die oberflächlichen Unterschiede, die auf mentaler Ebene riesig und unüberbrückbar erscheinen, erweisen sich als relativ geringfügig und überwindbar, wenn man sie aus Sicht der Ganzheit betrachtet.

In modernen Gesellschaften machen wir einen enormen Wirbel um die oberflächlichen Unterschiede zwischen den Menschen, und einfache Meinungsverschiedenheiten eskalieren zu internationalen Konfrontationen. Offensichtlich mangelt es an der Wertschätzung der Vielfalt als faszinierende Manifestation der Einheit. Wir fürchten die Vielfalt und nehmen sie als Bedrohung wahr, weil jeder von uns sein Leben als eine eigenständige, verletzliche Enklave betrachtet, als eine winzige Insel im Meer der Menschheit.

Glauben wir daran, dass unsere Leben voneinander getrennt sind, und billigen wir, dass wir gegen alle anderen einen Überlebenskampf führen müssen, dann geraten wir zwangsläufig in Konflikte. Anderen gegenüber werden wir uns ständig defensiv und aggressiv verhalten und weder persönlich noch kollektiv jemals Frieden finden. Diese chronische Anspannung und der Druck, entfremdet voneinander zu leben, haben zur Verschlechterung der physischen und psychischen Gesundheit in unseren Gesellschaften sowie zu internationalen Konflikten beigetragen.

Akzeptieren wir die Sichtweise eines kleinen Insellebens, dann gilt es, in jeder Beziehung auf mögliche verbale oder physische Gefahren zu achten, die unsere zerbrechlichen Umgrenzungen beschädigen könnten. Wenn wir in jeder Beziehung eine Gefahr wittern, leichtfertig reagieren und so in Konflikte verwickelt werden, beginnen wir, Verletzungen anzuhäufen, die sich zu Narbengewebe in unserer Psyche verhärten. Offenheit, Sensibilität und Verbundenheit zwischen Individuen oder Nationen werden dann nahezu unmöglich.

Können wir begreifen, dass es unsere auf egozentrischen Weltanschauungen basierenden Vorstellungen sind, die den Beziehungen schaden? Solange wir die kleinen Einfriedungen aufrechterhalten, jede von einem egoistischen Kern dirigiert, sei es das persönliche Ego oder die nationale Regierung, werden wir immer wieder in Konflikte, Spannungen und das Elend des Krieges gestürzt werden.

Wir können nicht gleichzeitig nach Frieden streben und an einer separatistischen Weltanschauung festhalten. Ebenso können wir nicht in Harmonie mit dem Leben sein und uns zugleich an unsere kleinlichen Egos klammern.

Das Wesen der Ganzheit ist Frieden und Harmonie, denn wenn es keine wesentlichen Trennungen gibt, keine Spaltungen, wo sind dann der Feind und der Konflikt? Handeln wir aus der Ganzheit heraus, ist Frieden ganz selbstverständlich, doch wenn wir aus selbstbezogenen Egos heraus agieren, hat der Frieden keine Chance.

Wenn wir uns nicht mit dem Ego und seinen Reaktionen identifizieren und die Autorität egozentrischer Motivationen nicht zulassen, gelingt es uns vielleicht, frei von automatischen Reaktionen zu sein, die zwangsläufig und unaufhörlich zu Spannungen und Konflikten führen. Schaffen wir es, uns über die Perspektive unserer kleinen Egos, die sich in einem andauernden Konflikt mit allen anderen kleinlichen Egos befinden, hinaus zu entwickeln und zu reifen, dann werden wir vielleicht weniger das Bedürfnis verspüren, auf Verteidigung, Reaktion und Angriff als primäre Beziehungsdynamik zu setzen. Allerdings werden wir uns nicht wesentlich weiterentwickeln, solange wir auf der oberflächlichen intellektuellen Ebene verharren, wo das Ego uns motiviert und wo wir die Idee der Ganzheit zwar anerkennen, aber nicht vollständig in ihr leben.

Das Bewusstsein der Ganzheit führt unweigerlich zur Achtung vor dem Leben. Mit diesem Bewusstsein ist es nicht möglich, andere Wesen auszubeuten oder ihnen gegenüber rücksichtslos zu sein; erst wenn das Ego sich selbst in den Vordergrund stellt und alles andere zur Nebensache erklärt, entsteht die Gefahr von Beherrschung und Aggression. In einem holistischen Leben sind wir niemals von der Ganzheit getrennt, und die Gefahr einer Dominanz des Egos ist gebannt. Verliert das Ego seinen Einfluss, entstehen eine neue Behutsamkeit und neue Beziehungsdynamiken; Harmonie und Friedfertigkeit werden zu natürlichen Lebensgewohnheiten.

Es ist schwierig für diejenigen von uns, die in modernen Gesellschaften erzogen wurden, wahre Ehrfurcht vor dem Leben zu haben und im Mitgefühl für andere Wesen zu leben. Wir haben der mentalen Struktur die Führung überlassen und ihre Tyrannei akzeptiert, ihr Muster, alles Leben aufzuteilen und auszubeuten, statt mit unseren Mitgeschöpfen, mit der Mutter Erde, zu kommunizieren.

Die Dominanz des Intellekts begann nach der kulturellen Revolution des Mittelalters, als wir uns vom Aberglauben abkehrten und uns der Vernunft und Rationalität zuwandten. Mit großem Stolz wurde damals gesagt, der Mensch sei ein rationales und soziales Tier. Indem wir uns von Aberglauben, Mythen und Glaube abwandten, haben wir gelernt, unser Gehirn zu trainieren. Mithilfe des Gehirns erforschten wir die Natur der körperlichen Impulse, lernten, diese zu kontrollieren, und schufen Literatur, Kunst, Wissenschaft und verschiedene Formen der Unterhaltung.

Nachdem wir ein Stück weiter fortgeschritten waren, begannen wir zu glauben, dass der Verstand die höchste Autorität sei und dass all jenes, was nicht durch den Intellekt erfasst oder erklärt werden kann, nicht wahr sei. So kultivierten wir einen neuen Glauben an die Autorität der Vernunft und an die Autorität des Denkens. Wir gelangten zu der Ansicht, dass das, was der Intellekt nicht benennen kann, nicht existiert, dass das, was nicht durch die Sinne oder den Verstand erklärt werden kann, nicht da ist. Der Verstand übernahm die Vorherrschaft.

Dieses komplexe Instrument hat faszinierende Fähigkeiten. Über Jahrtausende hinweg wurde es durch Religion, Theologie und Bildung konditioniert, trainiert und verfeinert. Und wir sind sehr geschickt im Einsatz des Gehirns geworden. Dagegen ist nichts einzuwenden, doch die Gesamtheit unseres Lebens ist nicht auf das beschränkt, was durch den Verstand und das Gehirn erkannt und erklärt werden kann.

Das Leben ist unendlich. Es gibt Aspekte des Lebens, die weder sichtbar noch greifbar sind und die von den Sinnen nicht erfasst werden können. Der Raum um uns herum und in uns kann nicht durch die Regungen des Verstandes ergründet werden. Der Tod lässt sich nicht mithilfe von Worten erforschen. Liebe und Ewigkeit können nicht mittels des Verstandes verwirklicht werden.

Der Verstand ist ein nützliches Instrument; das Gehirn ist ein sehr wertvolles Organ, wenn es richtig und kompetent eingesetzt wird, aber es ist nicht die höchste Instanz. Der Verstand kann unserem Leben keine entscheidende Richtung geben; er hat uns nicht befähigt, in der Liebe zu leben oder uns im inneren Frieden zu entspannen, einem unerschütterlichen Frieden, in dem wir nicht verletzt werden und in dem wir nichts in der Welt zerstören.

Über Verstand und Gehirn hinausgehen

Die Herausforderung besteht in der Erforschung dessen, was außerhalb von Verstand und Gehirn liegt, jenseits der menschengemachten Zeit und jenseits des Raums, den der Mensch vermessen hat. Die alten Strukturen und Ideologien zerbröckeln und stürzen in sich zusammen. Es gilt, eine andere Dimension des Bewusstseins und neue Beziehungsdynamiken auszuloten.

Der Ernst der aktuellen Lage macht es dringend erforderlich, den Verstand und das Gehirn, die Gedankengänge und ihre Beziehung zum Körper zu ergründen. Wir müssen der Möglichkeit nachgehen, dass der Prozess des Denkens angehalten werden oder ganz aufhören kann, und dass wir in eine andere Dimension gelangen können. Wir müssen die Frage stellen, ob es überhaupt eine Göttlichkeit gibt.

Die Ergründung des Wesens der Wirklichkeit, der Ganzheit, darf kein egozentrisches Spiel des Ehrgeizes sein, ein Spiel, in dem wir verkünden, dass wir sehr unzufrieden sind und uns Methoden wünschen, um unser Leben zu ändern. Eine solche Untersuchung wäre eine egoistische oder eigennützige Aktivität.

Die Auseinandersetzung muss auf der Erkenntnis beruhen, dass das Erforschen einer anderen Bewusstseinsebene für die Lösung von Problemen im Zusammenhang mit der Weltlage von Belang ist. Dann und nur dann können wir eine bedeutungsvolle Erforschung durchführen. Beachtet bitte, dass eine solche Untersuchung nicht auf Frustration beruht. Der ernsthaft Suchende darf nicht das Gefühl haben: »Ich bin frustriert und deshalb möchte ich eine Technik oder eine Methode zur Entspannung finden. Gibt es eine solche Meditationstechnik? Ich möchte in *samadhi* eintreten, weil ich diese Erfahrung machen will.«

Wenn dem Ich so viel Bedeutung beigemessen wird, wenn es darum geht, dass *ich* etwas bekomme, und nicht um den Prozess des Entdeckens und Verstehens, dann entgeht uns die eigentliche Schönheit der spirituellen Suche.

Spirituelle Suche ist eine innere Revolution: Sie bietet die Möglichkeit einer radikalen Transformation im Inneren des Menschen. Spiritualität ist ein neuer Ansatz für das gesamte Leben. Spirituell zu sein, bedeutet, mit der Ganzheit des Lebens verbunden zu sein. Nichts kann ausgeschlossen werden.

Das Wort »Spiritualität« bezeichnet keine der organisierten oder institutionalisierten Religionen, Sekten, Dogmen oder Konfessionen. Vielmehr steht der Begriff für eine Lebenshaltung, in der nichts von unserem Feingefühl und unserer Achtsamkeit ausgeschlossen bleibt.

Spirituell zu sein, bedeutet, mit den sichtbaren, den unsichtbaren und den unendlichen Aspekten des Lebens gleichzeitig verbunden zu sein. Wahre Spiritualität bietet keine Fluchtwege für angstbesessene Menschen an. Es mag sein, dass wir andere Auswege in der Welt finden, aber sie sind nicht die Essenz von Spiritualität. Bitte macht euch das ganz klar bewusst.

Es ist ein Abenteuer, wahrhaft religiös oder ein vollkommen spiritueller Mensch zu sein. Haben wir uns der Gesamtheit des Lebens verpflichtet und nicht irgendwelchen Mauern, die Menschen im Namen von Nationalitäten, Konfessionen, Glaubensrichtungen und Dogmen errichtet haben, dann gehören wir keiner bestimmten ethnischen Gruppe oder Hautfarbe mehr an, sondern der ganzen Weltfamilie.

In der Spiritualität kann sich niemand den Herausforderungen entziehen. Sie werden uns verfolgen, wohin wir auch gehen. Wir tragen das Erbe der Menschheit in uns; das Wissen, die Erfahrung, die Konditionierungen der gesamten Menschheitsfamilie sind im Verstand von jedem von uns enthalten.

Bitte begreift, dass die spirituelle Suche kein Rückzug aus dem Leben und dem Alltag ist, sondern eine qualitativ neue Herangehensweise an den eigentlichen Lebensvollzug. Sie ist keine Flucht und keine selbstbezogene Beschäftigung, bei der man okkulte und transzendentale Erfahrungen sammelt. Oftmals sprechen wir über die religiöse und die spirituelle Suche oder Meditation in einem sehr kleinlichen Sinn.

Verfolgen wir mit der spirituellen Suche persönliche Ziele, verlagern wir unsere Ambitionen von der physischen und psychologischen Ebene auf die religiöse. Spirituelles Erforschen ist keine eigennützige Beschäftigung; es ist eine Antwort auf die Herausforderung, vor der die Menschheit steht.

Man kann in der okkulten Sphäre faszinierende Erfahrungen machen; diese Art von Spiritualität ist ein gutes Geschäftsmodell. Menschen handeln damit und verdienen Geld, indem sie anbieten, bestimmte übersinnliche Kräfte in anderen zu aktivieren.

Aber Religion und Spiritualität sind wertvolle, heilige Angelegenheiten und keine Dinge, mit denen man handelt oder Sekten gründet und Jünger sammelt.

Spielen wir im Namen der Spiritualität Spielchen, dann versuchen wir, unser Ego vor der Flamme der Revolution und vor der eindringlichen Kraft der Wahrheit zu schützen. Es steht uns frei, uns zu verteidigen, aber es bringt nichts, so zu tun, als würden wir eine innere Revolution betreiben, wenn wir eigentlich versuchen, übersinnliche Erfahrungen zu sammeln oder mit dem Okkulten zu spielen. Wahre spirituelle Suche soll uns aus dem Gefängnis des Egos befreien; sie dient nicht dazu, das Gefängnis durch übersinnliche Erfahrungen und okkulte Praktiken interessanter zu machen.

Viele von uns arbeiten sehr hart daran, ihrem Leben einen spirituellen Anschein zu geben, sich in die Mysterien des Unsichtbaren, des Okkulten zu vertiefen, Heilpraktiken zu ergreifen oder sich in außersinnliche Erfahrungen zu verstricken, aber solange unser Wesen nicht von der Tyrannei der Konditionierungen befreit ist, gibt es keine spirituelle Suche, die diesen Namen verdient.

Das verzweifelte Bedürfnis der Menschheit ist nicht die Kultivierung übersinnlicher Kräfte und außersinnlicher Erfahrungen; das dringende Erfordernis sind reife, ganze menschliche Wesen, die sich befreit haben vom Verhaftetsein des Egos und emotionalen Ungleichgewichten und die bewusst, aufmerksam, sensibel, kreativ und vollständig lebendig sind.

Den ganzheitlichen Ansatz in Handlung umsetzen

Der ganzheitliche Ansatz für soziales Handeln erfordert natürlich die Beteiligung ganzer Menschen, das heißt Menschen, die sich als verantwortliche Gesellschaftsmitglieder der Ganzheit bewusst sind und diese auch leben. Ein ganzer Mensch ist jemand, der nicht von den Konditionierungen des Verstandes tyrannisiert und aus dem Gleichgewicht gebracht wird und der in seinen Beziehungen und seinem gesellschaftlichen Handeln nicht übermäßig egozentrisch agiert.

Unterliegt eine Person emotionalen Unausgeglichenheiten und starken Bindungen an Theorien oder Glaubenssystemen, wird er oder sie in der Gesellschaft aus einer Haltung des Ungleichgewichts und des Verhaftetseins auftreten, die jede Handlung beeinträchtigt. Die objektive Klarheit, um eine Situation so zu betrachten, wie sie tatsächlich ist, und um aus Einsicht und Bewusstsein heraus zu handeln, wird nicht gegeben sein.

Liegen uns die Erde und ihre Bevölkerung wirklich am Herzen, dann werden wir die Gelegenheit ergreifen, all unsere Unausgewogenheiten, emotionalen Verletzungen und intellektuelle Arroganz zu heilen und in Ganzheit zu wachsen. Es braucht dringend vernünftige, reife, engagierte Menschen, die bereit sind, die psychologischen Mechanismen von Macht, Verhaftetsein und Aggressivität beiseitezulassen, die sich in ihrer Ganzheit sicher genug fühlen, egozentrisches Verhalten abzulegen, um eine neue, menschengerechte Gesellschaft zu erschaffen.

Wir wissen nicht, was es bedeutet, einander als reife Menschen zu begegnen, die in Harmonie, Offenheit und Freiheit miteinander umgehen können, ohne dass all unsere Verteidigungsstrukturen oder die Tücken von Aggression und Macht ins Spiel kommen. Wir wissen auch nicht, was es heißt, eine Situation aus einem ganzheitlichen Blickwinkel zu betrachten und herkömmliche Theorien und liebgewonnene Ideologien abzulegen, um eine Situation frisch, klar und aufmerksam zu betrachten, so wie sie tatsächlich ist. Wir haben uns an das Kämpfen, an emotionale Meinungsverschiedenheiten und an die Wunden subtiler oder direkter Aggression gewöhnt; wir sind erschöpft, entmutigt und verletzt durch persönliche oder kollektive Beziehungen, durch die ständige Aktivierung von Abwehr- und Aggressionsmechanismen. Und irgendwie haben wir all dies als den Normalzustand des Lebens akzeptiert.

Aber ist uns bewusst, dass uns in dieser Lebensweise die Schönheit des Lebens entgeht? Vielen von uns fehlen die Leidenschaft und die Vitalität des Lebens. Jahr für Jahr wiederholen wir Verhaltensmuster und versuchen, Vergnügen zu erleben und Schmerz zu vermeiden, und bekommen doch von beidem zu viel. Mitunter verfangen wir uns im Vergnügen, zuweilen im Schmerz und verpassen so die Dynamik des Lebens. Wir geraten aus dem großen Strom des Lebens hinaus, und unser Leben beginnt zu verkümmern.

Stellen wir uns die Frage, wie wir dieses Muster durchbrechen können? Denken wir darüber nach, wie wir leben können, wie wir zu einer Lebensweise finden, in der wir uns nicht auf kindische

Spiele einlassen müssen, in der wir nicht mit jenen kooperieren müssen, die vom Frieden reden und sich auf Kriege vorbereiten, in der wir die chronischen Missverhältnisse und den Wahnsinn vermeiden können? Und beschließen wir, dass wir uns unseren gesunden Menschenverstand bewahren und keine Spiele des Hasses, der Rache, der Wut oder der Gewalt im Namen eines Landes, einer Religion oder einer Ideologie mehr spielen wollen? Haben wir uns von diesen Spielchen losgesagt, weil wir uns darüber im Klaren sind, dass Krieg und Gewalt keine Problemlösungen bieten? Sehen wir ein, dass ein Übel nicht durch den Einsatz eines anderen Übels beseitigt werden kann?

Die Veränderungen, die wir uns wünschen und die wir alle dringend brauchen, werden kaum von einer äußeren Instanz erzielt werden. Wenn wir darauf warten, dass ein Erlöser oder ein Übermensch kommt und uns von unseren Schwächen, Verzerrungen und Perversionen befreit, dann hegen wir eine äußerst gefährliche Illusion.

Das Leben hat uns den Intellekt, den Verstand und die Fähigkeit zum Selbstbewusstsein gegeben, sodass wir mit der gegenwärtigen Krisensituation umgehen können. Wir müssen uns leidenschaftlich für den Frieden einsetzen und in Selbstachtung und Eigenverantwortung reifen.

Menschen in Ländern, in denen organisierte und institutionalisierte Religionen den Ton angeben, entwickeln eine Art Hilflosigkeit. Beispielsweise wird den Massen in Indien eingeredet, es sei ihr Schicksal, arm zu sein und zu hungern. Man sagt ihnen, ihr Elend sei ihr Karma aus früheren Leben und dass sie nichts dagegen tun könnten.

Dieses Gefühl der Hilflosigkeit ist jedoch völlig unnötig, denn es liegt in der Hand der Menschen, Veränderungen herbeizuführen und in ihrem Inneren einen Wandel geschehen zu lassen, der die sozialen, politischen und wirtschaftlichen Strukturen um sie herum verändern wird. Armut, Hunger und Ausbeutung wurden nicht von irgendeinem Gott verursacht; sie sind menschengemacht und können somit von den Menschen geändert werden. Wenn sich etwas ändern soll, müssen Selbstachtung und Eigenverantwortung vorhanden sein. Solange wir uns hilflos fühlen, können wir nichts ausrichten. Ein kollektives Gefühl der Hilflosigkeit weckt vielerlei negative Energien, die zu kollektiver Depression oder Melancholie führen, die wiederum überaus lähmend wirken.

Wollen wir diese Hilflosigkeit vermeiden oder lindern und möchten wir unbedingt verhindern, dass die psychische Krise zum Dauerzustand wird, so müssen wir Selbstachtung und Verantwortungsbewusstsein fördern. Diese Eigenschaften bewirken Wunder, denn in ihrer Gegenwart verflüchtigen sich Hilflosigkeit, Depression und Melancholie.

Die volle Verantwortung übernehmen

Wir haben die Kraft für eine vollständige Revolution, aber bitte versteht, dass eine innere Revolution kein Spiel oder einfaches Hobby ist, das man nebenher betreibt. Wenden wir unsere Aufmerksamkeit dem inneren Leben zu, dann werden viele unserer Selbstbilder zunichtegemacht werden. Wir leben nicht in der Realität unseres Seins, sondern in den Vorstellungen, die wir und andere sich von uns machen. Wir haben uns an diese Selbstbilder gewöhnt und leben in ihnen. Sobald dieses Image zerbricht, nehmen wir die Gewalt in uns wahr und sind entsetzt. »Meine Güte, die Leute halten mich für einen gewaltfreien Anführer in einer gewaltfreien Bewegung, dabei trage ich so viel Gewalt in mir.«

Dann würden wir es am liebsten wegwünschen. Wir würden es gern vertuschen, aber es lässt sich nicht verbergen. Es drückt sich aus in unseren Augen, in der Tonlage unserer Worte und in der Art und Weise, wie wir uns bewegen. Was in uns steckt, drückt sich auf der körperlichen Ebene aus, ohne dass wir uns dessen bewusst sind. So wie Blumen einen Duft verströmen, haben die inneren Regungen des Verstandes und die Impulse ihre Düfte, wie auch Gedanken und Gefühle. Kommen Wut, Gier oder Lust auf, dann verändert sich auch der Atem. Denn Gedanken sind schließlich feinstoffliche Materie, die vom Körper ausgeht.

Ob wir sie artikulieren oder nicht, sobald ein Gedanke oder ein Gefühl in uns entsteht, kommt es zu einer chemischen Reaktion und einer Resonanz im Körper, die den Blutkreislauf, die Transpiration und den Atemrhythmus beeinflussen. Wir sind komplexe Organismen, in denen alles miteinander verbunden ist. Es gibt keinen inneren Bereich oder Ort, um irgendetwas zu verbergen, sei es, ob wir zu viel oder zu wenig gegessen oder zu viel oder zu wenig geschlafen haben. Wir meinen, dass wir in der Privatsphäre unserer vier Wände agieren, doch der Körper ist ein hervorragender

Signalgeber. Unsere Sprache, unsere Ausdrucksformen, unsere ganze Physiognomie und der Umgang mit uns selbst offenbaren alles.

Achtsamkeit wird schmerzhaft, wenn sie Vorstellungen zerbricht. Haben wir die Demut einer echten Suche, den Drang zu entdecken und zu lernen und den Sinn des Lebens jenseits des Verstandes zu finden, dann kümmert es uns nicht, wenn die Vorstellungen zerstört werden. Dann sammeln wir die Scherben der zerbrochenen Bilder auf und werfen sie aus dem Fenster. Wenn wir verstehen, wer wir wirklich sind, werden wir wahrhaftig demütig.

Die ganze Last der Selbstbilder fällt von uns ab. Wir werden ganz leicht. Es gibt nichts mehr zu tragen, nichts mehr vorzutäuschen und nichts mehr zu verbergen. Eine neue Einfachheit stellt sich ein. Die innere Suche oder Erkundung zeigt sich mit jedem Schritt in jeder Bewegung und Beziehung. Das ist kein Wunschdenken. Sobald die inneren Verwirrungen verschwunden sind, die inneren Konflikte oder Spannungen nachlassen und ein neuer innerer Frieden einkehrt, wird dieser sich unweigerlich bemerkbar machen.

Da es zum Glück keine Erlöser auf der Welt gibt, keine Anführer, die uns leiten würden und keine Vorbilder, die wir nachahmen könnten, ist es unser Privileg, selbst herauszufinden, wie wir unseren gesunden Menschenverstand, unsere Freiheit und unsere Tatkraft in dieser verrückten Welt bewahren können. Das ist kein besonders trauriges Problem oder eine Strapaze; es ist eine Herausforderung. Je komplexer das Leben wird, desto ernsthafter sind unsere Herausforderungen. Und Herausforderungen regen Energien in uns an. Durch Herausforderungen überschreiten wir die Grenzen des Möglichen und treten in den Raum des Unmöglichen ein. Wir leben also in einer sehr interessanten Zeit. Wir müssen gemeinschaftlich und individuell handeln, wir haben keine Zeit zu verlieren. Da die Industrialisierung und der Fortschritt in Wissenschaft und Technik in den letzten fünfzig Jahren rasant, in den letzten fünfundzwanzig Jahren sogar extrem rasant, verlaufen sind, müssen wir lernen, mit dieser Geschwindigkeit umzugehen, mit ihr Schritt zu halten und mit ihr klarzukommen.

Aus der eingeschränkten menschlichen Sichtweise oder aus einer engen Weltanschauung heraus als ein Teilstück zu handeln, wird das Unheil nur noch vergrößern. Unser wahres Wesen als Miniatur-Ganzheit mit unbegrenztem Potenzial können wir nicht länger ignorieren. Wir dürfen unser Erbe des Ganzseins nicht einfach aufgeben.

Wir haben das Potenzial, mitfühlend, menschlich und wahrhaft harmonisch zu leben. Dieses Potenzial zu verleugnen und unser verrücktes, barbarisches Leben fortzuführen, hieße, den Mitgeschöpfen der Erde den Frieden zu verweigern, undankbar und herzlos zu sein und fahrlässig gegenüber der Lebensqualität der Jugend zu handeln.

Wir sind nicht schwach, hilflos oder töricht. Wir sind den Herausforderungen gewachsen. Die erste und vielleicht einzige Herausforderung besteht darin, uns bewusst zu werden, wer wir als Menschen wirklich sind. Mit diesem Bewusstsein entsteht Mitgefühl und daraus ergibt sich dann das richtige Handeln. Wir sind das Licht, das die Dunkelheit vertreiben wird.

Die innere Freiheit zu uns einladen

Die innere Freiheit ist weder ein Ziel noch ein Ideal, das wir uns erkämpfen müssen. Wir sollten uns darüber im Klaren sein, dass sie nicht erlangt, erworben oder errungen werden kann. Sie kann uns auch nicht von anderen verliehen werden. Sie ist nicht das Ergebnis irgendeines Tuns. Innere Freiheit stellt sich ganz natürlich ein, wenn wir die Natur des Lebens verstehen, die Essenz unseres Wesens.

Freiheit bedeutet, dass uns die Konditionierungen des Verstandes und die Tyrannei des Egos nicht länger in Schach halten und wir nicht mehr angetrieben werden von emotionaler Unausgewogenheit, dem Wunsch nach Besitztum oder der Angst vor der Zukunft. Wir sind frei von der Vergangenheit mit all ihren Gewohnheiten, Voreingenommenheiten, Wunden und Selbstbildern. Wir sind keine Opfer unserer psychologischen Konstitution.

Als freie Menschen bewegen wir uns mit Leichtigkeit in der Welt. Wir haben Ängste und Zwänge hinter uns gelassen und die schwere Rüstung der Abwehrmechanismen, die wir jahrelang getragen haben, abgelegt. Wir sind befreit von Zukunftsängsten, Todesängsten und nicht länger an dumpfe Angewohnheiten oder konditionierte Verhaltensmuster gebunden. Ohne all diese Fesseln bewegen wir uns leicht und behutsam.

Als freie Menschen leben wir in der Gegenwart und grübeln nicht ständig über Vergangenes, reißen alte Wunden auf oder machen uns Sorgen darüber, was die Zukunft bringen mag. Keiner von uns wird mehr fragen: »Werde ich in Sicherheit sein? Werde ich eine schlimme Krankheit erleiden? Werden die Menschen, die mir nahestehen, mich verlassen? Was wird geschehen, wenn ich sterbe?« Mit solchen sinnlosen Besorgnissen und Grübeleien quälen wir uns.

Leben wir in der Gegenwart, sind wir in offenem und spontanem Einklang mit unserer Umgebung, ohne die Absicht, etwas zu erlangen oder zu dominieren. Wir beobachten einen Sonnenuntergang und sind direkt mit der Schönheit verbunden, ohne dass der Verstand schnattert: »Oh, dieser ist aber nicht so schön wie jener, den ich letzten Monat gesehen habe. Ich wünschte meine Freundin wäre hier, sodass ich ihn richtig genießen könnte.«

In einem herrlichen Moment sind wir vollständig präsent; wir spüren die Freude ganz tief. Aber wenn der Moment vorüber ist, lassen wir ihn hinter uns und gehen weiter, ohne ihn festzuhalten oder uns an ihn zu klammern im Versuch, noch mehr aus ihm herauszuholen. Und in Beziehungen sind wir zu tiefer Verbundenheit fähig; wir sind nicht darauf beschränkt, uns auf der oberflächlichen Ebene von Selbstbildern und Egos zu begegnen, auf der die Abwehrmechanismen aufeinanderprallen und versuchen, einander zu dominieren oder sich zu unterwerfen. Wir lassen die kleinlichen Spielchen sein und öffnen uns einer Dimension, in der Liebe ein natürlicher Seinszustand ist.

Die Liebe, die unsere Herzen erfüllt, gilt nicht nur einigen Auserwählten, sondern hat den Drang, alle Wesen einzuschließen, alle Mitgeschöpfe, die kleinste Blüte, ein Blatt im Wind, den Vogel, der uns am Morgen mit seinem Gesang weckt, den mit leuchtendem Schnee bedeckten Berg. Mit tiefer Liebe für die gesamte Menschheit in unseren Herzen, keinem oberflächlichen Lippenbekenntnis, das lediglich zu Heuchelei führt, sondern mit aufrichtiger Liebe, die nur die Freiheit mit sich bringt, leben wir im Mitgefühl und handeln richtig. Denn der Menschheit zu dienen, ist dann unumgänglich.

Die innere Freiheit erkunden

Ist es verständlich geworden, dass der Drang nach Freiheit von keinerlei Wunsch nach Aneignung oder nach Selbstoptimierung motiviert sein darf? Wenn wir frei sein möchten, um keine Verantwortung zu tragen und damit einfacher unseren Bedürfnissen nachzugehen, um tun und lassen zu können, was wir wollen, losgelöst von der Besorgnis um die Menschheit, dann haben wir Freiheit missverstanden.

Freiheit bedeutet, das Elend der Menschheit so zu sehen, wie es wirklich ist. Sie bedeutet, dass wir uns nicht vor den Tatsachen verstecken und die Wirklichkeit mit Theorien, Vorurteilen und Verteidigungsstrategien verschleiern. Wir schauen uns die traurigen Umstände an – den Hunger, die Ausbeutung, die ärmlichen Lebensbedingungen, die Demütigungen von Menschen – und errichten keinen Schutzschild zwischen uns und dem unbeschönigten Eindruck des Leidens. Wenn es keine umständlichen Strukturen gibt, die uns physisch und psychologisch vom Leid abschirmen, fühlen wir den Schmerz und handeln ganz spontan und aus Mitgefühl.

Wenn wir in Freiheit leben, lassen wir all die psychologischen Raffinessen und das Durcheinander des egozentrischen Daseins mit seinen verworrenen Beweggründen los und beginnen, die Schönheit der Einfachheit zu erkennen. Wenn ein anderes Lebewesen leidet, handeln wir auf individueller oder kollektiver Ebene, um das Leid zu lindern, indem wir zu den Wurzeln des Problems vordringen.

Solange wir in eigennützige Motivationen verstrickt sind, ist unser Handeln gekünstelt und verzerrt. Wir handeln nicht, ohne vorab alle Folgen und möglichen Auswirkungen auf unsere eigenen Interessen abgewogen zu haben. Und während wir die Sache aufschieben und zögern, ist die Lebenskraft der Herausforderung bereits verflogen. Gegenwärtig wissen die wenigsten von uns, was es bedeutet, ganz spontan aus Mitgefühl zu handeln. Nur allzu gut kennen wir hingegen die komplizierten Verrenkungen des Egos, das sich etwas zunutze machen will. Wir kennen die Belastung und die Anspannung, denen wir ständig unterliegen, um unseren eigenen Interessen auf Kosten der Bedürfnisse anderer Geltung zu verschaffen. Wir wissen um das Leid, das wir uns selbst zufügen, wenn unser Herz aus Mitgefühl handeln möchte, jedoch vom Ego mit seinen empfindungslosen Motiven und Verhaltensweisen überstimmt wird.

Es ist unerlässlich, dass wir uns von der Knechtschaft des Egos und unserer eigennützigen Beweggründe befreien, wenn wir andere von der Knechtschaft ökonomischer und politischer Ausbeutung befreien wollen. Die Natur von Knechtschaft liegt darin, zu begrenzen und einzuschränken. Die Knechtschaft der Struktur des Egos beschneidet nicht nur unsere Hilfsfähigkeit, sondern auch unsere Leidenschaft und unser Mitgefühl.

Solange wir mit dem Ego und all seinen fragmentarischen Regungen identifiziert sind, gibt es keine Möglichkeit der Freiheit. Das Ego ist ein kleinlicher Tyrann, der uns seinen Willen mal auf subtile, mal auf weniger subtile Weise aufzwingt, um sich seinen Platz zu sichern. Es hat kein Interesse an einem egolosen Selbst, das in der Einheit verschmilzt, weil es dann seine Dominanz als Herrscher über das Leben verlieren würde. Es strebt danach, sein Lehnsgut auszuweiten, noch mehr Ideen, Ideologien, Überzeugungen oder materielle Habseligkeiten anzusammeln, um seine Eitelkeit, seinen Stolz und seine Sicherheit zu stärken. Es möchte Mauern errichten, um sich vor Angriffen zu schützen. Es ist bereit, aggressiv zu sein, wenn es sich bedroht fühlt, und das Individuum zu gemeinsten Verhaltensweisen zu verleiten, wenn es launenhaften Anflügen von Eifersucht, Gier und Wut unterliegt.

Die Regungen des Egos und die Regungen der Freiheit stehen in direktem Gegensatz zueinander. Das Ego zieht alle Energie einer Person heran, um seine eigennützigen Bedürfnisse zu befriedigen. Die Freiheit setzt enorme Energie frei, um den Bedürfnissen der Menschheit und allen Lebewesen zu dienen.

Handlungen, die der Freiheit entspringen, haben eine völlig andere Qualität als jene, die durch psychologische Zwänge verunreinigt wurden. Spontan in Freiheit fließende Handlungen besitzt man nicht; sie tragen keinen Stempel oder Abdruck eines persönlichen Egos und sind keine Versuche, die Aufmerksamkeit der Öffentlichkeit auf sich zu lenken oder Macht zu erlangen. Die Handlungen der Freiheit haben eine Leichtigkeit an sich, eine elegante Einfachheit, die nur möglich ist, solange es kein Verlangen danach gibt, dass die Handlung zu persönlicher Aufwertung führt.

Wenn wir uns wahrhaftig dem sozialen Handeln verpflichten, müssen wir uns ebenso der inneren Freiheit verpflichten. Freiheit von der Knechtschaft der eigennützigen Motive der Ego-Struktur ermöglicht eine umfassende Perspektive, ein Besorgtsein um die Gesamtheit einer Situation ohne die limitierende Beschränkung von Eigennutz. Wenn wir an die Betrachtungsweisen unserer individuellen Egos gebunden bleiben, werden wir die Gesamtheit eines Problems ganz offensichtlich nicht aus verschiedenen Blickwinkeln betrachten können, um seine wahren Ursachen zu entdecken. Ob wir uns dessen bewusst sind oder nicht, jeder von uns wird durch seinen einseitigen Blickwinkel eingeschränkt.

Wir werden uns natürlich nicht nach der Freiheit sehnen, bis die Knechtschaft eine tiefe Unzufriedenheit in uns auslöst. Der Drang nach Freiheit hat keine Kraft, bis wir uns der Gebundenheit deutlich bewusst sind. Wenn sie beginnt, uns wehzutun, unsere Selbstachtung kränkt und ein stechendes Unbehagen auslöst, dann werden wir gezwungen, unsere Komfortzone zu verlassen.

Die Macht der Unfreiheit beobachten

Wir müssen uns unserer Gebundenheit zutiefst bewusstwerden, um Freiheit wertzuschätzen. Beginnen wir, unser Verhalten tagtäglich zu beobachten, nehmen wir die Angst wahr, die Beklemmung, wieviel Verhalten durch Besitzstreben geprägt ist, wie sehr wir uns mit anderen vergleichen und wie wir etwas sein wollen, was wir nicht sind. Wenn wir unser eigenes Leben betrachten, werden sich mit der Erkenntnis unserer Gebundenheit Leid und Schmerz zeigen. Solange wir dies nicht in uns selbst beobachten, ist Freiheit nur eine Theorie.

Natürlich ist es viel bequemer, das Verhalten anderer ins Auge zu fassen und deren Eifersüchteleien, Ängste, Gewaltsamkeit und Wut zu betrachten oder über die destruktiven Folgen der Sklaverei und Konditionierungen der menschlichen Gesellschaft zu diskutieren und das mechanische, repetitive Verhalten zu analysieren, das gesellschaftlich gefördert wird. Doch bis diese Beobachtung ins Herz trifft, wird sie nicht die Kraft haben, uns aus der Gebundenheit herauszuführen.

Wir müssen nah bei uns und unserem Leben bleiben und dürfen uns nicht von den Tatsachen unseres eigenen Verhaltens entfernen, indem wir uns in Theorien und interessantere Leben von anderen flüchten. Wenn die Gebundenheit aufgehoben werden soll, muss das aus erster Hand geschehen, indem wir unser Augenmerk auf die Inhalte unseres eigenen Lebens richten.

Unser Leben aufmerksam zu betrachten, bedeutet nicht, Begeisterung für unseren kleingeistigen Verstand zu entwickeln und diesen zum Mittelpunkt zu machen. Die Dynamiken des Verstandes, die Mechanismen der psychologischen Struktur und das Spiel des Egos müssen genauestens verstanden werden, und die besten Möglichkeiten des Studiums bietet das, was wir unmittelbar zur Hand haben. Unsere eigene mentale Struktur können wir viel besser erforschen als die eines anderen Menschen. Da die Gebundenheit in unserem eigenen Verstand und unserer eigenen Psyche zu finden ist, fangen wir dort an.

Wir müssen selbst erkennen, und nicht aufgrund der Behauptung anderer, dass das Denken an die Vergangenheit geknüpft ist, dass Gedankenregungen die Konditionierungen der Vergangenheit mit sich bringen. Jemand kann uns sagen, dass es nicht möglich ist, durch Denken Freiheit zu erlangen; jemand kann uns logisch erklären, dass das Denken das Leben zwangsläufig in Fragmente zerlegt; doch solange wir es nicht persönlich eingesehen haben, bleiben diese Behauptungen neue Errungenschaften des Egos und besitzen keine Vitalität.

Die Erklärungen anderer können uns die Richtung weisen, aber die Reise durch den Verstand werden wir selbst unternehmen müssen. Die Erläuterungen helfen dabei, die Hoheit des Denkens und des Egos infrage zu stellen, was erforderlich ist, weil wir jahrhundertelang unhinterfragt akzeptiert haben, dass die Probleme draußen in der Welt bestehen, nicht aber in der individuellen Psyche.

Wir beginnen, unser eigenes Leben mit wissenschaftlichem Interesse zu erforschen, in einer objektiven Betrachtung. Doch wenn wir wegen allem, was wir in uns beobachten, sehr aufgeregt und subjektiv werden, tappen wir in eine Falle und werden die Kraft zur anhaltenden Beobachtung schnell verlieren. Wenn wir jede unserer Handlungen bewerten, stolz auf unsere Vorzüge sind und uns für unsere Unzulänglichkeiten schämen, sind wir im Spiel des Egos gefangen und haben keine faktischen Erkenntnisse erzielt.

Solange wir an der Idee festhalten, dass es »mein Verstand« ist, »mein ganz persönliches Denken«, werden wir stark dazu tendieren, so gut wie möglich dastehen zu wollen. Doch wenn wir den Verstand aus einer nichtpersönlichen Perspektive betrachten, einfach nur seine Funktionsweise beobachten, werden wir weniger im Beurteilen gefangen sein.

Der psychologischen Struktur Aufmerksamkeit zu schenken, heißt nicht, dass wir uns irgendwohin zurückziehen und alle Beziehungen und Verantwortungen aufgeben müssen. Die Kunst besteht darin, in Beziehungen zu bleiben, seine Arbeit fortzuführen, ein verantwortungsbewusstes Mitglied der Gesellschaft zu sein und dabei auf das Spiel der Gedanken zu achten. Dabei müssen wir jedoch sehr wachsam sein, denn der Verstand ist subtil, listig und trickreich.

Es ist unglaublich beeindruckend, das Anfangsstadium von Wut, Eifersucht oder Gier wahrzunehmen, anstatt von ihnen überrumpelt zu werden, wenn die Emotion auf dem Höhepunkt ist und uns schon im Griff hat. Wir sollten versuchen, bereits die ersten kleinen Regungen einer Emotion wahrzunehmen. Wohin verbreitet sie sich, wie wirkt sie sich auf unser Verhalten aus? So wie die Erkundung einer unbekannten Wildnis Freude bereitet, macht auch die Erforschung der inneren Landschaft Vergnügen – die Vulkane ausbrechen zu sehen ohne jeglichen Versuch, etwas zu verteidigen, zu beurteilen oder zu beanspruchen.

Wenn wir nie die Entstehung von Wut in uns selbst beobachtet haben, vom ersten Ansatz bis hin zum vollen Ausbruch, werden wir immer wieder von ihr überwältigt werden. Wir können versuchen, Wutverhalten zu unterdrücken, aber es würde dennoch Schaden anrichten und wir wären nicht frei davon.

Achtsamkeit ohne jegliches Inkrafttreten von Abwehrmechanismen hat ihre eigene Intelligenz. Es gibt jedoch den Reflex, Verteidigungen und Wertungen ins Spiel zu bringen und vom Betrachten ins Rechtfertigen und Bewerten überzugehen. Vielleicht sagen wir zu uns selbst: »Meine Mutter oder mein Vater war eine wütende Person.« »Ich kann nichts dafür; ich hatte eine unglückliche Kindheit und deswegen bin ich eine wütende Person.« »Alle in meiner Familie werden wütend; so drücken wir uns aus.« »Die Heuchelei, Ungerechtigkeit und Gewalt in der Welt machen mich wütend.« Solche Erklärungen und Rechtfertigungen mögen zutreffen, doch verhindern sie die direkte Wahrnehmung davon, was die Wut mit unseren Körpern, unseren Beziehungen und unserer Arbeit macht.

Wenn wir eine Emotion verteidigen, sei es Wut, Angst oder Eifersucht, erkennen wir sie an, halten an ihr fest und akzeptieren ein Leben, in dem emotionale Unausgeglichenheiten alle möglichen Schäden anrichten dürfen. Indem wir Emotionen beurteilen – »Diese mag ich, aber nicht jene« –, spalten wir uns in zwei Teile: in einen, der wertet, und einen, der bewertet wird. Wenn wir dann bei jeder Beobachtung des inneren Lebens deprimiert werden, wird das Ego bald Wege finden, das Aufmerksamsein zu vermeiden und zu unterlassen. Damit öffnen wir Tür und Tor für ein unreflektiertes Leben ohne Achtsamkeit.

Ohne Verteidigungshaltung, Wertung und Depressivität sind wir wachsam und achten auf die inneren Dynamiken, während wir unserem normalen Tagesablauf folgen und unserer Arbeit nachgehen. Wir nehmen die Regungen des Verstandes wahr, die Gedanken, die uns von früh bis spät kommen. Dann bemerken wir vielleicht, dass gewisse Gedanken sich wiederholen und eine eigene Energie zu haben scheinen. Möglicherweise stellen wir sogar fest, dass es uns nicht gelingt, uns nach einem schwierigen Tag zu entspannen, auch wenn wir das möchten. Die Gedanken und Sorgen kreisen ohne Unterlass und halten die Anspannung und Erschöpfung im Körper fest. In der Nacht dauern die Ängste wie besessen an, und obwohl wir den neuen Tag und seine Herausforderungen gestärkt anpacken wollen, sind wir tief erschöpft.

Selbst wenn wir uns an einen ruhigen, erholsamen Ort zurückziehen, stellen wir möglicherweise fest, dass sich unsere Gedanken nicht entspannen und dass wir das mentale Tonband der vergangenen Ereignisse und der Ängste vor der Zukunft nicht abschalten können. Es spielt einfach weiter, sofern es nicht durch irgendeine Unterhaltung oder anderweitige Gedankenregung abgelenkt wird.

Das Selbst verstehen

Fragen wir uns jemals: »Was ist dieser Verstand, diese mentale Struktur? Wie beeinflusst sie mein Leben? Was würde passieren, wenn ich sie losließe, wenn ich nicht die ganze Zeit denken würde?«

Natürlich sind wir alle mit einem Gehirn ausgestattet, das durch elektrochemische Abläufe Gedanken verarbeitet. Doch das Gehirn ist nur ein Teil des Körpers, nicht sein Meister. Es hat sich noch ein weiterer Teil in uns entwickelt, der das gesamte Leben kontrollieren und über alle Regungen bestimmen möchte, der so viel wie möglich in seinen Besitz bringen will und trennen möchte zwischen »ich« und »nicht ich«, zwischen »mein« und »nicht mein«.

Diese selbstzentrierten Neigungen nennen wir der Einfachheit halber »das Ego«, »das Ich-Bewusstsein«. Im Osten entstand die Auffassung, dass das Ego, das Ich-Bewusstsein, die Quelle allen menschlichen Elends ist, und verschiedene Techniken wurden entwickelt, um es zu überwinden und sich aus seinem Griff zu befreien. *Mantra,* die Anwendung von Klangenergie, *tantra,* der Einsatz sexueller Energie, oder *dschnana,* die Verwendung mentaler Energie, sind Mittel, um die Gebundenheit an das Ego zu lösen.

Für Menschen mit sozialem Verantwortungsgefühl ist Karma-Yoga ein Weg, um sich von der Ego-Zentriertheit zu befreien. Wenn wir für andere sorgen, verrichten wir ein Karma oder eine Handlung* für sie und haben keine Zeit, vom Ego oder dem Ich-Bewusstsein eingenommen zu sein. In einem solchen Moment, wenn wir vom Ego-Bewusstsein, seinen eigennützigen Umtrieben und seiner Selbstbesessenheit frei sind, geschieht eine Reinigung, eine Läuterung. Die Hauptabsicht von Handlungen im Sinne von Karma ist die Läuterung des Herzens, um ihm eine Möglichkeit zu geben, von Verunreinigungen und ich-bezogenen Aktivitäten Abstand zu nehmen.

Durch Karma-Yoga entsteht eine Art Selbstlosigkeit. Handeln wir für die Gesellschaft, für die Menschen, für andere, dann entstehen innige Begegnungen und Interaktionen mit den Menschen, sodass die Einheit des Lebens lebendig wird.

Handeln wir ausschließlich für uns selbst, um unsere Emotionen oder unseren Ehrgeiz zu befriedigen, dann entsteht, der Theorie nach, durch diese Form des Karmas Gebundenheit. Werden jedoch Energien freigesetzt und dürfen in Beziehungen mit anderen fließen, nicht mit der Absicht, für uns selbst etwas physisch, materiell oder ökonomisch zurückzubekommen, sondern einfach, um zu teilen, dann schafft Karma kein Netz aus Verstrickung, sondern befreit uns von der Beschränkung durch unseren Verstand und das Ego. So stellt sich die Logik des Karma-Yoga dar.

Ein wissenschaftlicher Ansatz besagt, dass die einzige Gebundenheit wohl darin liegt, das Ego als real anzuerkennen und seiner Herrschaft zuzustimmen. Sehen wir ein, dass das Ego nur

* Der Sanskrit-Begriff *karma* bedeutet »Tun«, »Wirken« oder »Handeln«, aber auch dessen Resultat oder Folgen [Anmerkung der Übersetzerin].

symbolisch und als gedankliches Konzept existiert, dann werden wir von seiner Tyrannei frei sein.

Wenn wir über etwas nachdenken, sind wir uns bewusst, dass wir dafür Wörter nutzen, die Symbole sind und keine eigene physische Realität haben, sondern diese nur repräsentieren. Wir sehen einen Baum und schreiben oder sagen später vielleicht das Wort »Baum«. Das Wort »Baum« ist offensichtlich etwas völlig anderes als die physische Realität eines Baumes. Das Wort hat keines der typischen Charakteristika eines Baumes, nicht die fühlbare Baumrinde, die Form der Blätter oder den Geruch des Harzes. Das Wort »Baum« repräsentiert einfach nur das Objekt Baum als ein schriftliches oder verbales Symbol.

Symbole zu nutzen, ist recht praktisch, denn wenn wir nicht gleich den ganzen Baum ausgraben und ihn mit uns herumtragen wollen, können wir immer noch darüber sprechen, indem wir das allgemein anerkannte Symbol in der jeweiligen Landessprache nutzen. Symbole sind gegenseitig vereinbarte Einrichtungen zum Zweck des Denkens oder der Kommunikation. Die Verwendung von Symbolen nehmen wir mühelos an und verstehen, dass sie keine physische Realität haben. Wir erwarten nicht, dass dem Wort »Baum« Blätter wachsen oder das Wort »Kuh« Milch hervorbringt.

Doch wenn es um sehr abstrakte Symbole wie Zeit, Raum oder das Ego geht, dann tappen wir schnell in die Falle zu glauben, sie seien real.

Hat Zeit eine physische Realität? Gibt es in der Natur irgendwelche Stunden, Minuten oder Sekunden? So etwas wie Zeit gibt es in Wirklichkeit nicht. Das Leben ist zeitlos, doch für ein zweckmäßiges Zusammenleben hat der menschliche Verstand die Zeitlosigkeit in Einheiten von Stunden, Minuten und Sekunden eingeteilt und Uhren gebaut, um die erfundene Zeit zu messen. Das Gleiche gilt natürlich auch für den Raum. In der Natur gibt es keine Kilometer oder Meilen. Das sind Maßeinheiten, die zur besseren Kommunikation geschaffen wurden.

Das Ich, das Selbst oder das Ego ist auch ein Konzept; es hat keine physische Realität. Der Körper hat eine solche, doch das Ich als Mittelpunkt, von dem alle Handlungen ausgehen, hat lediglich eine gedankliche Realität. Es ist ein Konzept.

Wird ein Kind geboren, geben wir ihm einen Namen, um es von anderen Kindern zu unterscheiden. Wir geben der Gestalt einen Namen, doch das Leben in ihr ist namenlos. Das Leben, das dem Körper innewohnt, ist nicht benennbar, nicht messbar. Trotzdem geben wir dem Kind einen Namen und bringen ihm bei: »Du bist Harry; du bist Susan.« Das wiederholen wir so oft, bis das Kind sich damit identifiziert.

Beachtet, wie wir den Samen des Ichs oder Selbsts in das Kind einpflanzen. Wir bringen dem Kind bei, sich mit dem Namen der Gestalt zu identifizieren, mit den Charakteristika der äußeren Form. Wir sagen: »Du bist hellhäutig; du bist dunkelhäutig; du bist dumm: du bist brillant.« Das Kind wächst mit Schichten der Identifikation auf, Schichten der Konditionierung, die vorgeben, wie es zu reagieren hat. Eine Mischung all dieser Schichten erzeugt das Ich, das Ego.

Das Ego ist eine Zweckdienlichkeit, wie alle anderen Konzepte auch. Allerdings haben wir uns so sehr daran gewöhnt, aus ihm als unserem Mittelpunkt zu leben, dass wir meinen, wir seien das Ego, und vergessen, dass es ein von uns erschaffenes Konzept ist, genauso wie wir vergessen, dass Zeit eine von uns erfundene Vorstellung ist.

Wir entwickeln Angst und fürchten uns vor dem Gedanken an das Morgen. Im Leben gibt es kein Gestern oder Morgen. Es gibt nur das Hier und Jetzt. Das Leben ist nur Dasein, einfaches, reines Dasein. Der ganze Überbau aus Konzepten wurde von uns geschaffen und es sind wunderbare Spielzeuge. Vergessen wir jedoch, dass es Spielzeuge oder Symbole sind und dass sie für ein praktikables Zusammenleben in der Gesellschaft geschaffen wurden, dann werden wir sie für die Gesamtheit des Lebens halten.

Symbole oder Konzepte mit der Realität zu verwechseln, ist der Beginn der Knechtschaft. Es gibt keine andere Gebundenheit als diese Identifikation.

Dem Ego die Autorität absprechen

Beobachten wir unser Leben, werden wir feststellen, dass alle Betätigungen des Egos oder Ich-Bewusstseins auf Besitz und Anschaffung ausgerichtet sind. Der Antrieb des Egos für jedwede Betätigung ist, etwas für sich zu erlangen. Das kann Sinnlichkeit oder sexuelle Lust sein, es kann finanzieller Zuwachs, Wohlstand, Besitztum sein oder das Erlangen von Ruhm. Egal, was es ist, der vorherrschende Beweggrund des Egos ist die Aneignung.

Gesellschaften streben nach Erwerb, nach Eigentum und Besitz; Länder und Nationen wollen erwerben und besitzen. Wir haben diesen Drang verinnerlicht, uns etwas anzueignen und zu besitzen, und alles, was wir im Leben tun, ist von der Absicht zu bekommen gesteuert.

Da die Motivation des Egos hauptsächlich auf Zuwachs, Eigentum und Besitz ausgerichtet ist, möchte es mit anderen wetteifern und sich mit ihnen vergleichen. Aus diesem grundlegenden Hang nach Besitzstreben haben wir eine konkurrierende und vergleichende Gesellschaft hervorgebracht.

Wir werden von der Neigung des Egos zu erwerben gelenkt, und es will nicht nur materielle Dinge besitzen, nicht nur Gedanken und Ideen, sondern auch Menschen. Wir möchten uns Kolonien aneignen und besitzen, Länder und ganze Menschengruppen. Ob es der Kolonialismus ist oder der politische und ökonomische Imperialismus, sie alle gehen zurück auf diesen Drang nach Besitztum, der unsere individuellen und kollektiven Leben leitet und lenkt.

Eines Tages werden wir vielleicht die Landesgrenzen auf der Erde abschaffen, doch wir werden neue errichten, weil die Wurzel unserer Beweggründe das Erwerbsstreben ist. Dann werden wir um den Mond oder den Mars kämpfen.

Eine verwandte Motivation ist die Gier zu herrschen. Haben wir nichts, über das wir herrschen können, dann beherrschen wir unsere Kinder, unsere Hunde und Katzen oder unseren eigenen Körper. Und vom Beherrschen ist es kein weiter Weg zur Gewalt.

Ein weiterer ähnlicher Antrieb ist die Angst, dass all jenes, was wir erworben haben oder besitzen, uns morgen schon abhandenkommen könnte. Der Drang nach Sicherheit ist die Folge der Angst. Wir fürchten uns. Besitzstreben, Herrschsucht und Angst gehen miteinander einher.

Das Ego oder Ich-Bewusstsein hat die Herrschaft in unserem Leben übernommen, obwohl es nur ein Konzept ist und keine physische Realität hat. Wir lassen die Erfindung des Egos gelten und kooperieren mit seinen Bestrebungen. Die Zusammenarbeit mit den Motivationen des Egos verursacht nicht nur Unheil in unserem eigenen Leben, sondern verhindert auch ein harmonisches und friedliches Zusammenleben.

Wenn wir uns bewusst sind, dass das Ego nur eine Art Erfindung ist und keine Realität besitzt, und wir dann die Regungen des

Egos unmittelbar beobachten – das Besitzstreben, die Dominanz, die Angstmuster, das Netz emotionaler Unausgeglichenheit, die unaufhörliche Betriebsamkeit der Gedanken –, dann entscheiden wir vielleicht, dass wir so nicht mehr weiterleben wollen, versklavt und tyrannisiert von etwas, das noch nicht einmal real ist!

Wir erkennen, dass wir auf Basis der egozentrischen Gebundenheit keine neue Gesellschaft, keine friedlichen, harmonischen und kooperativen Strukturen errichten können. Das Ego gewährt keinen Frieden, weder individuell noch kollektiv. Dieser Tatsache müssen wir in unserem eigenen Leben ins Auge sehen, sie aus erster Hand, durch eigene Wahrnehmung erfahren. Wenn wir die kollektiven Strukturen und Systeme revolutionieren möchten, müssen wir mit der inneren Revolution beginnen, indem wir uns selbst aus der Gefangenschaft der Egozentrik befreien.

Das Beobachten der gefährlichen Umtriebe des Egos sowie die Erkenntnis, dass das Ego nur ein Konzept ist, ein Symbol, das keine echte Autorität besitzt, werden uns helfen bei der Verweigerung, irgendeine gefährliche Erfindung als Mittelpunkt und Herrn unseres Lebens anzuerkennen. Das ist die Essenz der inneren Revolution.

Wir können nicht ganze und gleichzeitig egozentrische Menschen sein. Das eine hebt das andere auf. Entscheiden wir uns für Ganzheit, dann widersprechen wir der Fragmentierung, dem Kern des egozentrischen Lebens.

Chaos aus unserem Leben verbannen

Spüren wir einen aufrichtigen Drang danach, in Ganzheit zu leben und die Hässlichkeit der Fragmentierung hinter uns zu lassen, dann werden wir eventuell immer noch feststellen, dass es schwierig ist, als ganzer Mensch zu leben, weil es in unserer Lebensweise eine innere Unordnung gibt.

Die Beseitigung der inneren Unordnung auf physischer, verbaler und mentaler Ebene bringt die natürliche Harmonie im Inneren ans Licht. Ohne Konflikt zwischen Körper, Verstand und Gehirn, wenn diese also nicht im Widerspruch zueinander agieren, treten die natürlichen Rhythmen und die Harmonie hervor.

Diese Harmonie enthält enorme unkonditionierte Energie. So wie Durcheinander uns Energie entzieht, setzen Harmonie und

Ordnung neue Energie und Vitalität frei. Dann steckt unsere Leidenschaft in allem, was wir tun. Wenn keine Schwäche, Schäbigkeit oder Kleinlichkeit mehr vorhanden sind, vibriert enorme Energie in uns, die aus der Harmonie entsteht.

Die physische oder biologische Struktur hat ihre Schönheit. Die körpereigenen Impulse haben ihre Schönheit. Wir müssen die Sinne respektieren, ihnen freien Lauf lassen und die Freuden des Lebens genießen, ohne einen Kult der Vergnügung daraus zu machen. Doch der Körper kann nicht zur Autorität werden. Was passiert, wenn die körperlichen Impulse die Herrschaft übernehmen? Wir müssen essen und unsere Mahlzeiten einnehmen, doch wenn wir eine Esssucht entwickeln, wenn Gier entsteht, leiden wir. Hat das Essen die Befehlsgewalt, dann braucht die Nahrungsaufnahme unverhältnismäßige Mengen an Energie. Sex hat seine Schönheit und seinen Platz im Leben. Doch wenn er zum Mittelpunkt wird, um den sich alle anderen Aktivitäten drehen, wenn es im ganzen Leben nur noch um Sex geht und dieser die Befehlsgewalt übernimmt, dann mindert diese Sucht alle anderen Aspekte des Lebens.

Wenn irgendein Aspekt zur Autorität wird, wenn zum Beispiel der Schlaf die Herrschaft übernimmt, wird das gesamte Wesen schwerfällig und träge. Es schwingt keine Energie mehr, keine Leidenschaft oder Intensität. Zu viel Schlaf und Faulheit machen den Körper dumpf, die Sinne stumpfen ab und verlieren ihre natürliche Schärfe und Sensibilität. Die Beziehung zum Körper ist ein wichtiger Teil des Lebens, etwas Schönes, doch wenn dieser die Herrschaft übernimmt, wenn ein Teil das ganze Wesen steuert, führt das offenbar zu Verzerrung und Perversion.

Stellen wir uns vor, nicht der Körper habe die Vorherrschaft übernommen, sondern der Verstand. Dann steuern unsere Neigungen und Abneigungen, die Vorlieben und Vorurteile des Verstandes, unser Verhalten. Gefällt uns etwas, jagen wir ihm nach, wollen es besitzen und unser Eigen nennen. Eine Person gefällt uns, wir laufen ihr hinterher und wollen sie besitzen. Mögen wir jemanden nicht, zum Beispiel im Kollegenkreis, sei es im Büro, in der Fabrik oder in der Schule, dann frönen wir dieser Abneigung. Wir geben unserem Verstand nach, akzeptieren die Macht der Abneigung und finden dann Mittel und Wege, um eine Begegnung mit dieser Person zu vermeiden.

Hegen wir ausgeprägte Vorlieben und Abneigungen, beginnen wir, egal ob es im Familienleben oder im sozialen Umfeld ist, uns zu verschließen und exklusive Beziehungen aufzubauen. Die Abneigung wird zu Hass, der Hass wird zur Verachtung und wieder stellen sich im mentalen und intellektuellen Verhalten Verzerrung und Perversion ein. Kennen wir nicht Leute, die einander hassen, weil sie gegenseitig ihre Ideologien hassen? Abweichende Meinungen, intellektuelle Differenzen und unterschiedliche Ideologien zu haben, ist verständlich, aber sollte man einander deshalb hassen?

Erst kommt die Meinungsverschiedenheit, dann die Abneigung, dann der Hass. Menschliche Beziehungen geraten in Schieflage. Wenn der Verstand die Befehlsgewalt übernimmt, können vielerlei Verzerrungen entstehen. Ein Verstand nimmt die Veden als Autorität an, ein anderer den Koran und wieder ein anderer das Alte Testament. Dann holen wir unsere Waffen und Munition und bekämpfen einander im Namen des Hinduismus, des Islams oder des Christentums. Geschieht das nicht seit mehr als zwanzig Jahrhunderten?

Innere Unordnung ist Disharmonie. Wir können nicht erwarten, eine neue harmonische Gesellschaft zu begründen, solange unsere innere Basis voller Chaos ist. Kann es Harmonie geben, wenn Körper und Verstand im Widerspruch zueinander und nicht im Einklang miteinander stehen?

Häufig ist unser Körper mit einer Aktivität beschäftigt und unser Verstand mit einer anderen. Der Körper verrichtet vielleicht die tagtäglichen physischen Aufgaben, wäscht sich, putzt, kocht, fährt Auto, während der Verstand vor sich hinplappert, ohne darauf zu achten, was der Körper tut. Sind wir zu Hause, ist der Verstand noch im Büro; während wir uns um etwas Gegenwärtiges kümmern müssen, grübelt der Verstand über die Vergangenheit; sind wir in einer Beziehung, denken wir über andere Beziehungen nach. Unaufmerksamkeit schafft einen Zwiespalt in uns. Nehmen wir dann noch die Emotionen dazu, wohnen schon drei Fraktionen in einer Person und wir stellen fest, dass wir eine Sache tun, eine andere denken und wiederum etwas völlig anderes fühlen. Sind wir dann ganze Menschen?

Wenn wir abgelenkt und unaufmerksam sind, entgehen uns die einfachen Freuden des Lebens. Kommen die Sinnesorgane mit einem Gegenstand in Berührung, hat das etwas Schönes. Aber es ist eine zarte Schönheit, die uns ohne die Aufmerksamkeit des ganzen Wesens entgehen wird. Wir kommen mit der Ewigkeit in

Kontakt nicht in komplizierten, ausgefeilten, menschengemachten Ritualen, die in ausgewiesenen heiligen Stätten vollzogen werden, sondern indem wir während unserer einfachen, tagtäglichen Verrichtungen ganz bewusst sind.

Lassen wir unsere alltäglichen Aktivitäten zu Gewohnheiten werden, versäumen wir die Möglichkeit, auf sinnlicher Ebene Gemeinschaft zu erleben; wir suchen nach Unterhaltung und Vergnügen, doch bald wird uns langweilig. Nach einer Weile erscheint uns das ganze Leben eher mühselig und wir wenden uns ausgefalleneren Vergnügungen zu. Allerdings schaffen wir es, aus jeder Betätigung eine Gewohnheit zu machen und jede Form der Freude zu dämpfen. Letzten Endes wird alles, was wir tun, von einem dumpfen, grauen Nebel überschattet und die Lebensfreude in uns stirbt einen langsamen Tod, lange bevor wir physisch sterben.

Jede Tätigkeit, die mit voller Achtsamkeit ausgeführt wird, setzt Energie frei, gibt diese zurück. Handeln wir mit Aufmerksamkeit und Achtsamkeit, steht nicht mehr infrage, ob wir über ausreichend Vitalität für die Herausforderungen des Tages verfügen. Sind wir beim Verrichten einer Tätigkeit voll und ganz präsent, werden wir gestärkt und revitalisiert. Natürlich wird der Körper durch die Betätigung müde, doch erholt er sich durch kleine Ruhezeiten. Wir sind mental erfrischt, vital, wach und sehen den täglichen Aufgaben gelassener entgegen.

Menschen mit sozialem Bewusstsein haben einen Hang dazu, all ihre Energie in äußere Strukturen zu stecken und im persönlichen Bereich mit ziemlich viel innerer Unordnung zu leben, indem sie Aufgaben des täglichen Lebens zu Gewohnheiten machen, die wenig Aufmerksamkeit bedürfen. Doch Durcheinander im persönlichen Leben bedeutet Gebundenheit. Handeln aus Gewohnheit geht mit einem erheblichen Energieverlust einher. Achtloses, nachlässiges Verhalten wird zur Abhängigkeit und übt bald eine Autorität in unserem Leben aus, hat uns im Griff. Dann haben wir die Freiheit verloren, uns auf andere Weise zu verhalten. Jede Form der Abhängigkeit, sei es Kaffee oder Tee trinken, Rauchen, Alkohol- und Drogenkonsum oder der Missbrauch von Sex, wirkt schnell selbstzerstörerisch und schadet dem Nervensystem. Versuchen wir dann, unsere soziale Verantwortung zu übernehmen, stellen wir fest, dass die geschädigten Nerven uns einschränken; uns fehlen die körperliche Vitalität und Robustheit für die gewaltige Aufgabe der revolutionären gesellschaftlichen Veränderung.

Es nützt uns nichts, wenn wir uns selbst moralisch bewerten. Das würde nur zu innerem Konflikt führen. Doch wenn wir uns bewusst machen, wie wir tatsächlich mit unserem Körper, unserem Nervensystem und unserem Verstand umgehen, dann hat die natürliche Intelligenz unseres Wesens die Möglichkeit, sich einzuschalten, und wir erkennen, was uns schadet und was nicht. Wenn wir in uns selbst wahrnehmen, was falsch, schädlich oder giftig ist, muss uns niemand auffordern, damit aufzuhören.

Obwohl wir erkennen, dass unsere Gewohnheiten schädlich sind, halten wir an einigen von ihnen fest, weil wir diesem Verhalten ein unnatürliches psychologisches Vergnügen abgewinnen. Wir fühlen uns mit alten Gewohnheiten sicher, egal wie schädlich sie sind; sie gehören zu uns und sie sind Teil unseres Selbstbildes.

Wir muten unseren Körpern alle möglichen Qualen zu, weil wir die Vorherrschaft des Egos, der psychologischen Struktur, akzeptiert haben. Doch wenn wir die Freiheit wirklich lieben, wenn wir uns selbst und die Menschheit befreien wollen, werden wir die Autorität des Egos ernsthaft hinterfragen und uns die Vormachtstellung der psychologischen Struktur sehr tiefgehend und genau anschauen.

Wir sind in der Lage, aggressiv mit unseren eigenen Körpern umzugehen. Tritt etwas nicht ein, das wir uns erhofft haben, entziehen wir dem Körper den Schlaf und die Nahrungsaufnahme. Es ist eine Art Racheakt an unserem Körper. Wir verletzen seine Heiligkeit. Wir können innerlich aggressiv sein und uns verurteilen, uns herabsetzen und demütigen. Oder wir können die Aggression gegen andere richten.

Meistens sind Angst und Wut die Ursache. Angst ist die Ursache für Aggressivität gegen andere. Wut ist die Ursache für Aggressivität gegen uns selbst. Können wir Wut nicht ausdrücken, verlagert sie sich häufig nach innen und führt zu einer Reihe von Autoaggressionen.

Eine weitere Unausgewogenheit, die ganz offensichtlich die reicheren Länder betrifft, doch auf indirektem Wege auch die Entwicklungsländer beeinflusst, ist die Anhäufung materieller Güter über den einfachen Bedarf des Lebens hinaus.

Die Perspektive auf die Gesamtheit des menschlichen Lebens wird spontan zu einer freiwilligen Einschränkung in der Anhäufung materieller Dinge führen. Wenn wir das Leben als Ganzheit sehen, nehmen wir den Kontext wahr, in dem wir leben – nicht nur den lokalen Kontext, sondern auch den globalen. Dann entsteht eine Fähigkeit zur freiwilligen Einschränkung, was die Anschaffung materieller Dinge betrifft; nicht als Verzicht, nicht als negative Handlung, sondern als positiver Ausdruck der Fürsorge für unsere Mitmenschen.

Harmonie im Leben schaffen

Die Beseitigung von innerer Unordnung und Chaos bringt uns in direkten Kontakt mit einer inneren Harmonie. Dem Körper, dem Gehirn, den Hirnströmen sowie den Energien jenseits des physischen und psychologischen Bereichs wohnt eine Harmonie inne, die zum Ausdruck kommt, wenn das Durcheinander eliminiert wird.

Wird die Unordnung beseitigt, dann werden wir uns der Harmonie im Inneren bewusst, werden empfindsam für die Harmonie in der Natur, die Zyklen der Jahreszeiten und das Zusammenspiel der fünf Elemente und der fünf Lebensprinzipien.*

Freiheit und Harmonie gehen ganz natürlich miteinander einher. Befreien wir uns von den Trieben der psychologischen Struktur, den Zwängen des Egos, dann entdecken wir neue Rhythmen in der Natur. Vergeht denn ein einziger Tag, an dem wir nicht von Zwängen angetrieben werden? Gab es jemals einen Tag, an dem unsere Betätigungen vom Einklang mit den Rhythmen der Natur und des Körpers gesteuert waren? Oder stehen wir nicht vielmehr auf, weil der Wecker klingelt? Oder beeilen uns, weil die Arbeit auf uns wartet? Oder essen, weil entweder die Uhrzeit es vorgibt oder wir uns unsicher fühlen und ausgefüllt sein wollen? Oder bleiben lange auf, um unseren Intellekt zu unterhalten, trinken Kaffee, um wach zu bleiben, und nehmen Tabletten, um einzuschlafen?

Die moderne Gesellschaft zwingt uns in diese Muster, unsere Konditionierungen treiben uns zu konfusem Verhalten; aber sind

* Gemäß der indischen Philosophie handelt es sich bei den fünf Elementen um *pritvhi* (Erde), *ap* (Wasser), *agni* (Feuer), *vayu* (Luft) und *akascha* (Äther), bei den fünf Lebensprinzipien um *dharma* (moralische und ethische Pflichten, Verantwortung), *artha* (Streben nach Wohlergehen), *kama* (Erfüllung sinnlicher und ästhetischer Bedürfnisse), *mokscha* (Freiwerdung, Erlösung) und *ahimsa* (Nichtverletzen, Nichtschädigen, Gewaltlosigkeit) [A. d. Ü.].

wir so schwach und hilflos, dass wir bei diesem Irrsinn mitmachen müssen?

Eine vollständige Revolution erfordert, dass wir uns befreien von der Autorität der psychologischen Struktur, des Egos und den Konditionierungen der Gesellschaft, die jeder von uns verinnerlicht hat. Intellektuell gebildete Leute mögen genau durchschaut haben, wie gefährlich es ist, die Autorität sozioökonomischer und politischer Strukturen anzuerkennen. Sie sind nicht naiv, was die Beweggründe, die Wertestrukturen und Mechanismen der Ausbeutung angeht, und ein Geist, der diese äußeren Strukturen revolutionieren möchte, ist leicht entflammt und gewinnt an Intensität. Doch die gleichen Leute können ziemlich unverständig gegenüber den Motivationen, Wertestrukturen und Mechanismen des Egos sein und seine Tyrannei und Autorität blind akzeptieren.

Die meisten von uns sind, obwohl wir einen hochentwickelten Intellekt haben, emotional unreif. Wir sind in der Lage, die ausgeklügelte technologische Kultur, die der menschliche Verstand erschaffen hat, zu handhaben, verhalten uns aber wie Jugendliche, wenn wir versuchen, miteinander in Beziehung zu treten. Wir benehmen uns wie Teenager, weil wir uns emotional nicht ausreichend gebildet haben. Wir haben den emotionalen, psychologischen Strukturen nicht die gleiche Aufmerksamkeit geschenkt wie dem Intellekt. Der Intellekt hat die Oberhand und die Emotionen richten alles mögliche Unheil an. Der Körper wird aus seinem natürlichen Gleichgewicht gebracht, ermüdet schnell und wird anfällig für Krankheiten. Das nennen wir dann »Leben«.

Um das Leben innerlich und äußerlich von diesem irrsinnigen, selbst erschaffenen Durcheinander zu befreien, müssen wir uns von jedweder Autorität lossagen und ganz neu anfangen, mit Achtsamkeit und Aufmerksamkeit. Die Intelligenz zum vernünftigen, gesunden Leben liegt in unserem Wesen. In Freiheit kommt sie zum Vorschein. Es ist ja nicht so, als ob die kosmische Intelligenz im Rest der Natur für Ordnung gesorgt hat und es uns Menschen selbst überlässt herauszufinden, wie das geht. Obwohl wir versuchen, es zu leugnen, sind wir natürliche Wesen, die den gleichen Elementen, Prinzipien und Kräften unterliegen wie die gesamte Natur.

Die neuen sozioökonomischen und politischen Strukturen sowie die Prozesse der Gesellschaft werden wir unter Anwendung des Intellekts gestalten müssen. Allerdings ist es nicht die Verstandesstruktur mit ihren Gedanken, die uns zeigen wird, wie man in geistiger Gesundheit lebt. In den letzten beiden Jahrhunderten haben wir dem Intellekt, der menschlichen Vernunft, die Möglichkeit gegeben, unsere Lebensqualität zu verbessern. Und die industrielle Revolution hat in unserem materiellen Lebensstil beträchtliche Veränderungen bewirkt; doch all die Konsumgüter, all die erfüllten Bedürfnisse, der ganze Luxus und die Freizeit, die Vorteile einer technologisch fortgeschrittenen Gesellschaft haben den Menschen nicht dabei geholfen, die Qualität des Bewusstseins zu transformieren. Nicht einmal durch Veränderungen kollektiver Strukturen ist es gelungen, eine reifere, gesündere Lebensqualität für die Menschen zu schaffen.

Tief im Herzen eines jeden Einzelnen von uns lebt eine Liebe zur Freiheit. Wenn wir einen prächtigen Adler majestätisch durch die Lüfte fliegen sehen, wie er frei von jeder Bürde im Wind gleitet, schwingt eine Ergriffenheit in unserem Wesen. Auf geheimnisvolle Weise haben wir einen innigen Bezug zum freien Flug eines wild lebenden Tieres.

Mit unserem Körper bewegen wir uns auf der Erde, doch unser Geist erhebt sich in Freiheit. In unserem stark konditionierten Leben haben wir bisher wenig Freiheit kennengelernt, aber unser Geist ist nicht erloschen.

Als freiheitsliebende Wesen müssen wir alle Fesseln der Gebundenheit brechen, indem wir uns weigern, die Autorität der Konditionierung, des Ich-Bewusstseins, des Egos zu akzeptieren. Wir müssen in all unseren Handlungen, Gedanken und Gefühlen achtsam werden, sodass die Gebundenheit keine Chance hat, sich unbemerkt einzuschleichen. Wir müssen Ordnung in unsere Leben bringen, Harmonie und Rhythmen freisetzen und zulassen, dass sich die natürliche Intelligenz in gesunder und vernünftiger Lebensweise ausdrückt.

Mit der Intelligenz, der Vitalität und dem Mitgefühl der Freiheit, mit allen Talenten, die uns zur Verfügung stehen, werden wir uns der Arbeit annehmen, wo auch immer wir sind, um innere und äußere Freiheit für die gesamte Menschheit zu ermöglichen.

Für eine vollständige Revolution verantwortlich zu sein, heißt nicht, dass irgendeiner von uns die individuelle Verantwortung für die Zukunft der Menschheit trägt; es bedeutet jedoch, dass jeder seinen Teil dazu beiträgt, so gut er kann. Der Beitrag, den wir in der Vergangenheit als Einzelne geleistet haben, wurde durch die

Akzeptanz der inneren Gebundenheit und der offenkundigen Neigung zu persönlicher Unordnung unnötig beeinträchtigt, was uns energetisch ausgelaugt und die Vitalität des Körpers zerstört hat.

Die vollkommene Revolution ist eine Einladung zu einem Quantensprung im Potenzial jedes einzelnen Menschen, einen gesellschaftlichen Beitrag zu leisten. Die Entwicklung von der Gebundenheit zur Freiheit setzt unzählige kosmische Energien der Intelligenz, der Kreativität und des Mitempfindens frei, die bis dahin schlummerten. Die Möglichkeiten einer wahrhaft kreativen Gesellschaft sind für den freien Menschen in Reichweite. Diese Herausforderung liegt uns deutlich vor Augen.

Und die Antwort? Sie hängt von jeder und jedem Einzelnen von uns ab.

Freiheit kann nicht übertragen werden. Sie entsteht nur, wenn es eine aufrichtige Sehnsucht danach gibt, sowohl der äußeren als auch der inneren Versklavung auf dieser Erde ein Ende zu bereiten, für jeden Menschen, für jedes Geschöpf, ein für alle Mal.

Für Liebe und Glauben offen werden

Der Zauber des Lebens liegt darin, dass es in der Essenz ein Geheimnis bleibt. Es entzieht sich unseren ausgefeiltesten Messtechniken, die darauf abzielen, seinen Nektar zu quantifizieren. Wir haben Hinweise auf seine Lieblichkeit, wir kennen Spuren seines feinen Aromas, und doch ist es nicht möglich, es zu fassen und in etwas Berechenbares umzuwandeln oder es in Büchern und gelehrten Zeitschriften genau darzulegen. Unsere mentale Konstitution, der menschliche Intellekt, unterteilt das Leben in Tatsachen, in Worte und in Konzepte, und diese elektrochemisch zu verarbeiten, ist begrenzter als die Ganzheit der kosmischen Intelligenz. Etwas Begrenztes wird niemals etwas Unbegrenztes verstehen können. Etwas Endliches kann die Unendlichkeit nicht begreifen.

Aber ist es möglich, dass der Mensch sich der Ganzheit und der Unbegrenztheit bewusstwird und mit ihnen in Kontakt treten kann, indem er den Intellekt beiseitelegt? Wenn wir uns danach sehnen, die verlockenden Geheimnisse der Existenz zu erforschen, die die Geburt, die Liebe, den Tod erfüllen, müssen wir über das Rationale, das Begrenzte, das Endliche hinausgehen.

Doch wie sollen wir über unsere offenkundigen Begrenzungen hinausgelangen? Wir wissen, dass unsere Begrenzungen zum größten Teil auf unsere Konditionierungen zurückzuführen sind, auf jene, die wir während unseres individuellen Lebens angenommen haben, wie auch auf jene, die wir aus Tausenden von Jahren menschlicher Geschichte geerbt haben. Wäre es möglich, dass wir mehr sind als unser Erbe und unsere Konditionierungen? Gibt es einen Teil in uns, der nicht konditioniert wurde, eine Dimension der Ganzheit, voller Liebe, Intelligenz, Kreativität, die nicht von der Geschichte berührt oder geprägt wurde, die rein bleibt und ungetrübt in ihrem kraftvollen Sein? Gibt es in uns eine Stille und einen Frieden, die nicht von Chaos, Anarchie und den Auswirkungen menschlichen Elends verletzt wurden?

Einige unter uns werden auf solche Fragen sofort verzweifelt antworten: »Ja, das ist unsere einzige Hoffnung.« Andere wiederum werden ebenso schnell reagieren und aus intellektueller Überheblichkeit sagen: »Nein, das ist abergläubischer Unsinn.« Keine der beiden Reaktionen ist angemessen, denn wenn wir emotional oder intellektuell reagieren, geht uns die Gelegenheit verloren, die Wahrheit herauszufinden. Letztlich liegt eine gewisse Schönheit darin, etwas nicht zu wissen oder sich nicht sicher zu sein und wahrhaft offen dafür, selbst etwas für sich zu entdecken.

In Gruppen tendieren wir als Menschen dazu, die Geheimnisse des Lebens in Kirchen, Moscheen und Tempel zu verbannen und sie dort hinter unnatürlichen Mauern gefangen zu halten, um sie an hohen Feiertagen zu zelebrieren. Oder wir lehnen sie, als dem rationalen Verstand unwürdig, komplett ab. Beide Ansichten sind von Vorurteilen geprägt und die Freiheit zum Entdecken ist nicht gegeben.

Wir haben aufwendige Versuche unternommen, die unendliche, ewige, geheimnisvolle Ganzheit auf ein menschliches Niveau zu reduzieren und das Unkonditionierte in unsere menschengemachten Konditionierungen zu pressen. Wir erschaffen Formen, die das Formlose repräsentieren, und verehren diese, um Trost,

Sicherheit und Gemeinschaft zu erfahren. So etwas können wir tun, wenn wir das mögen, aber wir sollten nicht der Illusion unterliegen, dass diese Handlungen persönliche Entdeckungen der Wahrheit des Lebens sind. Alle Dogmen, Rituale und Ideologien entstammen zwangsläufig dem menschlichen Verstand und sind daher begrenzt. Sie können uns nicht mit dem Unbegrenzten vereinen.

Die Wahrheit des Daseins entdecken

Als Menschen mit sozialem Bewusstsein fragen wir uns vielleicht, warum wir uns um eine persönliche Entdeckung der Wahrheit des Daseins bemühen sollten. Ist das nicht ein Luxus, eine Flucht vor den gewaltigen Herausforderungen, denen wir heutzutage gegenüberstehen, während Menschen in bitterem Elend leiden?

Die persönliche Erforschung dessen, was jenseits der Konditionierungen liegt, ist für sozial bewusste Menschen wesentlich. Wir haben uns schon eingehend damit befasst, was auf der Ebene der Konditionierungen möglich ist. Wir haben uns vor Augen geführt, welches Niveau an Lebensstandard wir dort entwickeln konnten, und nur wenige sind mit dem zufrieden, was bisher erreicht wurde. Mit leichten Veränderungen wiederholen wir weiterhin das, was nicht zum Erfolg geführt hat. Es stimmt, dass einige Menschen in reichen Ländern höheren Komfort erreicht haben und mehr Vergnügen genießen. Doch wenn wir deren Lebensqualität betrachten, wenn wir den Menschen in die Augen schauen und ihre Gesichter beobachten, sehen wir keine strahlende Liebe, keine Freude oder Frieden; stattdessen spiegeln sich Verzweiflung, Hoffnungslosigkeit, Sorge und Verbitterung in ihnen. Mit ungeheuer schwerem Herzen beobachten wir, wie das leuchtende Wesen, das in den Augen von Kindern strahlt, mit dem Erwachsenwerden matter wird, während sie durch Ungerechtigkeit, Ausbeutung, Lieblosigkeit, fehlende Zuwendung und Zärtlichkeit abstumpfen.

Gemeinschaftlich haben wir kein Vertrauen, dass die konditionierten Lösungen der Vergangenheit noch Hoffnung versprechen. Diese Lösungsansätze fördern egozentrisches, eigennütziges und habsüchtiges Verhalten, das sicherlich keine hoffnungsfreudige Aussicht für die Zukunft darstellt. Das entsetzliche Ausmaß des atomaren Wettrüstens, für dessen Aufrechterhaltung die Supermächte ihre Länder schröpfen, sollte ein für alle Mal deutlich machen, dass wissenschaftlicher und technischer Fortschritt die menschliche Lebensqualität nicht voranbringen. Wir leben in Angst und Schrecken, als Geiseln dieser entsetzlichen Erfindungen des menschlichen Verstandes. Es ist uns kaum möglich, normal zu leben und gleichzeitig zu wissen, dass wir nur eine Haaresbreite von der völligen Zerstörung entfernt sind.

In der Vergangenheit waren wir von wissenschaftlichen und technologischen Machtdemonstrationen begeistert, vom Erfindungsreichtum, den arbeitseinsparenden Geräten, elektronischen Rechnern und Leuten, die auf dem Mond umherlaufen. Doch irgendwie scheint in all dem kein Platz zu sein für die Menschen. Die Achtung für das Leben ist verloren gegangen oder wurde ignoriert. Werte, die für das Zusammenleben wesentlich sind, wurden als altmodisch beiseitegeschoben. Nun stellen wir fest, dass die Erfindungskraft, die unsere Lebensqualität verbessern sollte, stattdessen den Fortbestand aller Lebewesen bedroht.

Es gibt keinen Grund, stolz zu sein auf unseren persönlichen oder kollektiven Lebensstandard, der durch unsere weitreichende Befürwortung von Wissenschaft und Technologie entstanden ist, ganz zu schweigen davon, was diese unseren Mitgeschöpfen und der Erde angetan haben. Weiterhin immer abscheulichere Waffen zu erfinden, Konsumgüter zu produzieren, die in den entwickelten Ländern niemand braucht und die sich in den Entwicklungsländern keiner leisten kann; die Erde zu zerstören, um Dinge herzustellen, die für ein sinnerfülltes Leben nicht notwendig sind; politische Strategien der Machtpolitik und ökonomischer Ausbeutung zu wiederholen – all das trägt nichts dazu bei, den Lebensstandard der Menschen in den Entwicklungsländern zu verbessern, denen ausreichend Nahrung fehlt. Und es hilft auch jenen in den entwickelten Ländern nicht, die nach Liebe und Sinn in ihrem Leben dürsten.

Wenn wir es wirklich ernst meinen, werden wir nicht wie bisher weitermachen und dabei vergeblich hoffen, dass ein bisschen Veränderung hier und eine kleine Verbesserung da etwas Großes bewirken werden, sondern wir werden den Mut aufbringen, dass Falsche als falsch zu begreifen und es hinter uns lassen.

In Verbundenheit zu leben lernen

Wir müssen anerkennen, dass wir am Ende unserer Möglichkeiten angekommen sind, was die Anwendung mentaler Strukturen zur Verbesserung des Lebensstandards betrifft. Wir fragen uns, ob es jenseits des Verstandes noch etwas gibt, eine andere Dimension, die sich unterscheidet von der physischen, emotionalen und mentalen Dimension, die unser Bewusstsein bisher gesteuert hat, und ob es möglich ist, in Ganzheit zu leben und dabei die mentalen und physischen Strukturen, wenn nötig, zu nutzen, ohne aber ihre Vorherrschaft zu akzeptieren.

Die Gesellschaft hat uns beigebracht, die Natur für unsere Zwecke auszunutzen, ihre Ressourcen zu plündern, ihrer Herr zu werden und im Kontakt mit ihr etwas Freude zu erlangen. Doch waren wir schon jemals ganz *mit* der Natur, in der Stille, ohne jegliche Absicht, ohne das Motiv, ihr etwas abgewinnen zu wollen, sei es physisch oder psychisch? Sind wir fähig, *bei* der Natur zu sein, ganz offen, in Frieden und stiller Gemeinschaft, ohne daraus ein »Erlebnis« machen zu wollen?

Wenn wir in der Lage sind, mit der Natur zu sein, ohne den Hang, die Dinge zu benennen, sie zu vergleichen, darüber zu plappern, wie entzückend sie sind, ohne all den Ballast des zivilisierten Lebens mit hineinzubringen, die Kümmernisse aus dem Büro, von zu Hause oder darüber, was morgen sein wird, dann entdecken wir vielleicht, dass in der Stille eine Sensibilität für die Rhythmen liegt, die nicht zugänglich ist, solange Absichten, Gedanken und Gefühle ins Spiel kommen. Möglicherweise finden wir heraus, dass wir unsere natürliche Beziehung zur Natur viel tiefer erleben, wenn wir keinerlei Wunsch haben, irgendetwas zu erlangen, weder eine neue Erfahrung noch einen neuen Besitz. Sobald sich Absichten und Verlangen regen, werden wir in die Selbstzentriertheit und in die künstlichen Grenzen zurückgeholt, die das Ego errichtet.

Als Menschen der modernen Gesellschaft sind wir durch die Notwendigkeiten des täglichen Lebens ständig gefordert zu handeln, und mit jeder Handlung geht eine Absicht einher. Es könnte ganz neu für uns sein, absichtslose Stille zu entdecken, in der wir niemanden überzeugen oder etwas erlangen wollen, nicht unser Selbstbild aufpolieren oder etwas für die Zukunft aufbewahren möchten oder überhaupt irgendeine Spur psychologischer Regung hinterlassen wollen.

Stellt euch vor, wir seien zum frühen Tagesanbruch mit der Sanftheit des erwachenden Tages im Einklang und teilten die zarten Regungen des Morgens in Stille und Offenheit. Reißt unsere mentale Struktur diesen Augenblick an sich und übernimmt die Kontrolle, um sich intellektuell zu zerstreuen, oder wiederholt sie durch Unaufmerksamkeit ihre Automatismen, dann werden wir die Sensibilität zweifelsohne verlieren und die Offenheit wird nachlassen.

Sind wir einfach nur in der Stille präsent, so wie der Baum da ist, elegant in seiner nichtfordernden Beständigkeit, dann gibt es keine Grenzen zwischen uns und der Morgendämmerung. Wir erleben den Tagesbeginn mit dem Bewusstsein der Ganzheit, sind gewahr, wie das Licht sacht durch die Dunkelheit tanzt und Glanz verbreitet, feine Prismen aus Licht in die Tautropfen auf den Blätterspitzen wirft, die Schatten der Nacht zum Leben erweckt und alles Leben sanft aus dem Schlummer hervorruft. Still sind wir da, während die Erde mit sanftem Gemurmel antwortet, mit exquisitem Gesang, rhythmischen und harmonischen Bewegungen, im Einklang mit dem Puls der Erde. Das Ego möchte Grenzen ziehen, um sein Territorium zu schützen, und klar zu unterscheiden zwischen Ich und Nicht-Ich. Doch wenn wir die Autorität des Egos nicht anerkennen, können wir herausfinden, wie es ist, ohne Grenzen und Spaltungen jeglicher Art da zu sein.

Haben wir uns jemals gefragt, wie die Natur es schafft, ohne die Hilfe von Wissenschaft und Technologie zu funktionieren? Sind wir überrascht, dass der Tagesanbruch, der Sonnenuntergang und die Gezeiten es fertigbringen, so präzise zu sein ohne Rechner und Computer?

Wenn wir mit der Natur sind, ohne das Verlangen, sie zu dominieren oder unsere Überlegenheit zu beweisen, werden wir uns der komplexen Ordnung der Natur vielleicht bewusst: der erstaunlichen, tiefgründigen Verbundenheit aller Wesen, der Zeitlosigkeit der Rhythmen, die nicht durch Anfang und Ende beschränkt werden, und der Fähigkeit der Erde, geheilt zu werden. Wir haben versucht, der Natur menschengemachte Strukturen überzustülpen, weil wir mit unserem Platz im Universum nicht zufrieden sind, und haben der Erde dabei verheerende Schäden zugefügt. Doch die Natur folgt einfach weiter ihrem Takt, ihren heilenden harmonischen Rhythmen.

Wir können die Erde beschädigen, Pflanzen- und Tierarten vernichten, Wasser und Luft verschmutzen und unsere Spuren achtloser Verwüstung auf jedem Fleckchen Erde hinterlassen, aber wir sind nicht in der Lage, das Leben zu zerstören. Wir können uns gegenseitig töten oder darauf sinnen, die Menschheit auszumerzen, doch das Leben wird weitergehen. Ein Teil oder ein Fragment wird nicht das Ganze zerstören. Wie ungeheuerlich die Zerstörungskräfte, die das menschliche Gehirn erfinden kann, auch sein mögen, diese Kräfte sind nicht stärker als jene der Ganzheit.

Das Leben an sich wird von den zerstörerischen Spielen der Menschheit nicht berührt. Es ist viel umfassender als die uns bekannten physischen und mentalen Dimensionen und wird durch die stoffliche, die am wenigsten subtile Dimension des Daseins nicht verunreinigt. Das Leben existiert. Das Leben ist.

Das soll nicht heißen, dass wir nicht verantwortlich sind für die irrsinnigen Dinge, die wir der Erde, einander und unseren Mitgeschöpfen antun. Selbstverständlich tragen wir die Verantwortung für unser eigenes wahnsinniges Verhalten. Das Elend dieser Welt ist nicht gottgemacht. Es wurde von Menschen aus Gier, Unwissenheit, Herzlosigkeit und Herrschsucht verursacht. Wir sind verantwortlich für das von uns geschaffene Chaos, aber wir sollten das Ausmaß unserer Zerstörungskraft nicht verklären und glauben, dass die Menschen dem Leben ein Ende machen werden. Wir Menschen sind sogar anmaßend, wenn es um unsere destruktiven Fähigkeiten geht.

Die Bedeutung des Glaubens erkennen

Solange sie nicht zur persönlichen Erkenntnis wird, bleibt die Ansicht, dass das Leben *ist,* eine intellektuelle Theorie, eine Behauptung neben anderen, die im Gedächtnis abgespeichert wird. Wir brauchen keine weiteren religiösen Glaubensvorstellungen oder Theorien über den Sinn des Lebens. Doch wir könnten etwas Wichtiges entdecken, wenn wir offen und sensibel sind für ein Erleben aus erster Hand.

Wenn wir den Nachthimmel mit dem Leuchten ferner Sterne erleben, die zum Greifen nah erscheinen, wenn wir still verweilen zwischen den riesigen Mammutbäumen, die sich in ihrem jahrhundertelangen Wachstum über uns erheben, oder wenn wir inmitten des Meeres komplett umgeben sind vom rhythmischen, lebendigen Wasser, dann könnten wir in Momenten der Ruhe unsere Beziehung zum Leben leben, und in solchen selbstlosen Augenblicken entsteht vielleicht auch Glaube. Es ist nicht der Glaube aus Büchern, Ideologien, konfessionellen Strukturen oder konditionierter Überlieferung, sondern ein Glaube, der ganz natürlich entsteht, wenn ein Bewusstsein für die unfassbare Intelligenz, Ordnung, Bezogenheit und Einheit allen Lebens das ganze Wesen in einem zeitlosen Erwachen erfüllt.

Glaube an die Intelligenz, Ordnung und Kreativität des Lebens benötigt keinen Schrein; er muss nicht an einem heiligen Ort der Verehrung eingeschlossen oder in heiligen Schriften zur Erinnerung bewahrt werden. Glaube an das Leben wird sich auf natürliche Weise im Leben ausdrücken, und die Kräfte von Intelligenz und Kreativität, die durch den Glauben aktiviert werden, geben dem Alltag eine neue Vitalität.

Die Großartigkeit des Glaubens ist getrübt und beeinträchtigt worden durch die Bestrebungen der organisierten Religionen, ihn zu instrumentalisieren, um die Menschen auszubeuten und die Massen in einer Art Rausch zu halten, damit sie ihr Elend akzeptieren. In der modernen Gesellschaft hat das Wort »Glaube« keinen Glanz; es wird mit Aberglauben, blinden Glaubenssystemen und der Ausbeutung der Massen assoziiert.

Nur eine vollständige Revolution wird das Wort »Glaube« von seinem unerfreulichen Beigeschmack befreien und es zugänglich machen für Suchende mit sozialem Bewusstsein. Glaube gehört nicht der konditionierten Dimension an, und jeder Versuch der organisierten Religionen, ihn auf diese Ebene zu ziehen, wird zwangsläufig falsch sein.

Warum sollten wir uns so sehr mit dem Glauben beschäftigen; warum sollten wir versuchen, dieses Wort wiederzubeleben? Soziales Handeln erfordert die Stetigkeit einer Weltsicht, die sowohl die konditionierte als auch die unkonditionierte Dimension anerkennt. Sind Menschen auf die konditionierte Ebene beschränkt, blühen sie nicht auf und genießen keine angemessene Lebensqualität. Die Selbstzentriertheit der konditionierten Dimension erschafft eine Situation, in der die machtvollen Gierigen diejenigen sind, die alles haben und die versuchen, aus denen, die wenig oder nichts haben, so viel wie möglich herauszuholen. Dieses Szenario wiederholt sich immer und immer wieder.

Es geht darum, die gesamte Menschheit zu einer höheren Perspektive zu führen, in der Verbundenheit, Einheit, Harmonie und Ordnung real sind und zu Werten des täglichen Lebens werden. Dann wird ein angemessener Lebensstandard für alle Menschen möglich sein. Was für eine Zukunft kann es geben, wenn wir in unseren kleinen Kämmerchen gefangen bleiben und unsere einzige Perspektive jene begrenzte Sichtweise menschlicher Konditionierung ist, die von den Medien verbreitet wird: eine Sichtweise, die Gier gutheißt, in der es darum geht, wichtig und mächtig zu werden und über mehr Ressourcen zu verfügen, als wir je verwenden können, ohne Rücksicht darauf, wie viele Menschen wir dabei niedergemacht haben, wie sehr wir die Erde geplündert haben, um an ihre Ressourcen heranzukommen, und dabei sowohl Ländergrenzen als auch deren gewaltsame Verschiebung als ganz natürliche Lebensweise billigen? Indem wir unsere beschränkte, bruchstückhafte und konditionierte Sichtweise beibehalten, besiegeln wir zweifellos unseren eigenen Untergang.

Glaube ist die Erhebung vom Konditionierten hin zum Bewusstsein des Ganzen. Er verlangt keinerlei Anschauungen, keinerlei Befolgung von Aberglauben und Zeremonien, keinerlei Übernahme von Gottesbildern. Glaube ist einfach das Gewahrsein, dass es im Leben mehr gibt als das Konditionierte und Fragmentierte.

Als gläubige Menschen verlieren wir nicht unseren Intellekt oder unser Engagement für die Menschheit. Wir ziehen uns keine besonderen Roben über, verschwinden nicht im Äther der Klöster des Himalajas und halten keine großen Liebesreden über das Göttliche. Wir bleiben, wo wir sind, verwurzelt wie der riesige Mammutbaum, und stellen uns den gegenwärtigen Herausforderungen, den Herausforderungen der Menschheit; doch unsere Sichtweise darauf, was das Leben ist, was ein Mensch ist, hat sich gewandelt. In unserem Wesen schwingen mehr Vitalität und Lebenskraft, weil das Bewusstsein die uns innewohnende unkonditionierten Energien von Kreativität und kosmischer Intelligenz freigesetzt hat.

An das Leben zu glauben, bedeutet notwendigerweise auch, an die Menschheit zu glauben. Jeder Mensch ist im Kern eine Ganzheit aus konditionierten und unkonditionierten Energien und ist als Ganzheit heilig. Wir mögen das Verhalten, zu dem Menschen fähig sind, zutiefst ablehnen, wir mögen uns weigern, uns an den irrsinnigen Betätigungen der menschengemachten Gesellschaft zu beteiligen, doch müssen wir uns bewusst sein, dass jeder Mensch als Manifestation der Ganzheit das Potenzial hat, zu einer Person heranzureifen, die eines heiligen Vertrauens würdig ist.

Als Suchende mit sozialem Bewusstsein und mit dem Glauben an das Leben und in die Menschheit verfügen wir über die Energie, die Leidenschaft und Hingabe für die schwierige Arbeit einer vollständigen Revolution. Beharrlichkeit und Stabilität gehen mit Glauben einher. Wir sind tief in der Ganzheit verwurzelt, wodurch wir die Widerstandsfähigkeit erlangen, den Misserfolgen und Enttäuschungen zu trotzen und die Arbeit fortzuführen.

Auf der konditionierten Ebene setzen uns die emotionalen Stürme von Erfolgen und Misserfolgen zu. Heute erleben wir ein Hoch, morgen sind wir zutiefst deprimiert. Lassen wir uns von emotionalen Ausschweifungen hin und her treiben, verlieren wir Elan, Einsatzbereitschaft und Kreativität. Wenn sich dunkle Wolken zusammenbrauen, ergeben wir uns einer seelischen Haltung von Schwermut und Verzweiflung. Dann nimmt unsere Arbeit eine Schwere an und wird zur Last. Sind wir in der Lage, das Licht und die dunklen Wolken gleichzeitig aus einer Perspektive zu betrachten, dann herrscht Ausgeglichenheit und wir erlangen eine andere Sichtweise, die uns weniger anfällig für Verzweiflung macht und verhindert, dass wir uns in den Erfolgen und Misserfolgen des Momentes verlieren.

Das Potenzial eines ganzheitlichen Lebens verwirklichen

Wollen wir Menschen mit Glauben sein, müssen wir uns bewusstwerden, dass die Ganzheit aus Licht und Dunkelheit, aus Handeln und Nichthandeln sowie aus Klangfülle und Stille besteht. Sie alle sind für ganzheitliches Leben von essenzieller Bedeutung. Ganzheitliches Wachstum ist nicht möglich, solange wir einige Aspekte des Lebens bevorzugen und andere ignorieren. Vertrauen wir nur dem Licht, dem Handeln und dem Klang, fürchten uns aber vor der Dunkelheit, dem Nichthandeln und der Stille, dann ist das Wachstum nicht ausgewogen.

Wir wissen sehr wohl, was Aktivsein bedeutet, denn tagtäglich sind wir im Wettrennen all der gesellschaftlich geforderten Aktivitäten gefangen. Wir spielen unsere Rollen – als Familienmitglieder, als Teilnehmer an den wirtschaftlichen Strukturen, als Bürger in der Gemeinschaft – mit unmenschlicher Geschwindigkeit, indem wir durch die Mahlzeiten und die Alltagsbelange rasen, um zu den Vergnügungen und Unterhaltungen weiterzurennen. Ständig sind wir erschöpft und sehnen uns danach, Zeit für uns selbst zu haben; doch ergibt sich eine solch seltene Gelegenheit, allein zu sein, dann fühlen wir uns einsam, unruhig, deprimiert und stellen fest, dass wir nach einer Möglichkeit suchen, wieder beschäftigt zu sein. Nicht einmal der Schlaf bietet Erholung, weil wir nachts aufgewühlt und ruhelos grübeln und der Tag für uns psychisch nicht beendet ist. Wir lassen ihn gedanklich nicht enden und nehmen die hektischen Aktivitäten des Tages mit in die Nacht.

Unser Leben dreht sich unaufhaltsam weiter, ganze Jahre vergehen mit unablässigen oberflächlichen Aktivitäten, und wenn der Tod unausweichlich naht, haben wir vielleicht das Gefühl, dass wir durch das Leben gehastet sind und niemals innegehalten haben, um tiefer zu gehen, um intensiv zu empfinden oder über den Sinn des Ganzen nachzudenken. Möglicherweise haben wir das Gefühl, etwas Wichtiges, die Seele des Lebens, verpasst zu haben. Wenn wir uns dem Tod nähern, sind wir vielleicht voller Wunden, die nie verheilt sind, Wunden, die unbehandelt geblieben sind und offen liegen. Vielleicht stellt sich ein Empfinden von Verbitterung ein, weil das Leben irgendwie nicht an die wunderbaren Erwartungen herangereicht hat, die wir in unserer Jugend hegten.

Der Ganzheit wohnen Heilkräfte inne, das Potenzial in der Tiefe des Seins zu leben und die Möglichkeit, mit der Seele des Lebens in Berührung zu kommen. Im Wettlauf um einen hohen, machtvollen Status in den Augen der Gesellschaft und durch die Übernahme von Rollen, die andere uns zuschreiben, hasten wir an diesen Möglichkeiten vorbei und leugnen vehement, dass es im Leben noch irgendetwas anderes gibt. Uns entgehen diese Gelegenheiten, weil wir bloß oberflächlich rebellieren oder gesellschaftliche Ansprüche ablehnen und nie über eine schwammige Unzufriedenheit hinausgehen zu einem tieferen Hinterfragen, zu persönlicher und sozialer Revolution.

Halten wir in unseren langen Lebensjahren jemals inne, um darüber nachzudenken, wohin es für uns geht in diesem irrwitzigen

Wettlauf, den wir »unser Leben« nennen? Oder haben wir uns in jungen Jahren einfach der Herde auf ihrem Weg ins Irgendwo angeschlossen und geben uns zufrieden mit der Dynamik, mit dem Gefühl dazuzugehören, ohne ernsthaftes Interesse daran, wohin das alles führt?

Erwacht die Sehnsucht in unseren Herzen, voll zu leben, reif und ganz zu sein und in den Tiefen unseres Wesens zu leben, dann müssen wir die Ufer des Bekannten verlassen, den konditionierten Wahnsinn, das Streben nach andauerndem Beschäftigtsein um der Beschäftigung willen beenden und in das Meer der Stille eintauchen.

Das Reich der Stille erkunden

Stille und Nichthandeln erfahren keine Zustimmung in einer Gesellschaft, welche Untätigkeit als Zeitverschwendung, als Ausdruck unverantwortlicher Faulheit oder als Einladung allen möglichen Übels betrachtet. Die Gesellschaft wird dem Suchenden, der das Spiel nicht mitspielen will, der am Wettlauf nicht teilnehmen möchte, um eine andere Dimension des Bewusstseins zu erkunden, keine Anerkennung entgegenbringen. Wir erforschen die Stille also nicht, um anderen oder der Gesellschaft zu gefallen, sondern weil uns bewusst ist, dass wir ebenso grundlegend mit der Stille verbunden sind wie mit dem Klang.

Von klein auf werden wir angeleitet, auf Klänge und Geräusche zu reagieren, sie zu verstehen und zu beeinflussen. Über die Stille hingegen wurde uns nichts beigebracht. Wir wurden nicht darin bestärkt herauszufinden, dass angespannte Nerven in der Stille die Möglichkeit haben, vollständig zu entspannen, dass die Gehirnströme rhythmischer fließen, dass sich die Atmung verlangsamt und die Emotionen sich beruhigen. Als aktive Mitglieder der Gesellschaft sind wir ständig dabei, etwas zu tun, mit der Welt etwas zu machen, unsere Spuren zu hinterlassen, Energie aufzuwenden. In der Stille dagegen ist es uns mit Offenheit möglich, aufzutanken und neubelebt zu werden.

Sind wir in der Stille, dann lassen wir die Last hinter uns, die uns unter ihrem erdrückenden Gewicht in die Knie zwingt; wir legen die Grübeleien über Vergangenes beiseite, das endlos wiederkehrende Gedankenkreisen von erfreulichen und vernichtenden Erfahrungen der Vergangenheit sowie die quälenden Unsicherheiten der Zukunft. All das psychologische, mentale, physische Herummanövrieren findet ein Ende. In der Stille lassen wir ab von all den Bildern, die in der Gesellschaft unsere Identität ausmachen, und werden neu geboren, anonym und in Ganzheit.

Wenn uns über die Stille nichts beigebracht wurde, fragen wir uns vielleicht, was wir tun sollen. Im Grunde genommen müssen wir natürlich gar nichts tun. Für den Körper ist es jedoch bequemer, wenn die Wirbelsäule aufgerichtet ist und unsere Haltung es uns erlaubt, mühelos zu atmen. Offensichtlich sollten wir uns an einen ruhigen Ort zurückziehen, an dem wir für die Gesellschaft eine Weile unerreichbar sind, wo uns keiner unterbricht und das Telefon nicht stört.

Bei den ersten Berührungen mit der Stille kann es vorkommen, dass das Nichtstun sich unbehaglich anfühlt. Es kann sein, dass wir uns einsam fühlen, aufkommende Gedanken uns stören oder wir unzufrieden sind, weil die Gedanken- und Gefühlsregungen kein Ende nehmen. Dann neigen wir zu dem Versuch, »etwas zu tun«, um mit auftretenden Schwierigkeiten umzugehen. Unternehmen wir etwas, stecken wir natürlich gleich wieder in der Dynamik der Ego-Struktur mit ihren Motiven, Zielen, Maßstäben und Wertungen. Nach einigen wenigen Begegnungen mit der Stille gelangen wir vielleicht zu dem harten Urteil: »Ich bin nicht der Typ für die Stille; mein Verstand steht nicht still; ich bin eine aktive Person; vielleicht versuche ich es mit der Stille nochmal, wenn ich älter bin und keine Sorgen habe.«

Wir können sehr unerbittlich mit uns selbst sein und so jegliches Lernen verhindern. Etwas Neues zu lernen, bringt Ungewissheiten mit sich, eventuell ein Gefühl der Unbeholfenheit, und als erwachsener Mensch mit gediegenen Selbstbildern gefällt es uns vielleicht nicht, Unsicherheit zu verspüren oder nicht Herr der Lage zu sein. Doch die Stille ist eine Dimension, in der Urteile keine Bedeutung und keinerlei Stellenwert haben. Stille ist Sein, und »gut« oder »schlecht in der Stille« zu sein, ist kompletter Unsinn.

Wir sollten Stille nicht mit Konzentration verwechseln. Es gibt Konzentrationstechniken, die helfen, den Verstand zur Ruhe zu bringen, der ständig vor sich hinplappert und sich mit einem eigenen Unterhaltungsprogramm gern bei Laune hält. Es gibt Techniken wie ein Mantra, das Wiederholen eines Wortes oder einer Phrase, das Beobachten des Atems, das Betrachten einer

Kerzenflamme oder die Konzentration auf Teile des Körpers. Diese Techniken helfen, das Umherschweifen des Verstandes zu kontrollieren, und können anfangs eingesetzt werden. Es ist jedoch sehr leicht, sich diese Techniken zur Gewohnheit zu machen und die Gelegenheit zur Stille mit der konditionierten Durchführung der Konzentration zu füllen. Die Anwendung von Konzentration kann das Wandern des Verstandes bändigen, aber sie ist nicht die regungslose Freiheit der Stille. Konzentration beinhaltet eine subtile Bewegung in Richtung eines Objekts; in der Stille gibt es keinerlei Bewegung.

Mit liebevollem Wohlwollen uns selbst und unserer Suche gegenüber müssen wir uns Zeit lassen und Gelegenheiten schaffen, in völliger Stille zu sein. Tauchen Gedanken und Gefühle auf, nehmen wir wahr, dass sie da sind, aber wir machen kein Aufheben um sie und bewegen uns nicht auf sie zu. Die Gedanken gehören uns nicht und wir übernehmen keine Verantwortung dafür, wie wertvoll oder wertlos sie sind. Wenn Gedanken und Emotionen auftauchen, sind sie einfach da, das ist alles. Wenn wir das Umherwandern der Gedanken nicht anheizen oder bestärken, indem wir ein emotionales Tamtam machen und uns aufregen, weil »ich« in der Stille sein wollte und nun diese albernen Gedanken »meine« Erfahrung ruinieren, dann werden die Gedanken nicht stören; und ohne Anerkennung für die Motive der Gedankenregungen hören sie vielleicht ganz auf, sich zu rühren.

Wir sollten nicht unsere Messgeräte hervorholen, um dann uns selbst oder anderen zu verkünden: »Gestern hatte ich eine gute Stille, kaum ein Gedanke; heute ist es ein Durcheinander; was macht man da?« Wir dürfen uns nicht mit anderen vergleichen: »Warum fällt es ihr leicht, in die Stille einzutauchen, und mir nicht? Es liegt an meiner Familie. Sie lassen mir nicht den Raum, um in der Stille zu sein.« Derartiges Verhalten setzt die ganze Maschinerie der Gesellschaft in Gang, die Spielchen, die Vergleiche und Regeln, und man erwartet, dass die Stille sich dem fügt. Die Stille ist nicht Teil dieses Spiels; sie ist heilig. Lasst uns die heilige Gelegenheit zur Stille nicht mit unseren achtlosen Umtrieben der Ego-Strukturen verunreinigen.

In der Stille zu sein, ist revolutionär, wenn wir ihre Heiligkeit respektieren. Betrachten wir sie jedoch als weitere Gelegenheit, um mit den gleichen kleinlichen Spielchen der Gesellschaft fortzufahren, wird sie nicht das Feuer der Revolution in sich tragen oder die

Kraft haben zu transformieren. Es wäre eine weitere Erfahrung, die vielleicht ein bisschen zur Entspannung beiträgt, aber sie würde nicht die Tiefen unseres Wesens erreichen und unser ganzes Leben revolutionieren.

Einige von uns mögen sich fragen, was mit den Gedanken geschieht, wenn sie nicht länger in Bewegung sind. Wird der Intellekt in der Stille verkümmern und durch mangelnden Gebrauch abstumpfen? Werden wir jemals wieder auftauchen, wenn wir einmal in der Stille sind? Werden wir unser Engagement für die Menschheit beibehalten, wenn wir uns einmal im motivlosen Bewusstsein befinden? Die Stille ist eine natürliche Dimension des Lebens, keine Flucht. Stille und Klang, Nichthandeln und Handeln sind wie Einatmen und Ausatmen.

Wir arbeiten in der Gesellschaft, erfüllen unsere Pflichten, stellen uns den Herausforderungen des Lebens und der Transformation der Gesellschaft. Wir entspannen uns im Nichthandeln, in der Stille, wo wir keine Identität und keine Rollen zu spielen haben, wo wir alle Bilder und Identifikationen ablegen, sei es das Mannsein oder Frausein oder die Zugehörigkeit zu irgendeiner Nation, Kaste oder Klasse oder irgendeine funktionale Rolle als Eltern, Kind oder Ehepartner. Wir werden der Ego-Struktur entledigt und gehen in der Ganzheit auf. In der Ganzheit, in der Verbundenheit des Seins, gehören wir zu nichts und zu allem. Die exklusiven Loyalitäten und Formen von Verhaftetsein verschwinden und im Herzen erwacht das Mitgefühl für alle Wesen.

In der Stille kann sich der Intellekt von der permanenten Betätigung erholen, kann revitalisiert und geheilt werden. In der Endlosschleife alter Gedankengänge ist der Intellekt abgespannt und stumpf. Durch den Druck der Emotionen wird er zum ständigen Wiederholen angetrieben, was ganz und gar nicht seinen Fähigkeiten als feines, sensibles Instrument entspricht. Von den ununterbrochenen trivialen Regungen gequält, hat der Intellekt wenig Vitalität und Widerstandsfähigkeit, um auf höherer Ebene zu denken, Entscheidungen zu treffen und Probleme zu lösen, was seine eigentlichen Aufgaben im Organismus sind.

In der Stille von jeglichem Druck befreit, ruht sich das Gehirn aus und schwingt sich auf harmonischere Rhythmen ein. Seine Vitalität wird wiederhergestellt, damit es gerüstet ist für die gewichtigen Herausforderungen, mit denen uns das Leben jeden Morgen reichlich konfrontiert. Diese Herausforderungen, die das

Leben an uns heranträgt, sind Juwelen, doch wenn wir abgestumpfte und trübe Menschen sind, werden wir ihren Glanz nicht zu schätzen wissen.

Ein Leben, das sich leicht von der Stille zum Handeln und wieder zurück bewegt, ist Meditation. Über Meditation gibt es zahlreiche bedauerliche Missverständnisse. Viele assoziieren damit ein Leben der Kontemplation, des Rückzugs, das Tragen spezieller Kleidung und das Fernsein von den Klagen menschlichen Elends. In wahrhaftiger Meditation finden wir die Präsenz der Ganzheit, das Bewusstsein des Ganzen, in jedem Atemzug, jedem Augenblick und jeder Regung von Beziehung. Das Ganze, die Ganzheit, die Einheit, ist in der echten Meditation immer gegenwärtig. Auch wenn wir in vielen Bereichen menschlicher Betätigungen aktiv und in Beziehungen eingebunden sind oder den Bedürfnissen des täglichen Lebens nachgehen, bleibt die Ganzheit bestehen. Das gesamte Leben hat den Duft der Ganzheit: die liebevolle Sorge, die Leidenschaft des Engagements, die Vitalität eines umfassenden Lebendigseins.

Meditation ist eine neue Dimension des Lebens und des Bewusstseins, nach der die Menschheit überall auf der Welt sucht. Formen dieser Suche, die sich in verschiedenen Ländern auf unterschiedliche Weise entwickelt, erzeugen Strömungen, die auf ein und denselben Punkt hinauslaufen: die Überwindung der mentalen, psychologischen Struktur. Wir streben danach, zu wachsen und den erschöpften Verstand hinter uns zu lassen, damit die unermessliche Grenzenlosigkeit, die sich hinter dem Sichtbaren und dem Unsichtbaren verbirgt, ins Bewusstsein tritt. Und vielleicht kann die Verschmelzung der individuellen Psyche mit dieser Grenzenlosigkeit und Unendlichkeit des Lebens eine exponentielle Veränderung in der Menschheit bewirken.

Meditation verleiht die Leidenschaft zur vollständigen Revolution. Leben wir auf der Ebene des Intellekts, des Verstandes, fehlen uns der Spielraum und die Lebensenergie, um eine vollständige Revolution zu ermöglichen. Wir verschwenden zu viel Energie mit belanglosen Streitigkeiten und unschönen Besorgnissen um Macht und Besitz. Meditation schafft Energie und Vitalität. Sie hat keine Begrenzungen und wird nicht durch kleinliche Motive beeinträchtigt.

Die Macht der Liebe verstehen

Leben wir in Meditation, dann sind Mitgefühl und Liebe Tatsachen oder Realitäten, nicht die romantischen Illusionen oder trivialen Heucheleien, zu denen sie für die meisten von uns geworden sind. In der Meditation lösen sich die Verteidigungsmechanismen der Ego-Struktur auf. Dann fließen Mitgefühl und Liebe – die im Kosmos gegebene Realitäten sind, aber für gewöhnlich ignoriert werden – ganz ohne Ursache, unaufgefordert und im Überfluss.

Die Reinheit der Essenz des Lebens, das unkonditionierte Sein, strahlt Liebe und Mitgefühl aus. Dieses Strahlen von Liebe und Mitgefühl ist allgegenwärtig, aber wir verdunkeln den Glanz mit unserer groben Gefühllosigkeit.

Bedauerlicherweise haben wir die Liebe kommerzialisiert und zu einem Unterhaltungsobjekt verschiedenster Themenvariationen gemacht, sodass sie fast nicht mehr zu retten ist. Die Heiligkeit der Liebe und die wundervollen Geheimnisse des Lebens können nicht getrübt werden, doch in der modernen Gesellschaft ist die Verwendung des Wortes »Liebe« oft aufgesetzt und pathetisch. Die Liebe enthält Energie und wir nutzen diese Energie aus, indem wir die Liebe zu einer Art Zahlungsmittel machen, zu einem Handelsgut, indem wir Sicherheit mit Liebe erkaufen, sie gegen Herrschaft oder das Einverständnis, beherrscht zu werden, eintauschen und indem wir Menschen im Namen der Liebe unterwerfen. Wir reduzieren die Liebe auf die Erfüllung der Sinneslust, auf ein unbedeutendes, sich wiederholendes Vergnügen, um den Schmerz der Einsamkeit, der Unsicherheit und des Mangels an tiefer Erfüllung zu lindern.

All das hat offensichtlich nichts mit Liebe zu tun. Liebe ist das, was möglich ist, wenn all dieses alberne Treiben ein Ende hat, wenn die Ego-Manipulationen überwunden sind, wenn die künstlichen Grenzen der Abwehrmechanismen abgebaut sind und es kein Motiv mehr gibt, aus der Liebe etwas herauszuholen.

Liebe ist völlige Entspannung in der Ganzheit, im Einssein – ohne Verlangen, ohne Absicht, am Leben eines anderen herumzuzerren oder jemandem aus unseren eigenen Vorstellungen heraus etwas aufzuzwingen, das ihm oder ihr nicht entspricht.

Liebe und Glaube sind untrennbar miteinander verwoben. Ohne Glauben ist eine vollständige Entspannung nicht möglich;

es wird immer die Anspannung geben, nicht im Frieden mit dem Universum zu sein. Und solange Spannungen vorhanden sind, blüht die Liebe nicht. Anspannung führt zu subtiler Gewalt, gegen sich selbst und andere.

Liebe bedeutet, die Erde, die Freuden, die Sorgen, die Schönheit und die Widerlichkeiten in ungezwungener Gemeinschaft zu teilen, ohne zu versuchen, andere auf irgendeine Weise zu manipulieren. Sie bedeutet Respekt und Vertrauen gegenüber der Intelligenz, die dem Leben anderer innewohnt.

Das soll nicht heißen, dass wir gleichgültig und gefühllos sind oder dass wir als Eltern, Kinder oder Freunde nicht auf die echten Bedürfnisse unserer Angehörigen eingehen. Doch wenn wir uns anderer annehmen, dominieren wir nicht und verstricken sie nicht in ein Netz psychologischer Bindungen. Wir nutzen nicht unsere Persönlichkeit oder unser Charisma, um andere an uns zu binden oder ihre Freiheit in irgendeiner Weise zu beeinträchtigen.

Liebe ist zuvorkommend, aber sie ist leicht und frei, ohne verfängliche Haken. Da sie nicht vom Ego ausgeht, sondern zentrumslos und selbstlos ist, verfolgt sie nicht das Ziel, sich sinnliches Vergnügen zu verschaffen, das Selbstbild zu verbessern oder Verbündete für Machtspiele zu finden.

Die Schönheit, das Geheimnis der Liebe besteht darin, dass sie nicht vom Ego herrührt, nicht von den Konditionierungen kontrolliert wird und nicht einfach ein Wunsch nach sinnlichem Vergnügen ist. Weil sie nicht konditioniert ist, heilt die Berührung mit der egofreien Liebe unsere Leben.

In den wohlhabenden Ländern haben die Fokussierung auf menschengemachte Strukturen und materielle Güter, die Huldigung der Beherrschung des Intellekts, die Entpersönlichung der wirtschaftlichen Strukturen und die Abhängigkeit von Maschinen in fast allen Lebensbereichen die Liebe praktisch verdrängt. Wohlgenährte Menschen hungern nach Zuneigung, dem Elixier menschlichen Wohlwollens. Und dennoch eifern die Entwicklungsländer dem Modell des Westens nach, um von Wissenschaft und Technik beherrscht zu werden und eine abscheuliche Vielfalt an Konsumgütern anzuhäufen.

Die Liebe ist eine wesentliche Voraussetzung, wenn unser individuelles und kollektives Leben irgendeine Qualität haben soll. Wenn wir keine Barbaren sein wollen, die sich gegenseitig ausplündern und ausrauben, muss die Liebe überall gedeihen.

Die Liebe schafft eine neue Motivation für das kollektive Zusammenleben, ein neuer Antrieb für die Umgestaltung sozioökonomischer und politischer Strukturen und Systeme. Das volle Potenzial der Liebe für das kollektive Leben und für die Revolution ist noch nicht ausgeschöpft. Wir haben die negativen Beispiele von Gewalt, Macht, Kampf und Konflikt erlebt. Ist es nicht an der Zeit, das positive Licht der Liebe zu entfesseln und die Welt von seiner Wärme mit heilendem Leuchten überfluten zu lassen?

Als engagierte Menschen müssen wir die Furchtlosigkeit haben, uns von inneren Fesseln zu befreien, über die Grenzen des Egos und die Motive des egozentrischen Lebens hinauszugehen, in der Ganzheit von Handeln und Nichthandeln, Stille und Klang zu leben und uns dem Glauben und der Entspannung der Liebe zu öffnen. Wenn wir in irgendeiner Weise an der Gebundenheit festhalten, verweigern wir uns und der Menschheit die Freiheit der Liebe.

In unserem kollektiven Leben haben wir uns sehr weit von der Liebe entfernt und sind gefährlich nahe an den Rand der Selbstzerstörung und des Verderbens geraten. Vielleicht haben wir jetzt die Weisheit und das Bewusstsein dafür, dass die Liebe für den Menschen ebenso wichtig ist wie die Luft, die wir atmen, das Wasser, das wir trinken, und die Nahrung, die wir zu uns nehmen. Die Liebe ist die Schönheit, das zarte Geheimnis, die Seele des Lebens, die strahlende, unverdorbene Reinheit, welche spontane Freude, Lieder der Ekstase, Gedichte, Gemälde, Tänze und Dramen hervorbringt, um die unbeschreibliche, nie ganz erfassbare Glückseligkeit des Seins zu feiern.

Können wir die Liebe auf die Marktplätze, in die Häuser, die Schulen, die Geschäftsräume bringen und diese vollständig transformieren? Man mag es eine utopische Herausforderung nennen, aber es ist die einzige Herausforderung, die eine bedeutende Veränderung bewirken wird, eine die dem Potenzial des ganzen Menschen wirklich gerecht wird.

Teil II

Der Ganzheit vertrauen

Wir sind die Weber des Stoffes,
aus dem die moderne Gesellschaft
gemacht ist. Wir können Liebe,
Wahrhaftigkeit und Frieden verweben
oder Hass, Misstrauen und Krieg.
Den Stoff, den wir weben,
müssen wir tragen.

Die Kraft der Wahrheit freisetzen

Das unveränderliche Wesen der Ganzheit, wenn sie sich im Leben manifestiert, ist Ordnung und Wahrheit. Wäre dem nicht so, dann wäre die natürliche Welt chaotisch, ohne Harmonie und unheilvoll. Im Kern ist das Leben wahrhaftig und stimmt mit der Realität überein. Doch wir Menschen ziehen es vor, die Wahrheit des Lebens in Falschheit zu verdrehen.

Wahrhaftigkeit ist eine praktische, alltägliche Angelegenheit: wie wir miteinander leben und wie wir unser Verständnis von dem, worum es im Leben geht, zum Ausdruck bringen. Ganzheit und Wahrheit müssen gelebt werden. Das Bewusstsein der Ganzheit und der Wahrheit des Lebens muss in jedem Atemzug, jeder Geste und jeder Regung des kollektiven Lebens zum Ausdruck kommen, wenn es lebendig bleiben und nicht zu leeren Phrasen verkommen soll.

Die Wahrheit ist keine Abstraktion, die in Büchern oder im Intellekt verwahrt wird oder die nur für heilige Orte und Anlässe vorgesehen ist; sie ist ganz natürlich in jeder Zelle und jedem Atom eines jeden Wesens zugegen.

Die Ganzheit hat keine Fragmente; die Wahrheit hat keine Abstufungen, keine Varianten für verschiedene Gelegenheiten. Die Wahrheit ändert nicht ihre Farbe, um sich den sozialen Anforderungen in unterschiedlichen Situationen besser anzupassen. Da die Wahrheit nicht konditioniert ist, nicht von der menschlichen Zivilisation erschaffen wurde und nicht von den Motiven des Egos getrübt ist, verfügt sie über ein durchdringendes Licht, das keine Heuchelei, Illusion und Täuschung zulässt. Sie erlaubt uns, die Tatsachen mit Klarheit und Intelligenz zu sehen, so wie sie sind. Wenn die Wahrheit in unser Leben Einzug hält, ist für uns klar erkennbar, was ein würdevolles Leben ist und was nicht. Sind wir mit der Wahrheit verbunden, ist es nicht notwendig, intellektuell zu erörtern, was ein friedliches Leben ist und ob man sich gegen Ungerechtigkeit und Ausbeutung wehren sollte; wir wissen es intuitiv und wir handeln.

Doch heutzutage wollen wir nicht, dass die Wahrheit in unser Leben einzieht. So wie wir alles, was wir betrachten, beherrschen wollen, versuchen wir, die Wahrheit zu manipulieren und sie in künstliche Fragmente zu pressen. Wir wünschen uns eine Wahrheit für die Familie und enge Freunde, eine andere für das Geschäft, wieder eine andere für die Religion und noch eine andere für die Politik. Innerhalb eines Tages holen wir eine Vielzahl an Wertestrukturen hervor, ähnlich einem Zauberer mit einer Trickkiste, und sind dann überrascht, dass diese Verschiebungen des Wahren, diese Wechsel in der Art des Daseins, uns am Ende des Tages neurotisch, verwirrt und erschöpft zurücklassen.

Die Dringlichkeit eines wahrhaftigen Lebens verstehen

Wir können nicht derart kindische Spiele mit der Wahrheit treiben und gleichzeitig erwarten, dass unser Zusammenleben irgendeine Qualität hat. Wahrheit ist in allen Aspekten des kollektiven Lebens unerlässlich, nicht als religiöser Glaubenssatz oder als konditionierter moralischer Zwang, sondern als Erkenntnis, dass wir uns gegenseitig nicht vertrauen, wenn wir nicht aufrichtig miteinander sind. Und Misstrauen führt zu endlosen defensiven und aggressiven Verhaltensweisen. Ein Mangel an Wahrhaftigkeit artet schnell in Korruption aus, die das Gefüge und den Charakter des Zusammenlebens verdirbt und eine hässliche Abgebrühtheit hervorbringt, in der alles gekauft und verkauft werden kann und alles zu einem bestimmten Preis zu haben ist. Nichts ist heilig. Was bleibt dann noch übrig, was das Leben noch lebenswert macht?

Während sich unsere Lebensweisen rasant verkompliziert haben und unsere Lebensmuster immer unpersönlicher wurden, haben wir angefangen, es zu billigen, gerissen und manipulativ zu sein, die Wahrheit zu verdrehen und Situationen zu unserem persönlichen Vorteil auszunutzen, auch wenn die Ausgebeuteten arm und wehrlos sind. Wir sind bei der Wahl unserer Mittel sehr »zweckorientiert« und unbedacht geworden.

Selbst soziale Aktivisten entwickeln eine Zweckorientierung. Ein ehrbarer Zweck oder ein vorteilhaftes Ergebnis für die Menschen heiligt die Mittel, egal ob diese dann Mord, Verletzung, Bestechung, Betrug und Einschüchterung mit sich bringen. Es spielt keine große Rolle, denn wir können sagen, dass die Situation für die Menschen kritisch war und wir getan haben, was wir tun mussten. Wir denken nicht darüber nach, welchen Schaden das Töten, Verletzen, Bestechen, Betrügen und Einschüchtern dem Menschen zufügen, der diese Handlungen persönlich ausführt, wie sehr sie sein Wesen und seinen Charakter untergraben. Intellektuell mag die Person solche Taten als gerechtfertigt im Sinne der Sache akzeptieren, doch auf tieferen und sensibleren Ebenen kann das Wesen diese Handlungen nicht verdauen oder verarbeiten.

Wohin wir uns in der modernen Gesellschaft auch wenden, gibt es fest umrissene Bereiche, jeder mit einem bestimmten Wertesystem, einer festgelegten Wahrheit. Selbst im sozialen Handeln gibt es die Ausgebeuteten und die Ausbeuter; der eine ist ein Mensch, der andere nicht. Nach den geltenden Regeln ist der Ausbeuter bitterlich zu hassen, mit Wut und Gewalt zu behandeln und von der Gesellschaft auszuschließen. Die Maßnahmen gegen den Ausbeuter dürfen abscheulich, hässlich und gewalttätig sein, weil er oder sie nicht als Mensch, sondern als Verkörperung des Bösen wahrgenommen wird.

Jedes Mittel ist recht, um die Ausbeutung im Namen der Menschen zu beenden. Ein schnelles Ende der Ausbeutung rechtfertigt jeden langfristigen Schaden, den dieses an den Grundfesten des Zusammenlebens anrichtet. Wir machen uns keine Gedanken darüber, ob die Aktivisten genauso viel Blut an den Händen haben wie diejenigen, die Unrecht begehen.

In unserem Inneren klammern wir uns an die konditionierte Vorstellung, dass das hässliche Verhalten eines anderen eine hässliche Reaktion als Vergeltung verdient. Auf intellektueller Ebene mögen wir vernünftige, rationale und kulturell hochentwickelte Menschen sein. Doch kratzt man in einem hitzigen Moment an der Oberfläche, dann heißt es: Auge um Auge, Zahn um Zahn. Intellektuell fortgeschritten und emotional primitiv, das ist die Verfassung des modernen Menschen.

Unsere Selbstbilder sind so empfindlich, dass der kleinste Angriff – direkt oder indirekt – eine scharfe Vergeltung nach sich zieht. Wir sind in diesem Spiel gefangen, bei dem eine schlechte Tat mit einer ebensolchen vergolten wird, und wir rechtfertigen unser Verhalten als unabdingbar für das Überleben in der Gesellschaft.

Wir wollen dieses selbstzerstörerische Chaos überwinden, das unser Leben und die Zukunft unserer Kinder bedroht, sind aber nicht bereit, auf das wohlige Gefühl der Wut und der Vergeltung zu verzichten, selbst wenn wir deutlich erkennen, wie leicht persönliche Konfrontationen zu nationalen Konfrontationen eskalieren und Kämpfe mit Nachbarn zu Kämpfen mit einem anderen Staat führen.

Wir wünschen uns Frieden, sind aber von Vergeltung fasziniert. Wir wollen Atomkriege abschaffen, möchten aber in der Lage sein, physisch oder verbal zurückzuschlagen, wenn jemand unser Selbstverständnis, unsere Ideen oder unsere Sicherheit angreift. Wir meinen, überwältigt oder als wertlose und schwächliche Narren angesehen zu werden, wenn wir nicht für uns selbst eintreten und mit Worten, Gesten oder gewalttätigen Aktionen unsere Macht demonstrieren.

»Ja, lasst uns Frieden schaffen, aber lasst uns auch unsere kleinen Vergeltungsmaßnahmen und unsere Rachefeldzüge haben. Lasst uns als Nation edelmütig, gewaltlos, freiheitsliebend sowie frei von Aggressionen und Expansionslust sein, aber lasst uns, wenn es um die Nachbarn geht, die Kleinkariertheit weiterführen, die Feindseligkeiten, Racheakte, Klassen- und Kastenkämpfe beibehalten und den jahrhundertealten Hass bewahren.«

Wenn es in diesem Universum eine Wahrheit gibt, und es gibt sie, dann muss es eine Wahrheit für alle Menschen, alle Gelegenheiten und alle Zeiten sein, nicht eine Wahrheit für große Reden und günstige Umstände und eine andere, wenn unsere kleinlichen Egos angegriffen wurden. Als besonnene Menschen, denen die Erde und ihre Lebewesen am Herzen liegen, müssen wir erkennen, dass es notwendig ist, die Heuchelei der doppelten, dreifachen, vierfachen Wertestrukturen im Sinne des Zusammenlebens zu überwinden, und herausfinden, ob es eine Möglichkeit gibt, sich der Ausbeutung, der Ungerechtigkeit zu widersetzen, ohne die üblen Spiele der Vergeltung mitzuspielen und ohne primitiven Affekten nachzugeben. Ist es möglich, in Furchtlosigkeit zu leben, ohne mit der Ungerechtigkeit zu kooperieren, ohne von der Ausbeutung in die Passivität gedrängt zu werden?

Wir müssen uns im Innersten unseres Wesens fragen, ob Revolution, eine vollständige Revolution, vollzogen werden kann, ohne dass die Aktivisten dabei das gewalttätige Verhalten der Unterdrücker nachahmen, sich daran orientieren und es fortsetzen, nachdem sie an die Macht gekommen sind. Und wir müssen gewissenhaft untersuchen, ob es einen Weg gibt, sich gegen Unterdrückung und Ungerechtigkeit zu wehren, einen Weg, der nicht gegen die Grundlagen des kollektiven Lebens verstößt.

Als ernsthafte Menschen werden wir uns mit diesen Fragen sehr tief auseinandersetzen müssen. Wenn wir wahre Revolutionäre und spirituelle Forschende sind, können wir es uns nicht leisten, die Details des Lebens zu vernachlässigen und uns auf Verhaltensweisen und Handlungen einzulassen, die auf blinder Akzeptanz dessen beruhen, was gerade in Mode ist, sei es nun Gewalt oder Gewaltlosigkeit. Wir müssen zu einem tiefen persönlichen Verständnis gelangen und dieses dann leben, egal ob es dem aktuellen Zeitgeist entspricht und gesellschaftlich akzeptabel ist oder nicht.

Die Doppelmoral der heutigen Werte erkennen

Wahrheit und Güte sind im modernen Leben eindeutig aus der Mode gekommen. Wir haben diese überholten Werte und Verhaltensweisen durch Gerissenheit, Hinterlist und Abgebrühtheit ersetzt. Sind wir ehrliche, gute Menschen, werden wir als eher dümmlich, langsam und beschränkt angesehen. Wir haben wortgewandt zu sein, müssen subtile Angriffe und Verteidigungen parat haben und auf der Lauer sein, um uns soziale und wirtschaftliche Vorteile zu verschaffen.

Um die Spiele der modernen Gesellschaft gut mitspielen zu können, müssen wir schnell zwischen Wertestrukturen hin und her springen. Wir müssen ohne Pause von einer Rolle des Dramas in eine andere wechseln und unser Verhalten mit jeder neuen Analyse der Situation geschickt anpassen.

Obwohl wir mit ähnlichen Werten des Familienlebens beginnen, lernen wir bald, dass Werte vorbehaltlich sind. Egal, wo und in welchem Land wir sind und welche Sprache wir sprechen, es wurde uns beigebracht, dass die Familie eine Einheit ist, in der Liebe, Zuneigung und Sorge füreinander Werte sind. Opfer füreinander zu erbringen, ist ein Wert, nach dem wir leben. Stellen wir fest, dass unsere Familienmitglieder bestimmte Fehler, Unzulänglichkeiten oder Schwächen aufweisen, dann versuchen wir, ihnen zu helfen. Wir sorgen dafür, dass sie nicht bloßgestellt oder unnötig bestraft werden. Wir unterstützen sie dabei, ihre Fehler und Schwächen loszuwerden, und bestärken sie in ihren guten Seiten. Für das häusliche Leben gibt es eine Reihe von Werten: Zuneigung, Fürsorge, Sorge, Zusammenarbeit, Opferbereitschaft. Das sind die Werte, die Familien bisher zusammengehalten haben.

Wenn wir zu Hause lügen, werden unsere Eltern, Brüder und Schwestern uns schelten und sagen: »Schau, du lügst und betrügst sogar deine Angehörigen; du bist gewalttätig und aggressiv in der Familie. Wie kannst du nur so etwas tun?« Aber bemerkt: Sobald wir das Haus verlassen, uns auf den Weg ins Büro oder in die Fabrik machen, ändern sich unsere Werte. Wir haben gelernt, dass die Werte der Zusammenarbeit, der Aufopferung, der Fürsorge und der Besorgnis dann nicht mehr relevant sind.

Dann sind wir Mitglieder einer vergleichenden, wettbewerbs- und durchsetzungsorientierten Wirtschaftsgesellschaft. Also müssen wir ehrgeizig werden und uns jede Gelegenheit zunutze machen. Wir müssen vergleichen, konkurrieren, uns durchsetzen, aggressiv sein, andere in den Hintergrund drängen und uns zu eigen machen, was wir nur können. Die vorherrschenden Werte sind dann nicht Aufopferung sondern Ehrgeiz, nicht Zusammenarbeit sondern Wettbewerb, nicht gegenseitige Hilfe zur Überwindung von Schwächen sondern das Ausnutzen der Schwachstellen anderer. Selbstzentriertheit, Ehrgeiz, Aggressivität und Ausbeutung werden zu hoch angesehenen wirtschaftlichen Werten.

Außerhalb unseres Zuhauses wird uns beigebracht, dass wir Mitglieder der wettbewerbsorientierten, rivalisierenden Gesellschaft sind. Wir müssen mit anderen konkurrieren, mehr verdienen, erwerben und besitzen als unsere Nachbarn. Es herrscht eine große Hastigkeit, ein ständiges Drängen und Treiben, um immer mehr zu erwerben und zu besitzen. Es scheint unerheblich zu sein, ob wir dabei unsere Mitmenschen verletzen, lügen oder andere ausbeuten, denn Ziel und Ansporn unserer Arbeit ist der Profit.

Die Gesellschaft befürwortet Erwerb, Besitz und Eigentum. Ein Mann mag zu Hause ein liebevoller Bruder, Vater oder kooperativer, hilfsbereiter Sohn sein. Doch außerhalb des eigenen Heims kann er, im Namen des wirtschaftlichen Wettbewerbs, ein gnadenlos unhöflicher und barscher Mensch sein.

Tritt ein Junge nicht durchsetzungsstark auf, ist er sanftmütig, will andere nicht betrügen oder ausnutzen, werden sogar seine Eltern sagen: »Was ist das für ein Junge? Wie kann er in der Welt bestehen?« Wenn er sich für andere einsetzt, dann sagen sie: »Er wird verhungern.« Um auf weltliche Weise schlau und clever zu werden, muss er andere Werte erlernen. Er muss lernen, dass Selbstzentriertheit ein Wert ist; dass, Dinge mit aller Gewalt an sich zu reißen, seine Mitmenschen auf grausame oder gefühllose Weise beiseitezuschieben und vorzupreschen, Werte sind. Diese Werte werden heutzutage von der Gesellschaft gutgeheißen. Es ist egal, ob andere leiden, Hauptsache er verdient immer mehr.

Egozentrische Werte werden nicht nur im Bereich der Wirtschaft gebilligt. In der Politik sind Wut, Hass und Gewalt respektable und anerkannte Werte. Im Namen der Nation, im Namen der Religion oder der Ideologie können wir rücksichtslos gegeneinander werden, dürfen wir verachten, Klassenhass und Krieg kultivieren, und ein solches Verhalten wird »rechtschaffen«. Wut, Eifersucht, Aggressivität, Gewalt – all das wird im Namen des Landes, der Religion und der Ideologie geheiligt und wir werden geachtet. Wir werden dafür respektiert, dass wir aggressiv und hasserfüllt sind, dass wir Hass unter den Menschen säen und sie zur Gewalt provozieren.

Nehmt bitte zur Kenntnis, wie stark zersplittert wir sind. Das politische Leben unterscheidet sich vom Wirtschaftsleben und das Wirtschaftsleben vom Familienleben. Wir haben unterschiedliche Bewertungsgrundlagen, unterschiedliche Rangfolgen der Prioritäten und unterschiedliche Verhaltensnormen für uns selbst. Wir gehen in einen Tempel, eine Kirche oder eine Moschee und sagen: »Oh, Gott, Du bist allmächtig. Du bist allsehend, allwissend und omnipräsent. Ich ergebe mich Dir.«

Wir geben uns im Tempel hin und behaupten uns in Büros und Fabriken. Zu Hause sind wir liebevoll und kooperativ, in der Politik gewalttätig und verlogen. Leisten wir diesen miteinander unvereinbaren Verhaltensgrundsätzen Folge, wird uns das innerlich zwangsläufig spalten. Wir sind alle, mehr oder weniger, schizophren. Ist es verwunderlich, dass wir am Ende eines Tages völlig erschöpft nach Hause kommen?

Wenn wir uns unvereinbaren Wertvorstellungen verschrieben haben, zu Hause von Liebe und im Tempel von Hingabe sprechen und in Wirtschaft oder Politik aggressiv werden und dem Geld oder der Macht nachjagen, dann werden wir zu Heuchlern. Heutzutage sind wir Nationen von Heuchlern und Feiglingen.

Diese Teilungen, Spaltungen und Fragmentierungen haben eine Welt geschaffen, in der Länder und ihre Regierungen von Weltfrieden und internationaler Brüderlichkeit sprechen und gleichzeitig ein Wettrüsten veranstalten, eine Welt, in der es weder Wahrheit noch Vertrauen gibt. Unsere Lage ist auf ironische Weise traurig, denn die Fortschritte in Wissenschaft und Technik haben uns einander nähergebracht; Handel, Gewerbe, Migration haben uns in vielerlei Hinsicht vereint und doch sind wir durch Misstrauen getrennt.

Wir haben mehr Angst denn je, weil wir uns gegenseitig nicht vertrauen können. Die globale Menschheitsfamilie leidet gegenwärtig an einer tödlichen Krankheit des Misstrauens, von der uns nur die heilende Kraft eines ganzheitlichen Ansatzes retten kann. Wenn das Leben eins ist, wenn es unteilbar und nicht fragmentierbar ist, dann kann es keine unterschiedlichen Werte oder Wertesysteme und keine gesonderten Verhaltensregeln für verschiedene Handlungsfelder geben. Das müssen wir sehr genau betrachten.

Männliche und weibliche Qualitäten ins Gleichgewicht bringen

Das Einssein, die Ganzheit des Lebens, bedeutet, dass männliche und weibliche Qualitäten ausgeglichen sind und beide respektiert werden. In unserer Welt ist Durchsetzungsvermögen ein anerkannter männlicher Wert, und Durchsetzungsvermögen, das zu Aggressivität führt, wird ebenfalls respektiert und mit großer Ehrfurcht betrachtet. Diese Durchsetzungsfähigkeit und Aggressivität, die unweigerlich in psychischer und physischer Gewalt gipfeln, müssen mit den weiblichen Werten der Nichtaggressivität und Liebe ausgeglichen werden.

Männer und Frauen müssen zusammenleben, zusammenarbeiten, sich gegenseitig auf ihre Schwächen hinweisen und einander helfen, diese Schwächen zu überwinden. Sie müssen ihre intellektuellen, intuitiven und emotionalen Ressourcen bündeln. Doch Frauen dürfen wegen der Kraft, die in ihnen steckt, nicht befangen oder gehemmt sein. Wenn Frauen verstehen, dass sie die Essenz der Mutterschaft in sich tragen, unabhängig davon, ob sie heiraten und ob sie Kinder haben oder nicht, gibt ihnen dieses Bewusstsein die Kraft der Furchtlosigkeit und die Kraft der Liebe. Wenn Frauen erkennen, dass die Welt nach wahrer Liebe, aufrichtiger Zuneigung, echtem Vertrauen, Verantwortungsbewusstsein und Hingabe hungert, und wenn sie in der Gesellschaft die Essenz der

Mutterschaft weiterzugeben vermögen, dann werden wir viele Narben heilen, unter denen unsere Gemüter leiden.

Den Frauen müssen ihre innere Stärke und ihre Ressourcen bewusst gemacht werden. Wir leiden unter zu viel Durchsetzungskraft und zu viel Aggressivität. Selbstbehauptung und Ehrgeiz führen zu Aggression und schließlich zu physischer Gewalt. Selbstbehauptung ist der Anfang von Gewalt. Wir müssen ein Gleichgewicht zwischen Durchsetzung und Aufopferung, Fürsorge und Liebe schaffen. Wir sind aus dem Gleichgewicht und in Schieflage geraten. Das Gleichgewicht muss durch das Annehmen der weiblichen Qualitäten hergestellt werden.

Wenn wir uns retten wollen, müssen wir dieses Spiel der Zersplitterung durchschauen und aus erster Hand die Werte des kollektiven Lebens erkennen oder entdecken, die überall den Frieden herbeiführen werden. Wir werden begreifen müssen, dass Frieden nicht etwas ist, das man sich aneignet oder das mit nichtfriedlichen Mitteln geschaffen wird von Menschen, die keinen inneren Frieden haben und unter den verinnerlichten Konflikten der Gesellschaft leiden. Und wir werden anerkennen müssen, wie eng die innere Unordnung, die Heuchelei in der Gesellschaft und die Auseinandersetzungen zwischen den Nationen miteinander verbunden sind.

Wir benötigen dringend Wahrheit, ein Verständnis, das für das gesamte Leben gilt, persönlich, kollektiv sowie international. Diese Wahrheit muss auf allen Ebenen, in allen Bereichen gelebt werden, in Ganzheit. Wenn alles Leben eins ist, können wir nicht unsere Freunde lieben und unsere Feinde hassen, nicht Menschen töten, die anderer Meinung sind als wir, oder andere Lebewesen und die Erde für wirtschaftliche Zwecke ausbeuten.

Sobald wir uns in Freiheit bewusst geworden sind, dass die Ganzheit existiert, dass es etwas Wirkliches jenseits des Fragmentarischen gibt, dass Liebe und Intelligenz wesentliche Kräfte im Leben sind, dann werden wir erkennen, dass es falsch ist, mit widersprüchlichen Wertestrukturen zu kooperieren oder im persönlichen Leben nach dem einem Verständnis zu handeln und im wirtschaftlichen oder politischen Leben nach einem anderen.

Verstehen, Bewusstsein, Glaube und Liebe tragen Vitalität, Tatkraft und Energie in sich und dürfen nicht im Intellekt, hinter Klostermauern, in isolierten Leben erstickt werden. Sie bewegen uns mit einer Antriebskraft, die ausgedrückt werden will. Die Kraft der Ganzheit und die Energie der Liebe werden die künstlichen Aufteilungen des Lebens nicht anerkennen. Sie werden keinerlei Begrenzungen akzeptieren, sondern das Bewusstsein und das gesamte Wesen mit enormer Energie durchfluten.

Es nützt keinem von uns, wenn wir an Abgrenzungen festhalten und sagen: »Ja, lasst uns in Wahrheit leben, aber hier, in dieser Ecke meiner Psyche werde ich mein egozentrisches Leben und meine emotionalen Ungleichgewichte ausleben, meine Sinnesfreuden, meine Ambitionen und meine Besitztümer haben. Ja, die Ganzheit darf den Rest durchdringen, aber lasst mir nur eine Ecke, in der ich wütend, wetteifernd, ehrgeizig und hartherzig sein kann, um zu überleben.«

Von negativen Emotionen frei werden

Auch wenn wir ernsthafte Menschen sind, die sich der tiefgreifenden Auseinandersetzung mit dem Leben verschrieben haben, möchten wir unsere dualen Wertesysteme nicht aufgeben; wir wollen nicht völlig frei sein von Wut, Bitterkeit und dem persönlichen Ehrgeiz, »jemand« zu sein, auch wenn wir großartige soziale Aktivisten oder spirituell Suchende sind.

Warum halten wir an der Wut fest? Warum verbinden wir das Menschsein mit dem Zorn?

Wir leben inmitten von Gewalt. Wir leben in einer Zeit individueller und kollektiver Aggression und Ausbeutung, sowohl im wirtschaftlichen als auch im politischen Bereich. Und wenn bestimmte Ereignisse auf internationaler Ebene stattfinden, sind sie Explosionen von angestauter Wut und Gewalt, die in uns stecken.

Wenn ihr sagt: »Wie kann man ein Mensch sein und nicht wütend werden«, dann frage ich mich: Wütend auf wen? Auf was? Und wohin wird dieser Zorn führen? Wir müssen uns fragen, ob die heutige Zivilisation und der Lebensstil, den wir entwickelt haben, nicht für die Ausbrüche von Wut, Hass und Gewalt verantwortlich sind. Warum beschäftigen wir uns also nicht mit unseren grundlegenden Lebensweisen und Lebenseinstellungen, mit unseren Prioritäten und unserem Wertesystem?

Wir müssen uns die Frage stellen, was der Zorn erreichen wird. Wir sind wütend, weil in einem Land Menschen getötet werden. Und dann finden wir heraus, dass diese Menschen andere in einem benachbarten Land getötet haben und dass dieses Land Vergeltung übt. Jedes Land hat eine Reihe von Erklärungen, die dem anderen die Schuld zuschieben und die Jahrhunderte zurückreichen können. Das nimmt kein Ende. Es scheint ziemlich kindisch, der Wut nachzugeben, denn sie ist ohnmächtig und kann keine Maßnahmen bewirken, die uns individuell oder kollektiv von der Gewalt wegführen.

Wenn wir wütend sind, verlieren wir unsere Ausgeglichenheit; Wut erregt unsere Nerven. Werden wir vom Zorn heimgesucht oder vom Fieber der Wut erfasst, ist kein besonnenes, vernünftiges oder logisches Handeln möglich. Die Wahrnehmung wird verzerrt und unsere Reaktionen werden unausgewogen.

Erkennt bitte, dass Zorn eine Abnormität ist und kein natürlicher Bestandteil des menschlichen Lebens. Liebe, zum Beispiel, ist natürlich. Sie ist das ursprüngliche Wesen des Lebens und auch die Essenz des Menschen. Wann immer wir von der Liebe ergriffen werden, gibt es kein Unbehagen. Es kann Intensität entstehen, eine neue Tiefe des Lebens oder neue Energie. Ergreifen uns Wut, Eifersucht, Gier, Feindseligkeit oder Gewalt, fühlen wir uns unwohl. Dieses Gefühl würden wir gern loswerden. Diese Reaktion zeigt doch, dass Zorn der menschlichen Natur fremd ist, oder nicht?

Wut wird von der Gesellschaft zu vielen Zwecken eingesetzt und gebilligt. Im Namen der Religion und zu ihrer Verteidigung dürfen wir wütend werden, wir dürfen im Namen unserer Nation oder unserer Ideologie wütend werden. Wut wird als Motivationsmittel eingesetzt. Wollen Menschen zusammenleben, müssen solche Motive, die ein starkes Ungleichgewicht und irrationales Verhalten hervorrufen, als äußerst gefährlich angesehen werden und unsere Psyche muss davon befreit werden.

Wir können nur dann voll und ganz Mensch sein, wenn wir nicht der krankhaften Gewohnheit nachgeben, wütend oder gereizt zu werden. Kummer ist etwas anderes. Kommen wir in Berührung mit Ungerechtigkeiten, Ausbeutung, den Schrecken von Kriegen oder dem Leid von Menschen, dann entsteht Kummer im Herzen. Dabei handelt es sich nicht um das egozentrische Leiden, das der Zorn verursacht. Kummer verbindet uns mit der Gesamtheit des Lebens, mit der Gesamtheit der Menschheit. Er regt das Mitgefühl an.

Wenn der Kummer uns tief bewegt, müssen wir uns nach innen wenden und versuchen, die seelischen Tiefen zu ergründen, um die

Saat der Gewalt aus unserer Psyche zu beseitigen. Das ist ein wichtiger Ansatz, um konstruktiv mit den Problemen umzugehen, denen wir in einem riesigen Ausmaß gegenüberstehen. Eine zweite Möglichkeit besteht darin, auf diejenigen zuzugehen, die der Aggression Vorschub leisten, und mit aller uns zur Verfügung stehenden moralischen Kraft wirksam zu protestieren, indem wir überzeugenden moralischen Druck ausüben.

Mahatma Gandhi, der Meister des moralischen Appells, der den politischen Kampf für die Unabhängigkeit Indiens anführte und uns den Weg eines würdevollen, furchtlosen Widerstands lehrte, pflegte zu sagen, dass man nur dann furchtlos sein kann, wenn man keinen Hass im Herzen hat. »Wenn ich wütend werde«, sagte er, »wenn ich die Menschen hasse, die mich unterdrücken oder foltern, dann fördern der Hass oder die Wut die Gewalt. Ich verliere das innere Gleichgewicht und fange an, dieselben Taktiken anzuwenden, die ein Unterdrücker oder Folterknecht anwendet.« »Revolutioniert die Motive«, sagte er, »für soziale, wirtschaftliche, politische, kulturelle und religiöse Veränderungen; revolutioniert die Beweggründe. Ersetzt Hass und Wut durch Furchtlosigkeit und die Würde des Anstands.«

Die Welt steht heute vor der Herausforderung, ihre traditionellen Beweggründe zu ersetzen. Wut und Hass fördern die Neigung zu Grausamkeit und Härte. Wir müssen wachsam sein und über diesen Drang hinausgehen, aber gleichzeitig dem Bösen widerstehen.

Mir scheint, dass die Feigheit denjenigen, die unter Grausamkeit in ihren Herzen leiden, eine Möglichkeit gibt, diese Grausamkeit auszuüben und der Versuchung nachzugeben, andere zu unterdrücken und zu quälen. Wo auch immer es Unterdrücker und Tyrannen gibt, muss es eine Mehrheit von Menschen geben, die an individueller oder kollektiver Furcht oder Feigheit leiden.

Um gegen Unterdrückung oder Folter anzukommen, müssen wir furchtlos aufstehen und den Misshandlungen und der Unterdrückung friedlich, anständig und auf humane Weise entgegentreten. Widerstand ist eine Art von Beziehung. Nicht nachzugeben, nicht zu weichen, nicht zu kapitulieren, sondern für die Freiheit aufzustehen und für sie zu kämpfen, ist eine Möglichkeit, uns mit der Realität von Unterdrückung auseinanderzusetzen.

Wenn wir vor denen, die unterdrücken, die an der psychischen Krankheit leiden, unterdrücken und foltern zu wollen, in die Knie gehen oder uns vor ihnen verneigen, dann sind wir ungerecht uns selbst und dem Leben gegenüber. Anständiger und furchtloser Widerstand gegen die Unterdrückung ist der einzig ehrenhafte und würdevolle Ausweg, auch wenn das bedeutet, dass wir vielleicht unser Leben lassen müssen.

Lasst uns die Gefahren und die Grenzen erkennen von Wut als Beweggrund für den Widerstand gegen Unterdrückung, aber lasst uns nicht zu Feiglingen werden. Das Streben nach Sicherheit und Vergnügen macht uns zu Feiglingen. Sind wir einmal vergnügungssüchtig und komfortorientiert geworden, verlieren wir unser Verantwortungsgefühl und unseren Sinn für Würde und Selbstachtung. Es ist nicht nur politische Macht, die korrupt macht. Geld korrumpiert ebenso, wie auch materielles oder physisches Vergnügen und körperlicher Komfort.

Wir können und sollten Geld, Vergnügen und Komfort haben, alles in anständigen Maßen, jedoch nicht auf Kosten der Aufrichtigkeit, nicht auf Kosten der Selbstachtung oder des sozialen Impulses, anderen zu helfen.

Sind wir bereit, die Mitwirkung an diesem Kult des Vergnügens, des Komforts und des Luxus, den die Gesellschaften und die Regierungen anbieten, zu verweigern? Wir müssen uns klarmachen, dass das organisierte Vergnügen uns auf eine Passivität reduziert, die nur in der Lage ist, vorgefertigte Angebote anzunehmen. Wir müssen einsehen, dass wir Energie und Kreativität verlieren, dass unsere Leben leer werden und psychologische Trägheit entsteht und verstärkt wird, wenn uns alles vorgekaut angeboten wird. Konsumgüter, Investitionsgüter, soziale Sicherheit, Versicherungen, sogar die Freizeitgestaltung sind organisiert, die Unterhaltung ist organisiert; und was bedeutet ein Individuum heute in den fortgeschrittenen, wohlhabenden Ländern? Erkennen wir, welche Auswirkungen das Streben nach Vergnügen und Komfort auf die Qualität des Bewusstseins und die Qualität des Lebens hat?

Unerwünschtes Verhaftetsein lösen

Sind wir mit Luxus, Vergnügen, Komfort sowie organisierter Unterhaltung und Freizeitgestaltung verwöhnt, werden wir zu einer Gesellschaft mittelmäßiger Menschen – und genau das sind wir überall auf der Welt. Menschen, die besessen sind von Sicherheit, Vergnügen und Komfort, nutzen ihre Intelligenz nicht und bemühen sich nicht, unabhängig zu denken.

Mit Ernsthaftigkeit müssen wir alles untersuchen, was uns daran hindert, in Freiheit, in Wahrheit, in Ganzheit, in Furchtlosigkeit zu leben. Möglicherweise halten wir an Wut oder an körperlichen Annehmlichkeiten fest, vielleicht hängt unser Ego an diesem und jenem oder wir halten uns für sehr bedeutende Aktivisten oder Suchende, die furchtbar wichtige Arbeit leisten.

Wenn wir uns mit Selbstgefälligkeit aufplustern, weil wir anderen helfen oder uns von Konditionierungen befreien, sollten wir hinterfragen, was dieses »Ich« ist, das sich so aufbläht. Wo gibt es ein »Ich« und ein »Nicht-Ich« in der Ganzheit oder im Einssein? Es könnte auch hilfreich sein, unsere Unzulänglichkeiten und unser Verhaftetsein mit unseren Mitstreitern zu besprechen. Mitunter kommt ein aufgeblähtes Ego wieder auf den Teppich zurück, wenn man auf einfache, nicht wertende Weise mit anderen über die Schwierigkeiten redet, die ein egoistisches Verhaftetsein oder ein erhöhtes Selbstwertgefühl bereitet.

Und ebenso ist es bisweilen hilfreich, mit anderen über unseren Zorn oder unser missbräuchliches Verhalten, sei es körperlich oder verbal, zu sprechen, wiederum ohne zu urteilen. Wenn es zu Wutausbrüchen kommt und wir andere verletzen, sollten wir uns aufrichtig und demütig entschuldigen. Natürlich hasst es das Ego, sich zu entschuldigen und Schwäche einzugestehen; seine Eitelkeit wird dadurch gekränkt. Eine Entschuldigung untergräbt die Dominanz des Egos und mindert seinen Einfluss auf unser Leben.

Wir werden einander auf sanfte, konstruktive Weise dabei helfen müssen, in Wahrheit, Freiheit und Ganzheit zu leben. Die Wahrheit kann auf aggressive Weise benutzt werden, um das Selbstvertrauen eines anderen Menschen zu untergraben. Im Namen der Wahrheit können wir einer anderen Person sehr verletzende Dinge sagen oder antun. Doch dieses Verhalten ist von kranken Egos motiviert, die Schaden anrichten und dabei respektabel aussehen wollen.

Lasst uns die Wahrheit nicht benutzen, um unsere Gewalttätigkeit gegeneinander zu verschleiern. Die Wahrheit ist absichtslos; sie hat weder das Bedürfnis noch den Drang zu schaden. Lasst uns auf feinfühlige, behutsame Weise einander dabei unterstützen, in Wahrheit zu leben. Wir können zuhören, unsere Erkenntnisse teilen und uns in Zeiten der Not gegenseitig ermutigen; wir können offen und vorurteilsfrei über unsere Schwächen und Unzulänglichkeiten sprechen.

Diejenigen unter uns, die Schwierigkeiten mit Wut, Jähzorn und dem Verhaftetsein ihres Egos haben oder die vergnügungs- und sicherheitsorientiert sind, könnten sich auf körperliche, manuelle Arbeit einlassen. Diese hilft überspannten Menschen, ins Gleichgewicht zu kommen, wenn sie sich zu weit in die Abstraktionen des Lebens und von der Beziehung zur Erde wegbewegt haben. Die Arbeit mit der Erde bewirkt eine direkte Wahrnehmung der Ganzheit und der wechselseitigen Beziehungen zwischen allen Wesen; sie ermutigt uns, auf das Echte einzugehen und nicht auf die abstrakten Betätigungen des Intellekts oder des Egos.

Manuelle Arbeit hat etwas Heiliges an sich, aber wir Städter geben der intellektuellen Betätigung den Vorrang und meiden die körperliche, manuelle Arbeit als primitiv. Wir verkaufen unseren Intellekt auf den Wirtschaftsmärkten und kaufen arbeitssparende Geräte, damit wir so wenig wie möglich mit körperlicher Arbeit zu tun haben. Aber wenn wir das Intellektuelle zu sehr in den Vordergrund stellen, verlieren wir unser Gleichgewicht, wir werden leicht entwurzelt und entfernen uns von unserer natürlichen Beziehung zur Erde und ihren Lebewesen.

Wie können wir in unseren städtischen Hochhäusern eine natürliche Beziehung zur Erde und zu unseren Mitmenschen leben? Wie können wir in künstlichen Bauten, in denen sogar die Luft, die Temperatur und das Licht von Maschinen geregelt werden, im Einklang mit den Rhythmen der Natur leben?

Empfindsame Menschen werden leicht reizbar, wütend und jähzornig, wenn sie von der Erde entwurzelt auf der Ebene des Intellekts und des Egos leben. Vom Intellekt aus unserer natürlichen Umgebung vertrieben, können wir uns kaum entspannen und uns in Harmonie mit unserer Umgebung fühlen.

Das Leben in der Stadt erzeugt den Druck, in einem Tempo zu leben, welches für das menschliche Nervensystem nicht geeignet ist, raue und gefühllose Verhaltensweisen an den Tag zu legen und auf eine Art und Weise zu leben, die intellektuell zwar amüsant sein mag, aber schädlich und zerstörerisch für den Körper und das Nervensystem ist.

Die Eleganz der Einfachheit erfahren

Fällt es uns schwer, die Wahrheit zu leben, auch wenn wir verstanden haben, wie wichtig es für uns selbst und für die Menschheit als Ganzes ist, in der Wahrheit zu leben und nicht nach einer Reihe zusammengestückelter unvereinbarer Wertestrukturen, die eines Menschen unwürdig sind, dann sollten wir unser Leben vielleicht freiwillig vereinfachen, in die Natur ziehen und körperliche, manuelle Arbeit verrichten. Stellen wir fest, dass wir die Wahrheit in komplizierten Gesellschaften nicht vollständig leben können, dann besteht unsere Wahl nicht darin, die Wahrheit zu kompromittieren – das haben wir bereits versucht und sind gescheitert –, sondern darin, freiwillig unseren Lebensstil zu ändern, ein einfaches Leben zu führen und uns zumindest für einen Teil des Tages mit körperlicher Arbeit zu beschäftigen.

Es hat keinen Sinn, eine alternative Lebensweise anzunehmen, nur weil dies gerade im Trend liegt; unsere Konditionierungen, unsere Fragmentierung, unsere miteinander in Widerspruch stehenden Wertestrukturen werden wir mitnehmen, wohin wir auch gehen. Wir werden selbst die schönste, natürliche Umgebung mit dem Mief unserer Ego-Manipulationen verunreinigen, solange wir nicht persönlich die Wahrheit eines würdigen Lebens entdeckt haben. Wir mögen wunderbare Versuche unternehmen, in der Harmonie von Gemeinschaften in herrlicher Umgebung zusammenzuleben, doch das in der Gesellschaft korrumpierte Ego wird sein Spiel nicht einstellen, nur weil wir intellektuell beschlossen haben, kooperativ und im Einklang miteinander und mit der Natur zu leben.

Kommen wir jedoch durch Einsicht und durch die persönliche Entdeckung der Destruktivität des Lebens, das wir in den Städten führen, zu alternativen Lebensformen, dann sind wir bereit für freiwillige Einfachheit. Wenn wir die schwierige Arbeit vollzogen haben, uns von gesellschaftlichen Konditionierungen zu befreien, hat ein Leben in Einfachheit einen gewissen Sinn. Dann ist Einfachheit nicht primitiv, sondern sie ist das Bewusstsein, dass ganze Wesen am besten gedeihen, wenn sie in der Ganzheit verwurzelt sind, und nicht in künstlichen Strukturen, in denen diese Wurzeln im Interesse sozialer, wirtschaftlicher und politischer Gewinne täglich zerstückelt werden.

Wenn wir in der Wahrheit, der Ganzheit leben und nicht in Fragmenten, in einander ausschließenden Bereichen, in denen unterschiedliche Prioritäten und Wertestrukturen uns im Griff gesellschaftlich akzeptierter Autoritäten halten, dann werden wir aus dem Rennen um gesellschaftliches Prestige, Macht und materiellen Gewinn herausfallen. Doch wir erleben die große Freude, in der Wahrheit zu leben. Ein wunderbarer Duft, ein frischer Strom reiner Luft wird freigesetzt, wenn wir die Heuchelei ablegen und die Wahrheit in unser Leben einladen. Es ist, als würden wir zum ersten Mal atmen. Und in der Klarheit gewinnen wir unsere Selbstachtung und die Würde der gesamten Menschheit zurück.

Wir wissen, dass wir armselige Leben führen, nicht wahr? Es bedarf keiner komplizierten Analyse, um zu diesem Schluss zu kommen. Wir wissen, dass wir engherzige kleine Heuchler sind, die auf der Ebene des Egos leben und nach der Pfeife der Gesellschaft tanzen.

Lassen wir die albernen Spiele hinter uns, mit denen wir uns die Wahrheit für die jeweilige Situation zurechtbiegen, so wie es in der Politik gang und gäbe ist, dann bekommen wir wieder ein Gespür dafür, was es heißt, ein Mensch zu sein, ein wahrhaftiger, ganzer Mensch, der nicht gekauft oder verkauft werden kann, der nicht zu einer wirtschaftlichen Ware wird. Und in der Furchtlosigkeit der Unbestechlichkeit, welche die Wahrheit hervorruft, wissen wir, was es heißt, ein anständiger Mensch zu sein, der ein würdiges Leben führt und der jüngeren Generation ein wertvolles Erbe hinterlassen wird.

Es sind diejenigen, die furchtlos die Wahrheit lieben – und das kann jede und jeder von uns sein –, die die Menschheit zur vollständigen Revolution führen werden. Und egal, welche Maßnahmen wir in der umfassenden Revolution ergreifen, sie werden den Geist der Wahrheit in sich tragen. Wir werden uns nicht auf billige, schnell hingeschluderte Lösungen einlassen, um ein friedvolles Ergebnis für die Gesellschaft zu erzielen. Das haben wir versucht und mussten schwierige Zeiten durchstehen, weil wir in der Vergangenheit in der Revolution das Prinzip »alles ist erlaubt« zugelassen haben, und waren dann regelrecht überrascht, dass die Freiheitskämpfer zu den neuen Ausbeutern des Volkes in einer ebenso abscheulichen Machtstruktur wurden.

Wir haben versucht, die Wahrheit zu unterdrücken und ihre revolutionäre Kraft zu schwächen. Doch diejenigen unter uns, die keine Furcht vor der Wahrheit haben und diese nicht im Namen des Fortschritts oder wirtschaftlicher und politischer Raffinesse zersetzen, werden eine neue Revolution anführen, und zwar eine, die auf dem Bewusstsein des Einsseins aller Wesen basiert sowie auf dem Glauben an das Potenzial der Liebe, die Herzen zu bewegen und das Wesen aller Geschöpfe zu verändern, die auf dieser schönen Erde leben.

Von Gandhi lernen

Für die meisten Menschen ist Mahatma Gandhi nicht nur eine beiläufige historische Gestalt, sondern ein strahlendes Sinnbild der Hoffnung, ein leuchtendes Symbol unseres Potenzials, uns selbst und unsere Gesellschaft von Grund auf zu transformieren und auf unserer Erde in Frieden und Harmonie zusammenzuleben. Sein Leben ist ein eindringlicher Beweis dafür, dass jeder von uns über das Potenzial verfügt, spirituell zu wachsen, indem wir uns furchtlos für unsere Mitmenschen einsetzen, über das Potenzial, in Ganzheit zu leben.

Die Revolution, die sein Leben war, hat uns alle berührt. Durch Gandhi hat sich die Qualität unseres Denkens, unserer Kulturen und unseres gesamten sozialen Verhaltens positiv verändert. Sein Auftreten auf der Weltbühne hat unsere Weltanschauung und unsere Vorstellung davon, was uns Menschen möglich ist, grundlegend gewandelt. Seine eloquente *Dschiwan darschan,* seine »Lebensanschauung«, eröffnet uns neue Sichtweisen auf jeden Aspekt des Lebens: biologisch und psychologisch, politisch und wirtschaftlich, individuell und sozial.

Durch die unnachgiebige Kraft der Liebe, der Wahrheit und der Gewaltlosigkeit hat Gandhi die Ausgestoßenen und Vernachlässigten der Gesellschaft wieder zu Kräften gebracht. Er stellte den Menschen, der lange von Maschinen, von militärischen und politischen Systemen verdrängt worden war, wieder in den Mittelpunkt der Dinge, an die Spitze der Gesellschaft, und verlieh ihm und der menschlichen Arbeit neue Würde.

Gandhis Stärke entdecken

Gandhi erlangte Größe und vollbrachte das scheinbar Unmögliche, weil er in jedem Aspekt seines Lebens den Glauben an das Göttliche mit dem Glauben an den Menschen verband. Für Gandhi beschränkte sich das Göttliche nicht auf Tempel, Kirchen oder Moscheen, sondern war universell und allgegenwärtig. »Gott ist meine Wahrheit«, sagte er, »und die Wahrheit ist mein Gott.« Ihm war zutiefst bewusst, dass es jenseits der vom menschlichen Verstand geschaffenen Gesellschaften ein immenses Universum gibt, das nicht von Menschen ersonnen wurde. Das Universum, die Einheit, die Ganzheit, ist intelligenter als der menschliche Intellekt, kreativer als der menschliche Erfindungsreichtum und liebevoller, als der Mensch es sich vorzustellen vermag.

Für Gandhi ist die ultimative Realität die Wahrheit. Nur die Wahrheit, sagte er, ist ewig, alles andere ist vergänglich.

Wahrheit ist das oberste Prinzip in Gandhis Leben. Mit dieser Wahrheit, auf die er sein Leben gründete, meinte er nicht nur die Wahrhaftigkeit in Worten und Gedanken, die relative Wahrheit unseres Verstandes, sondern die absolute Wahrheit, das ewige Prinzip, das alles durchdringt und alles aufrechterhält.

Gandhi erkannte, dass, während sich alles um ihn herum ständig veränderte und verging, hinter allem eine lebendige Macht steht, die unveränderlich ist, die alles zusammenhält, die erschafft, auflöst und neu erschafft. Die Quelle von Gandhis Glauben war das lebendige Bewusstsein der Wahrheit. »Die Wahrheit ist meine Kraft«, sagte er häufig, »die Wahrheit ist meine Strategie und meine Verteidigung.«

Gandhi glaubte nicht nur an die Wahrheit, an das Göttliche. Er besaß auch einen tiefen Glauben an das Potenzial der Menschheit. Und er bestand darauf, dass der Glaube an das Göttliche sich auch als Glaube an die Menschheit äußern müsse. Er betrachtete den Menschen als ein Reservoir göttlicher Kräfte, voller Möglichkeiten. Die vermeintlichen Grenzen des Menschen akzeptierte er nicht, denn er war der Ansicht, dass jedem Einzelnen unendliche Kräfte innewohnen, dass jeder Mensch in seinem Herzen die Wahrheit liebt, sich nach Liebe sehnt, Zuwendung und Mitgefühl braucht. Vor allem war er überzeugt, dass es im Herzen des Menschen eine Sehnsucht nach Harmonie, Zusammenhalt und Frieden gibt.

Gandhis Glaube an das Göttliche und seine Liebe zur Menschheit waren die Quellen seiner inneren Stärke und Tatkraft. Auch in den finsteren Phasen der Schwierigkeiten und Misserfolge – und er *hatte* seine Misserfolge, darunter einen, den er als einen »Himalaja-großen Patzer« bezeichnete – wankte sein Glaube an das Göttliche und an die Menschheit nicht. Dieser Glaube äußerte sich im Dienst an seinem Land und im Dienst an der Menschheit, denn er liebte die Menschen mit all ihren Grausamkeiten, Schwächen und Unzulänglichkeiten. Und er setzte seine Liebe in die Tat um.

Es war sein Glaube an die Wahrheit und die Liebe als ewige und mächtige Kräfte im Universum und deren unvergängliche Gegenwärtigkeit im Herzen eines jeden Menschen, der Gandhi dazu veranlasste, Indien von der britischen Herrschaft zu befreien. Sein Ziel war nicht nur die politische Unabhängigkeit, sondern die völlige Umgestaltung der Gesellschaft durch eine neue Dynamik der Revolution basierend auf Liebe und Gewaltlosigkeit.

Für diejenigen, die Gandhis unerschütterlichen Glauben an die Liebe als ewiges Prinzip nicht teilten, war die Vorstellung einer Revolution, eines Freiheitskampfes gegen die mächtigste Nation der Welt, der sich auf Liebe und Gewaltlosigkeit als Hauptwaffe stützt, völlig absurd. Aber Gandhi erwies sich als außerordentlich überzeugend, und das große Experiment wurde gestartet.

Den Spuren der Revolution folgen

Gandhi war in England zum Rechtsanwalt ausgebildet worden. Nach Beendigung seines juristischen Studiums kehrte er nach Indien zurück, um als Anwalt zu praktizieren. Dabei hatte er jedoch nur wenig Erfolg, was teilweise an seiner großen Schüchternheit lag, die es ihm fast unmöglich machte, vor Gericht zu sprechen. Als ihm ein Job als Büroangestellter in Südafrika angeboten wurde, nahm er ihn bereitwillig an, obwohl die Stelle für einen Anwalt nicht geeignet schien.

In Südafrika stellte sich bald heraus, dass seine Hauptrolle nicht die eines Angestellten oder Anwalts in einer Firma sein würde, sondern die eines Anführers im Kampf der Inder in Südafrika gegen die ungerechte Behandlung durch die britischen Behörden. Die

Mahatma Gandhi, 1931 in London

Ausübung dieser Rolle verlangte von Gandhi, sich auf tiefere Ebenen zu begeben und den wahren Sinn des Lebens zu erforschen.

Die bittere Realität des Lebens der Inder im Südafrika des späten neunzehnten Jahrhunderts wurde Gandhi fast von Anfang an bewusst. Eine Woche nach seiner Ankunft in Durban musste er eine Reise nach Pretoria, der Hauptstadt der Provinz Transvaal, antreten, die mit einem Rechtsstreit zusammenhing, in den sein Arbeitgeber verwickelt war. Im Zug war für ihn ein Platz in der ersten Klasse reserviert worden und er trat seine Reise zunächst ohne Zwischenfälle an. Als der Zug jedoch gegen neun Uhr abends Maritzburg, die Hauptstadt von Natal, erreichte, beschwerte sich ein anderer Fahrgast über die Anwesenheit einer »farbigen« Person im Erste-Klasse-Abteil. Als Gandhi auf seine Rechte als Inhaber einer Fahrkarte für die erste Klasse beharrte und sich weigerte, das Abteil zu verlassen, wurde ein Polizist herbeigerufen und Gandhi aus dem Abteil gedrängt. Da er sich weigerte, in das Großraumabteil zu wechseln, wurde Gandhi auf dem Bahnsteig zurückgelassen, während der Zug weiterfuhr.

In einem bitterkalten, dunklen Warteraum fröstelte er ohne Mantel die Nacht hindurch und fragte sich, was er tun sollte. Sollte er die Beleidigung schlucken, seine Arbeit beenden und nach Indien zurückkehren, oder sollte er bleiben und für seine Rechte kämpfen? Er entschied, dass es Feigheit wäre, nach Indien zurückzukehren. Die Beleidigung und die Strapazen, die er erlitten hatte, waren nur ein Symptom für die tiefe Krankheit der Voreingenommenheit. Er reagierte nicht auf die persönliche Beleidigung, sondern auf die Krankheit der Vorurteile aufgrund der Hautfarbe von Menschen.

Um eine Führungsrolle in der indischen Gemeinschaft Südafrikas zu übernehmen, sah Gandhi sich gezwungen, seinen Lebensstil drastisch zu ändern. Er verzichtete auf persönlichen Profit und Ansehen, vereinfachte sein Leben, um unnötige Ausgaben zu vermeiden, und gab schließlich seinen europäischen Lebensstandard auf. Auch seine eigenen religiösen Überzeugungen begann er sehr ernsthaft zu hinterfragen.

Einige Freunde beteten enthusiastisch für seinen Übertritt zum Christentum. Aber er sah keinen Sinn darin, vom Hinduismus zum Christentum zu konvertieren. Er war vielmehr auf der Suche nach tieferen Wahrheiten, als sie selbst die organisierten Religionen boten, denn zu diesem Zeitpunkt begannen sich der Glaube an die Heiligkeit eines jeden Menschen und die Liebe zur Menschheit als leitende Kräfte in Gandhis Spiritualität und sozialem Handeln abzuzeichnen.

Mit der Entstehung dieses Glaubens und dieser Liebe ging seine tiefe Ablehnung von Gewalt einher. In England hatte er sich mit Vordenkern beschäftigt, die Gewalt philosophisch und ethisch ablehnten, und er hatte sich eingehend mit den Werken dieser und anderer Denker befasst, die Gewaltanwendung für vergeblich hielten.

In Südafrika wurde er hautnah Zeuge der erschütternden Gewalt des Zulu-Aufstandes und sah mit eigenen Augen, wie sinnlos der Einsatz von Gewalt zur Lösung sozialer Probleme ist. Diese Erfahrung, in Verbindung mit den Büchern, die er las, und seinem Glauben an die Heiligkeit aller Wesen, weckte in Gandhi eine tiefe persönliche Abscheu vor Gewalt und überzeugte ihn, dass er die indische Gemeinschaft in Südafrika niemals in eine gewaltsame Konfrontation mit den britischen Behörden führen würde.

Obwohl Gandhi der festen Überzeugung war, dass eine gewaltsame Konfrontation zwecklos sei, hatte er noch keinen alternativen Ansatz entwickelt. Die Herausforderung, eine neue Bewegung zu gründen, entstand auf einer Versammlung der indischen Gemeinschaft Südafrikas in Johannesburg im September 1906. Die Versammlung war einberufen worden, um zu entscheiden, wie die Inder auf eine repressive Verordnung reagieren sollten, welche die Regierung von Transvaal einen Monat zuvor erlassen hatte. Diese Verordnung, im Volksmund als "Black Act" bezeichnet, verpflichtete alle Inder, sich bei den Behörden registrieren zu lassen und stets eine Meldebescheinigung bei sich zu tragen.

Als Gandhi sich erhob, um zu den Vertretern der indischen Gemeinschaft auf der Versammlung zu sprechen, hatte er weder einen Plan noch ein Programm im Kopf. Er erklärte der indischen Gemeinschaft in Südafrika die Verordnung und ihre Auswirkungen. Ein wenig zu Gandhis Überraschung gelobte einer der Anführer vor Gott, sich einer derartig entwürdigenden Gesetzgebung niemals feige zu unterwerfen. Gandhi erläuterte vorsorglich alle möglichen Folgen eines solchen zivilen Ungehorsams, aber die Delegierten waren bereit, dessen Konsequenzen zu ertragen und gelobten, sich der Ungerechtigkeit zu widersetzen.

In diesem Moment wurde eine neue Bewegung ins Leben gerufen. Diese Bewegung, die anfangs als »passiver Widerstand« bekannt wurde, entwickelte sich später zu *Satyagraha* – einer Kraft, die aus Wahrheit und Liebe heraus entstand.

Satyagraha bedeutete für Gandhi das Beharren auf der Wahrheit. Dieses Beharren, wie es Gandhi acht Jahre lang in Südafrika demonstrierte, entfaltet eine Wirkkraft, die, wenn sie im richtigen Geist angewendet wird, enorme Macht hat. Um die angemessene Anwendung dieser Kraft zu gewährleisten, ermahnte Gandhi die Inder in Südafrika, die zu *Satyagrahis* wurden, im Herzen niemals Hass für ihre Gegner zu hegen, niemals tätlich Vergeltung zu üben, den Gegner niemals zu beleidigen und bereit zu sein, für die Sache bis zum Äußersten zu leiden.

Diese auf den ersten Blick höchst unwahrscheinliche Maßnahme der Liebe und Gewaltlosigkeit, die den Beteiligten scheinbar unmögliche Anforderungen abverlangte, war überraschend wirksam darin, die britischen Behörden in Südafrika davon zu überzeugen, die widerwärtigsten und nachteiligsten Gesetze aufzuheben, die die indische Gemeinschaft betrafen. In diesem Prozess demonstrierte Gandhi nicht nur die Möglichkeiten des Beharrens auf der Wahrheit und unterwies die Gemeinschaft im Widerstand gegen Ungerechtigkeit, sondern es gelang ihm auch, den Respekt einiger seiner ärgsten Widersacher zu gewinnen.

Den Weg in die Freiheit gehen

Als Gandhi 1915 nach Indien zurückkehrte, hatte er das Gefühl, nach so vielen Jahren in Südafrika keine Verbindung mehr zu seinem eigenen Land und Volk zu haben. Seine politischen Mentoren rieten ihm, ein Jahr lang umherzureisen und die Lebensbedingungen der Menschen kennenzulernen.

Bald stellte er fest, dass die Inder ihre britischen Machthaber zwar fürchteten, sie aber auch bewunderten und beneideten. Diejenigen Inder, die im inzwischen gut etablierten Bildungssystem von Lord Macaulay ausgebildet worden waren,* hatten sich die englische Mentalität angeeignet und die englische Sprache übernommen. Diese Inder verschmähten ihre eigene Kultur, eben-

* Thomas Babington Macaulay (1800–1859) war ein britischer Historiker, Politiker und Dichter, der eine maßgebliche Rolle bei der Einführung des britischen Bildungssystems in Indien spielte [A. d. Ü.].

so wie die Briten es taten, und waren gleichzeitig von der Kultur der Engländer angetan und fasziniert.

Andere Inder, insbesondere die Dorfbewohner, die die Mehrheit der Bevölkerung bildeten, waren stark verarmt. Die Dörfer, einst das Rückgrat der indischen Kultur und Wirtschaft, waren mit dem Anwachsen der Städte vernachlässigt worden. Jene Inder, die in die Städte abwanderten, verloren die Achtung vor den Dörfern, vor den Bauern und den ursprünglichen Wurzeln des indischen Lebens. Und obwohl die meisten Inder in den Städten von den Engländern unterdrückt und ausgebeutet wurden, wollten sie dennoch einen westlichen Lebensstil führen.

Für Gandhi bestand Indien aus sechshunderttausend Dörfern. Unabhängigkeit bedeutete für ihn die politische und wirtschaftliche Eigenständigkeit dieser Dörfer. Für die städtischen, gebildeten Inder hingegen bedeutete Unabhängigkeit Selbstverwaltung und Industrialisierung, die nach britischem Vorbild zu materiellem Wohlstand führen sollten.

Gandhi stürzte sich in den Kampf um die Unabhängigkeit, weigerte sich jedoch, den Kampf für die Selbstbestimmung von der Umgestaltung der Dörfer zu trennen, die die Grundlage eines neuen Indiens bilden sollte. Bereits 1916 stellte er sein revolutionäres Wirtschaftsprogramm vor, das sich auf die *charkha* (das Handspinnrad), die darauf basierende Tuchindustrie und auf Reformen in der Landwirtschaft konzentrierte und zum Ziel hatte, die Dörfer in Bezug auf Ernährung, Kleidung und Unterkunft eigenständig zu machen.

Er behauptete nicht, dass seine sozioökonomische Revolution den Lebensstandard auf das Niveau einiger Stadtbewohner in Indien oder den der europäischen Länder anheben würde. Vielmehr betonte er, dass der Lebensstandard in den Dörfern allen Menschen das Nötigste bieten und ihnen ein Leben in Würde und Liebe ermöglichen sollte. Um diesen Standard zu erreichen, empfahl er unter anderem die Abschaffung der meisten Großindustrien und die Entwicklung des Klein- und Dorfgewerbes.

Er sah, dass seine Mitstreiter in der Kongresspartei darauf erpicht waren, eine zentralisierte Wirtschaftsplanung und Großindustrien einzuführen, die es Indien ermöglichen würden, mit den Industrienationen des Westens zu konkurrieren und ebenso fortschrittlich zu sein, wie diese Nationen es waren. Doch Gandhi ging es um das Wohlergehen der Menschen in den Dörfern

Indiens und nicht um irgendwelche Fortschrittsauffassungen in anderen Teilen der Welt. Er war nicht bereit, Großbritannien die Macht zu entreißen, nur damit seine Parteikollegen die englischen Grundsätze weiterführen würden.

Er ermutigte die Menschen, die sich immer zahlreicher um ihn versammelten, in die Dörfer zu gehen, um die dortigen Bedingungen zu verbessern. Sein Ziel war es, die Dörfer wieder zu lebenswerten Orten zu machen, und er war der Meinung, dass dies am besten durch die Förderung der Eigenständigkeit der Dorfbewohner erreicht werden konnte.

Wenn es denn zur Unabhängigkeit käme, wäre sie bedeutungslos, solange sie den Dorfbewohnern nicht die Freiheit böte, ein anständiges, selbstbestimmtes Leben zu führen. Gandhis Strategie zur Befreiung Indiens war daher ein umfassendes Programm, das die Stärkung der Dörfer, die Hebung des moralischen Charakters aller Inder, die Beseitigung der Wurzeln sozialer Probleme, wie die Unberührbarkeit, kommunale Konflikte oder die Schlechterstellung der Frauen, und die Vorbereitung der Menschen auf die staatsbürgerliche Verantwortung in einer Demokratie beinhaltete.

Gandhi bestand darauf, dass dieses umfassende Programm mit rein politischen Maßnahmen zur Erlangung der Unabhängigkeit einhergehen müsse. Er war nicht gewillt, seine konstruktiven Vorhaben zu opfern, um den Prozess der Unabhängigkeit zu beschleunigen. Die Inder müssten bereit sein, so Gandhi, sich die Unabhängigkeit durch die Entwicklung von Stärke und moralischem Charakter zu verdienen, um in Würde als freie Menschen und als Bürger einer Demokratie zu leben.

Der Kampf für die Freiheit sollte mit denselben moralischen Werten der Wahrhaftigkeit, der Furchtlosigkeit, des Mitgefühls und der Bereitschaft, Ungerechtigkeit zu bekämpfen, geführt werden, welche aus den Freiheitskämpfern später würdige Anführer einer neuen Nation machen würden.

Satyagraha, die Bewegung der Gewaltlosigkeit, der Wahrheit und der Liebe, die ihren Ursprung in den kleinen Aktionen gegen politische und soziale Ungerechtigkeit in Südafrika gehabt hatte, sollte nun in einer nationalen Bewegung für die Unabhängigkeit erprobt werden. Gandhi wollte Gewaltlosigkeit und Liebe, die er als Naturgesetze ansah, zur Grundlage einer Unabhängigkeitsbewegung und einer neuen Gesellschaft machen, die aus der Unabhängigkeit hervorgehen sollte.

Gewaltlosigkeit und Liebe, so betonte Gandhi immer wieder, sind die größten Kräfte, die der Menschheit zur Verfügung stehen, weitaus mächtiger als die gewaltigsten Vernichtungswaffen, die der menschliche Einfallsreichtum hervorgebracht hat. Gewalt, so fügte er hinzu, habe nur eine vorübergehende Wirkung, aber das Übel, das sie nach sich ziehe, sei dauerhaft. Jeder Mord oder jede Verletzung, egal aus welchem Grund, ist ein Verbrechen gegen die Menschheit, sagte Gandhi.

Für ihn machte es Sinn, dass der Unmoral der Unterdrückung mit einer moralischen Kraft begegnet werden sollte. Gandhi war der festen Meinung, dass moralische oder seelische Kraft den Gegner überzeugen, während physische, militärische Kraft den Gegner nur vorübergehend in die Enge treiben, was mehr Bitterkeit und endlose Schwierigkeiten für ein Zusammenleben in Harmonie verursachen würde.

Dem Widersacher mit Liebe, Wahrheit, Reinheit, Furchtlosigkeit und Mitgefühl zu begegnen, würde laut Gandhi das Herz des Gegners erwecken. Ihm mit physischer Brutalität entgegenzutreten, würde dagegen nur die rohe Gewalt aller Beteiligten verschärfen. Sich auf die Kräfte der Liebe und der Wahrheit zu verlassen, setzte die absolute Überzeugung voraus, dass die Göttlichkeit jedem Menschen innewohnt, egal wie bösartig sein Verhalten auch sein mag, und dass er mit der richtigen Überzeugungskraft zu Liebe und Mitgefühl erwachen würde.

Er hatte erkannt, dass nur Menschen mit ausgeprägtem moralischem Charakter, die sich den Werten der Wahrhaftigkeit, der Furchtlosigkeit und des Mitgefühls verschrieben haben, den Kampf für die Freiheit gewinnen können und gleichzeitig würdige Anführer einer neuen Nation sein würden. Nur solche Menschen konnten die mächtige Waffe des *Satyagraha* erfolgreich einsetzen. Er ermutigte seine Anhänger *Satyagrahis* zu werden, nicht nur, um die Unabhängigkeit Indiens zu sichern, sondern auch, damit sie die Gesetze der Gewaltlosigkeit und der Liebe erlernen, von denen er hoffte, dass sie das Fundament der Gesellschaft bilden würden, die nach der Erlangung der Unabhängigkeit entstehen sollte.

Gandhi wollte unmissverständlich verdeutlichen, dass *Satyagraha* nichts mit Vermeidung, Passivität oder Unbestimmtheit zu tun hat, sondern eine klare, aktive Strategie für den Frieden ist, die ein Höchstmaß an Wahrhaftigkeit, Furchtlosigkeit und Liebe seitens der *Satyagrahis* erfordert. Indem er *Satyagrahis* für den Kampf gegen die britische Herrschaft ausbildete, stärkte er die Seelenkraft einer Nation.

Die von Liebe und Wahrheit getragene Freiheitsbewegung erlitt viele Rückschläge, verlangte enorme Opfer und durchlief zahlreiche innere Konflikte, war aber schließlich die Kraft, die den friedlichen Abzug der Briten erzwang. Es war jedoch kein ungetrübtes Erfolgserlebnis, denn am Tag der Unabhängigkeit kam es zur Teilung Indiens. Für Gandhi, der die Gesamtheit des Landes liebte, war es, als ob sein Herz zerrissen würde.

Gandhis Visionen wiederentdecken

Weshalb wenden sich junge Menschen heute Gandhi zu, entdecken ihn wieder und versuchen, ihn zu verstehen, obwohl die Generation ihrer Eltern, selbst in Indien, ihn allzu oft nicht verstanden und geschätzt hatte?

Es gibt natürlich viele Gründe, warum junge Menschen und auch viele, die nicht mehr so jung sind, die Relevanz Gandhis für ihr Leben erkennen. Ein wichtiger ist sicherlich Gandhis Engagement für Wahrheit und Gewaltlosigkeit. In einer Welt voller Misstrauen, Zweifel, Gewalt und Feindseligkeit haben Gandhis Wahrheitsliebe, sein uneingeschränktes Eintreten für Wahrheit, Gewaltlosigkeit und Friedfertigkeit – sowie sein Erfolg beim Einsatz dieser Kräfte für das Gute – unmittelbare Bedeutung für den Einzelnen und für die heutige Gesellschaft.

Wenn Gandhi sagt, dass Wahrheit und Gewaltlosigkeit in das Gefüge des gesellschaftlichen Lebens eingewoben werden sollten, berührt er damit etwas sehr Grundlegendes: Wahrhaftigkeit nicht als moralische Tugend, sondern als Fundament menschlicher Beziehungen.

Wir können einander im gesellschaftlichen Leben nicht mehr vertrauen, nicht wahr? Wir sind nicht ehrlich. Unsere Beweggründe weichen oft von unseren Worten ab; unsere Taten widersprechen häufig dem, was wir behaupten. Es klafft nicht nur eine Lücke, sondern es besteht ein Widerspruch zwischen Reden und Handeln. Gandhi wollte diese Kluft überbrücken, diesen Widerspruch aufheben. Wenn wir eine gewaltfreie und friedliche Gesellschaft wollen, so Gandhi, müssen wir neue Beziehungsdynamiken entwickeln. Er forderte, dass wir einander nicht länger täuschen und betrügen und dass wir uns im Miteinander in einer Weise verhalten, die gegenseitiges Vertrauen und Zuversicht fördert.

Wer vertraut heute wem? Gibt es Vertrauen zwischen Herstellern, Verbrauchern, Geschäftsleuten, Zwischenhändlern und Industriellen? Jede Gesellschaftsgruppe arbeitet für sich selbst, als ob unsere Interessen unterschiedlich wären.

Wenn Gandhi über Wahrheit und Gewaltlosigkeit spricht, versucht er, der Menschheit beizubringen, dass unsere Interessen im Grunde genommen nicht im Widerspruch zueinander stehen. Wir haben Klassen und eine Klassengesellschaft geschaffen. Dann lassen wir Klassenbewusstsein und dann Klassenkonflikte entstehen, und schließlich möchten wir die Klassen durch diesen Konflikt beseitigen. Gandhi wies auf ein anderes Mittel zur Lösung des Klassenbewusstseins hin: Gewaltlosigkeit. Die Bedeutung der Gewaltlosigkeit als grundlegender Wert für das soziale Leben ist heute verloren gegangen, ebenso wie der Sinn für Werte. Ein Großteil des Elends und des Leids in der Gesellschaft, insbesondere im indischen sozialen Leben, ist auf den Verlust moralischer Werte zurückzuführen. Zweifellos gibt es in Indien derzeit eine Krise der Moral, eine sittliche Krise.

Gandhi rät uns nicht, in Kirchen und Tempel oder in die Berge zu gehen, sondern sagte: »Bleibt, wo ihr seid. Aber setzt um der Wahrhaftigkeit willen alles aufs Spiel.« Er lehrte uns eine neue Art zu leben: Frieden als Lebensweise, Frieden als Lebensweg.

Frieden ist kein Attribut des Verstandes. Gewaltlosigkeit ist nicht etwas, das nur physisch, mental oder verbal ist. Sie ist eine umfassende Lebensweise. Wir reden über Demokratie, wir denken, dass wir die Demokratie lieben, und wir sagen, dass wir sie bewahren wollen. Wenn die Demokratie in Ländern wie Indien überleben soll, müssen wir Gandhis Beziehungsdynamik erlernen, in der ich dir vertraue und du mir vertraust. Doch heute haben wir kein Vertrauen. Wir kaufen und verkaufen Wählerstimmen. Wir kaufen und verkaufen alles. Selbst menschliches Leben ist eine käufliche Ware.

Gandhis Beziehungsdynamik bezieht sich auf Wahrheit und Vertrauen, auf Anstand und Friedfertigkeit. »Vertraut jedem Menschen«, sagte er, »vertraut sogar denen, die sich eure ›Gegenspieler‹ nennen, denn das Göttliche verbirgt sich im Herzen eines jeden Menschen.« Und er forderte uns auf, an das Gute in jedem Herzen zu appellieren und es hervorzubringen. Der Glaube an das Gute im Menschen, an die Kraft der Wahrheit, ist also der Kernpunkt in Gandhis Beziehungsdynamik für das menschliche Miteinander.

Ein zweiter Grund, warum die Menschen Gandhis Programme sozialen Handelns als relevant für ihr Leben erachten, liegt darin, dass er ein Mann des Glaubens war. Alle seine Ideen, seine Lehren haben eine spirituelle Basis. In Zeiten der Angst, Verzweiflung und spirituellen Dürre strahlt Gandhis Glaube an das Göttliche und an die Menschheit wie ein Leuchtfeuer in der Dunkelheit.

Gandhi bezeichnete das gesamte Universum stets als göttlich, einschließlich der Berge, der Flüsse, der Ozeane, der Sterne und des gesamten Weltraums. Eingespannt in unsere täglichen Probleme und konfrontiert mit vielerlei Herausforderungen, sind wir uns kaum bewusst, dass es jenseits der von uns geschaffenen Gesellschaften, jenseits der sozialen, wirtschaftlichen und politischen Strukturen, eine andere Welt gibt. Doch es gibt ein riesiges Universum, das wir nicht selbst geschaffen haben. Der Glaube an das Göttliche ist die Erkenntnis, dass jenseits der von uns geschaffenen Gesellschaftsstrukturen, jenseits der Konzepte, des Wissens und der Erfahrung ein riesiges Universum existiert, das nicht von uns geschaffen wurde und nicht von uns gesteuert wird. Es gibt ein komplexes Universum, in dem der Zyklus der Jahreszeiten von selbst abläuft.

Gandhi war ein Mensch des Glaubens. Er sagte: »Lasst mich das tun, was ich für richtig halte, und den Rest in die Hände des Göttlichen legen.« Der Glaube an das Göttliche war der Atem, der Antrieb seines Lebens.

Am Morgen betete er früh um 4.30 Uhr, und abends um 5.30 Uhr war er beim Gebet. Diese Gebete waren kein Ritual, kein mechanischer Akt, keine Anstandsgeste oder Etikette, sondern die Quelle innerer Stärke und Kraft.

Der Glaube an das Göttliche, so erkannte Gandhi, muss sich als Glaube an die Menschheit ausdrücken. Gandhi betrachtete jeden Menschen als ein Reservoir göttlicher Kräfte, voller Möglichkeiten. Nie hielt er die Menschen für begrenzt, sondern sah die unendliche Kraft, die in ihnen steckt. Er glaubte daran, dass die Menschen in ihren Herzen die Wahrheit lieben, sich Liebe wünschen, Frieden und Gewaltlosigkeit brauchen.

Gandhi besaß ein enormes Vertrauen in die Menschen. Er ging zum Haus des Anwalts Jinnah, dem Anführer der Muslime, um ihn zu treffen und mit ihm zu diskutieren. Kam Jinnah nicht zu

Gandhi, ging Gandhi auf Jinnah zu. Aber Gandhis Anhänger hatten große Egos. Gandhi hatte keines. Über den Dienst am Land und am Menschen, sagte er: »Wenn ich bis ans Ende der Welt gehen muss, werde ich es tun. Wenn ich mich so klein machen muss wie ein Staubkorn, werde ich es im Dienst am Menschen tun, das heißt im Dienst an Gott.« Der Dienst am Land kam danach, aber er liebte die Menschheit mit all ihren Grausamkeiten, er liebte die Menschen so, wie sie sind, voller Schwächen und Unzulänglichkeiten.

Wenn man die Geschichte über den Burenkrieg und über *Satyagraha* in Südafrika liest, wird man seine Liebe zu den Indern Afrikas deutlich erkennen und sehen, wie er ihnen beistand. Er empfand keine Scham, die schmutzige Kleidung der südafrikanischen Arbeiterinnen zu waschen. Nie schämte er sich, sie wieder gesund zu pflegen.

Gandhi war einer jener seltenen Menschen in Indien, die sowohl an Gott als auch an die Menschheit glauben. Diejenigen, die an Gott glauben, sagen, dass diese Welt eine Illusion ist. Sie wenden sich von der Gesellschaft und den sozialen Problemen ab, um ihre eigene Befreiung zu suchen, oder wie auch immer sie es nennen, abseits der Menschen und ihrer Probleme. Darum hat die Religion in Indien heute keine Kraft mehr. Die Dynamik, die lebendige Stärke, die aus der Erkenntnis entsteht, dass man, wenn man Gott dienen oder seinen Glauben an das Göttliche zum Ausdruck bringen will, dies gegenüber seinen Mitmenschen tun muss, ist verloren gegangen.

Wie brachte Gandhi seinen Glauben an die Menschheit zum Ausdruck? Was hat er für die Menschheit getan? Er machte den Menschen die Dimension des individuellen Potenzials bewusst. Er sagte: »Seht, mit den Händen zu arbeiten, manuelle Arbeit zu leisten, ist kein Zeichen von Rückständigkeit. Wo immer wir die menschliche Kraft unterstützen müssen, werden wir Maschinen einsetzen, aber macht die Maschinen nicht zu neuen Göttern. Macht Maschinen und Technologie nicht zum einzigen Zeichen für Entwicklung oder Fortschritt der Menschheit. Sie sind notwendig. Wir werden sie einsetzen, um die menschliche und tierische Arbeitskraft in unseren Dörfern zu verstärken. Aber menschliche Arbeitskraft, produktive Arbeit, ist etwas Heiliges.«

Es stimmt, dass Marx und Lenin bereits vor Gandhi die gleiche – göttliche – Botschaft an die Menschheit verkündet und darauf bestanden haben, dass die Gesellschaft eine Gesellschaft der Erzeuger sein wird und dass es keine Vermittler zwischen den Erzeugern und den Verbrauchern geben wird. Sie riefen dazu auf: »Arbeiter der Welt, vereinigt euch!« Das Bewusstsein des Proletariats war bereits geschaffen. Aber Gandhi schuf ein Gefühl der Heiligkeit in Bezug auf die produktive Arbeit. Dank Gandhi ist sie nichts, was verkauft und gekauft werden kann. Sie ist etwas, durch das man seine inneren Kräfte auszudrücken und zu entfalten vermag.

Für Gandhi war die Heiligkeit der Arbeit kein Slogan, sondern eine Lebenseinstellung. Wenn Menschen zu ihm kamen, was sie zu Tausenden taten, schickte er sie sogleich an die Arbeit: um Latrinen zu reinigen, Gemüse in der Küche zu schneiden oder andere notwendige Arbeiten zu verrichten, unabhängig von ihrer Stellung oder ihrem Beruf. Da Arbeit traditionell in die Kategorien »wertvoll« und »nicht wertvoll« eingeteilt wurde, war die zweite Kategorie, die manuelle Arbeit, wie Böden fegen oder Latrinen putzen, für gebildete Menschen tabu. Sie wollten und konnten es einfach nicht tun. Doch Gandhi setzte Anwälte und Bankiers auf solche Arbeiten an, damit sie ihre Eitelkeit und ihren Stolz ablegen, damit sie erkennen sollten, dass jede Arbeit heilig ist, dass Arbeit Gottesdienst ist, wenn sie mit der richtigen Einstellung verrichtet wird, und dass sie zum sozialen Wohl beiträgt.

Ein weiterer wichtiger Grund, weshalb sich Menschen heute Gandhi zuwenden, liegt darin, dass er sich mit aller Kraft für die friedliche, humane Befreiung des Einzelnen einsetzte, nicht nur von politischer, sondern auch von kultureller und sozialer Unterdrückung. Gandhi war der vollkommene Revolutionär, einer der wenigen in der Geschichte der Menschheit, der sowohl die Unterdrückten als auch die Unterdrücker aus den Fesseln von Angst und Gewalt befreien wollte.

Gandhis Erbe antreten

Gandhi betrat die Weltbühne zu einer Zeit, als die Menschen in Asien und Afrika gegen die Kolonialherrschaft aufbegehrten und in Europa, Amerika und andernorts gegen die wirtschaftliche Unterdrückung kämpften. Marx und Lenin hatten ihre Zeit gehabt; ihre Lehren waren weithin bekannt. Aber die Menschen in den Industrienationen setzten ihre Hoffnung eher auf Technik,

Wissenschaft und Großindustrie als auf die Revolution. Gandhi war sich dieser Trends durch seine Lektüre und seinen Aufenthalt in Großbritannien bewusst. Er hatte frühzeitig erkannt, dass die Leute den Glauben an den Menschen, an seine Arbeit, an seine Leistungsfähigkeit und sogar an das Göttliche verloren hatten. Er begriff auch, dass ein neuer Ansatz notwendig war, und verschrieb sich der Entwicklung eines solchen.

Auch heute setzen viele von uns ihre Hoffnungen in Technik und Wissenschaft. Wir sind fasziniert von der Hochtechnologie, von der Automatisierung, der Robotik, der Kybernetik und der Aussicht auf Maschinen, die alles herstellen und tun können. Und wir sind darin noch weniger frei als die vorhergehende Generation. Wir sind passive Nutzer, Empfänger von Fertigerzeugnissen. Unsere Märkte sind mit vorgefertigten Waren überschwemmt. Wir sind lediglich die Käufer, die Empfänger, mit dem Ergebnis, dass unsere kreativen Energien unterdrückt werden und verkümmern. Sogar unsere Unterhaltungsangebote werden für uns organisiert und uns ordentlich und steril abgepackt serviert.

Wir sind zu passiven Verbrauchern geworden und mit zunehmender Passivität erwarten wir, dass andere, die Regierung oder der Staat, mehr für uns tun. Insgeheim wären viele von uns, vielleicht sogar die meisten, gern Mitglieder eines Wohlfahrtsstaates oder gar eines totalitären Staates, denn dann müssten wir uns weder intellektuell noch körperlich anstrengen. Diese Passivität des Einzelnen ist der fruchtbare Boden, in dem autoritäre Strukturen schnell Wurzeln schlagen.

Gandhi war ein revolutionärer Denker, der sich daran erinnerte, was die meisten von uns vergessen haben: Menschen sind ein Reservoir immenser Kraft. Gandhis Lehren fördern das Bewusstsein, dass Arbeit, menschliche Arbeit, nicht nur wertvoll, sondern heilig ist. Er hatte nichts gegen Maschinen; er war der Meinung, dass sie eingesetzt werden sollten, aber nur um menschliche Arbeit zu unterstützen. Sie sollten nicht um ihrer selbst willen geschätzt oder als Objekte der Verehrung und Anbetung betrachtet werden. Der Mensch, so Gandhi, soll nicht für die Produktion eingesetzt werden, sondern die Produktion für den Menschen. Der Mensch muss im Mittelpunkt stehen, er muss die Grundlage und gleichzeitig die Spitze der Gesellschaft sein.

Wer eines der Bücher der futuristischen Literatur gelesen hat, hat eine Vorstellung von den weitreichenden soziologischen und wirtschaftlichen Veränderungen, die wir in nicht allzu ferner Zeit wahrscheinlich erleben werden. Gandhi, der mitfühlende Revolutionär, hat die menschlichen Folgen solcher Veränderungen schon vor langer Zeit vorausgesehen und ein konstruktives Achtzehn-Punkte-Programm entwickelt, um den Einzelnen durch eine wirtschaftliche, soziale und politische Revolution zu befreien.

Gandhi wollte die Trends im wirtschaftlichen, politischen und sozialen Verhalten verändern. Er entwarf ein agrozentrisches und agrobasiertes industrielles Entwicklungsprogramm für Indien, das in seinen Grundsätzen auf alle anderen Länder übertragbar ist. Er war kein Befürworter der Urbanisierung, war nicht dafür, die Menschen vom Land und aus ihren Dörfern wegzulocken. Vielmehr wollte er die Dörfer in lebenswerte Orte verwandeln.

Auch heute, Jahre nach der Unabhängigkeit, sind diese Dörfer noch immer keine lebenswerten Orte. Wie sehen diese Dörfer aus? Kein Trinkwasser, keine Sauberkeit, keine medizinischen Einrichtungen. Es ist schmutzig und es herrscht ein Klassenbewusstsein. Die Dörfer sind Hochburgen der Unwissenheit, des Analphabetismus, der Unsauberkeit, des Kastenbewusstseins und der grausamen Unterteilung in jene, die haben, und jene, die nicht haben. Die einzigen Besucher sind politische Führer, die alle drei bis fünf Jahre in die Dörfer fahren, um Stimmen zu sammeln. Und wenn sie die Stimmen einmal bekommen haben, kehren sie nicht wieder zurück. Die gesamte Entwicklung Indiens hat dazu geführt, dass die Ausbeutung der Dorfbevölkerung durch die Stadtbewohner fortgesetzt wird.

Gandhi ermutigte die Menschen, in ihre Dörfer zurückzukehren, denn er glaubte, dass die Dorfbewohner, die Bauern, die wichtigsten Bürger in der indischen Gemeinschaft sein würden. Heute müssen wir in die Dörfer zurückkehren, denn die Probleme der Städte werden sich nicht lösen lassen, wenn wir die Dörfer nicht in lebenswerte Orte verwandeln.

Gandhis Besorgnis um die sozialen wie auch die rein wirtschaftlichen Aspekte des dörflichen Lebens veranlassten ihn, die Gleichstellung der Frauen zu fordern und eine seiner berühmtesten sozialen Kampagnen zu starten: die Abschaffung der Kasten, insbesondere der Kaste der Unberührbaren. Die Geschichten über seine Konsultationen und Diskussionen mit Dr. Ambedkar, dem Anführer der Unberührbaren, und über seinen Hungerstreik, der zur Aufhebung des Unberührbarkeitsgesetzes führte, sind ergreifende

Episoden im Leben Gandhis als Sozialreformer und in der Geschichte Indiens.

Als die Kritiker seiner Bemühungen um die Befreiung der Unberührbaren darauf hinwiesen, dass die Veden selbst die Unberührbarkeit unterstützen, erwiderte Gandhi: »Wenn die Veden die Unberührbarkeit verkünden, werde ich die Veden ignorieren. In meinen Augen gibt es niemanden, der unberührbar ist. Jeder Mensch ist heilig.« Gandhi wollte, dass die Unberührbaren kein Unberührbarkeitsbewusstsein entwickelten, das zu politischer Ausbeutung führen konnte. Sein Ziel war es, die Unberührbarkeit sowohl bei den Unberührbaren selbst als auch bei denen, die sie für unberührbar hielten, völlig zu eliminieren.

Die Abschaffung von Über- und Unterlegenheitsvorstellungen in Bezug auf Frauen und Kasten, betonte Gandhi, würde es den Dörfern ermöglichen, wie liebevolle Familien zu funktionieren. In dieser harmonischen Atmosphäre, so Gandhis Vorstellung, würden sich auch andere Veränderungen leicht durchsetzen und die Beziehungen zwischen Dörfern und Städten würden von Kooperation und gegenseitiger Unterstützung geprägt sein.

Gandhi starb zwar, bevor seine Programme in großem Umfang umgesetzt werden konnten, doch einige seiner Verbündeten, insbesondere Vinoba Bhave, versuchten, seine Arbeit fortzusetzen. Vinoba konzentrierte sich auf das kritische Problem der Landbeschaffung für die Dorfbewohner. Er organisierte die *Bhudan*-Bewegung, die mit dem Slogan »Land in Bauernhand« begann, Grund und Boden für landlose Bauern zu sichern. Vinoba erkannte bald, dass es nicht ausreichte, Land für Einzelpersonen zu erwirken, denn ein Programm, das sich der Förderung von Privateigentum widmete, würde unweigerlich dazu führen, dass sich auch der Staat Land aneignete.

So, wie er wusste, dass auch Gandhi es beabsichtigt hatte, wollte Vinoba Indien vor dem Staatskapitalismus bewahren, denn Staatseigentum an den Produktionsmitteln würde nicht zu der Gesellschaft führen, die Gandhi sich ausgemalt hatte. Vinoba entwickelte daraufhin sein Programm, das vorsah, Land für Dörfer und nicht für Einzelpersonen zu akquirieren. Er durchwanderte fast ganz Indien, um seinen Plan der Dorfentwicklung zu erläutern und Schenkungen von Land an Dörfer zu arrangieren.

Weder Gandhis noch Vinobas Bemühungen waren gänzlich erfolgreich. Revolutionen sind anfangs nur selten von vollem Erfolg gekrönt. Aber Misserfolge sind keine Niederlagen. Sie sind lediglich Sprungbretter für zukünftige Erfolge.

Die Vision lebendig halten

Selbstverständlich wusste Gandhi, dass die von ihm angestrebten Veränderungen, die radikale Umgestaltung der Dörfer und damit der gesamten Gesellschaft, nicht auf die Schnelle umzusetzen waren. Ihm war klar, dass die Menschen Zeit brauchen würden, um neue Ideen zu verstehen, und er erkannte, dass ein umfassendes Bildungsprogramm für Alt und Jung erforderlich sein würde. Nicht überraschend lag ihm die Erziehung der Kinder besonders am Herzen, denn er wollte, dass sie ihre Rolle in der neuen Gesellschaft, die er zu schaffen gedachte, auf frische Art und Weise neu denken könnten. Er sah ein, dass die traditionelle institutionalisierte Bildung sich auf Abstraktionen konzentriert und die Schüler in keiner Weise darauf vorbereitet, die Probleme des täglichen Lebens zu bewältigen. Und so entwickelte er ein Bildungsprogramm, das die üblichen Abgrenzungen zwischen Schule und Leben aufhob, das den Schülern ermöglichte, Fähigkeiten zu erwerben und anzuwenden, die sie in ihrem Erwachsenenleben benötigen würden, und das ihnen erlaubte, eine Liebe zum Handwerk und zur Natur zu entwickeln.

Man darf die Talente Gandhis natürlich nicht überbewerten und ihn nicht vergöttern. Er war ein Mensch aus Fleisch und Blut. Er hatte seine Schwächen, seine Vorlieben, seine Vorurteile. Trotz alledem war er eine großartige Persönlichkeit, die experimentierte, forschte und ihren Geist und ihre Energie auf die Probleme der Menschheit richtete.

Gandhis Größe als Mensch und als Revolutionär zeigt sich vielleicht am besten in seiner Sorge um die Mittel und Wege, mit denen seine revolutionären Ziele erreicht werden sollten. Im Gegensatz zu den meisten Revolutionären der letzten Jahrhunderte sorgte er sich mehr um die Maßnahmen als um die Ziele. »Was auch immer ihr tun wollt«, sagte er, »kümmert euch um die Mittel, und die Ergebnisse werden sich von selbst einstellen.«

Dieser Grundsatz leitete sein gesamtes Handeln, selbst in den verzweifeltsten Tagen seines Kampfes um die politische Unabhängigkeit Indiens. Mehr als einmal sagte er zu seinen Anhängern:

»Wenn ihr die Unabhängigkeit Indiens durch Unwahrheiten und Gewalt gewinnen wollt, werde ich mich nicht daran beteiligen.«

Wie man sich unschwer vorstellen kann, konnten Gandhis Anhänger nicht mit ihm mithalten. »Bapu«, sagten sie, »wir können das Wort ›Gewaltlosigkeit‹ nicht benutzen, die Leute werden es missverstehen; dürfen wir stattdessen das Wort ›Friedfertigkeit‹ verwenden?« Gandhi verstand den Unterschied zwischen den beiden und lehnte ab. In seinem *Satyagraha* war ihm die Reinheit der Mittel das Wichtigste. Von 1920 bis 1947 waren alle seine Aktivitäten durch den heroischen Kampf eines Einzelnen geprägt, der wie ein Fels in der Brandung stand, wenn es um Wahrheit und Gewaltlosigkeit als Maßnahmen zur Erreichung revolutionärer Ziele ging. Dass Gandhi derart für die Reinheit der Mittel eintreten konnte, ist ein Anzeichen für das geistige Wachstum der Menschheit.

Gandhi steht mit seiner tiefen Sorge um die Methoden zur Umsetzung natürlich nicht allein da. Einst trat Sokrates für die Reinheit der Mittel ein, für eine neue Herangehensweise an das menschliche Leben, und man reichte ihm einen Becher mit Gift. Es gab den Tag, an dem Jesus, der Fürst unter den Menschen, für die Liebe und das Mitgefühl aufstand, für seinen revolutionären Ansatz gegenüber dem gesamten Leben, der in der Bergpredigt enthalten ist. Doch Liebe, Mitgefühl und Frieden als Werte des Lebens wurden nicht verstanden, und er wurde gekreuzigt. Und dann kam Gandhi. Als er über Wahrheit und Gewaltlosigkeit zwischen Hindus und Muslimen, zwischen Indern und Briten, zwischen Arbeitern und Grundbesitzern sprach, waren die Menschen bestürzt und verwirrt, und er wurde ermordet.

Der Fluch der Spaltung brach über die Inder und Inderinnen herein. Wir hatten angenommen, dass die Menschen von Natur aus in Klassen eingeteilt sind: auf der einen Seite diejenigen, die ausbeuten, und auf der anderen Seite jene, die ausgebeutet werden. Wir hatten unsere Probleme zu sehr vereinfacht und waren schockiert, als Gandhi darauf hinwies, dass die Wurzeln der menschlichen Gewalt im Inneren eines jeden Menschen verborgen liegen. So wie das Göttliche im Herzen verborgen ist, sagte er, so sind es auch die Wurzeln der Gewalt. Eifersucht, Gier, Ehrgeiz, alle diese Dinge sind vorhanden. Und er sagte, wenn wir uns nicht mit den Wurzeln auseinandersetzen, wenn wir sie nicht aus unseren Herzen entfernen und einen neuen Ansatz zulassen, der sich durch

Wahrheit und Gewaltlosigkeit ausdrückt, werden wir weiterhin die Probleme wiederholen und immer wieder die Fehler begehen, die frühere Generationen gemacht haben.

Gandhi wurde in Indien geboren, aber er gehört der gesamten Menschheit an und seine Lehren sind für alle Menschen bestimmt. Sie sind relevant für die besonderen Gegebenheiten in Indien und sind ebenso für die Bedingungen in der ganzen Welt von Bedeutung.

Einige von uns mögen Gandhi als tot und vergangen betrachten, doch er kehrt überall ins Leben zurück. Es ist sehr schwierig, Menschen wie Gandhi, Jesus oder Sokrates zu töten. Sie können eigentlich nicht sterben. Das ist unser Problem und unser großes Glück.

Alternative Lebensweisen begründen

Das Vermächtnis von Mahatma Gandhi, der großen Seele Indiens und der Welt,* ist beträchtlich. Seine Ideen, seine Programme, seine Träume und sein Leben waren von bedeutendem, unmittelbarem Nutzen für sein Land und sind für Menschen aller Länder, die nach Wahrheit suchen und für Frieden und Freiheit kämpfen, von unermesslichem Wert.

Leider ist dieses große Vermächtnis nicht nur in seinem eigenen Land, sondern fast überall missverstanden worden. Er wird für seine Rolle in der Befreiung Indiens von der britischen Herrschaft verehrt, doch im Grunde war Gandhi kein politischer Anführer. Vielmehr war er ein spiritueller Revolutionär, der die menschliche Gesellschaft durch Liebe und Wahrheit, durch Glauben und Vertrauen umgestalten wollte. Mit seiner Perspektive von der Gesamtheit des Lebens, vom globalen menschlichen Leben, erträumte und plante Gandhi nicht nur die politische Unabhängigkeit

* *Mahatma* ist ein Ehrenname und bedeutet »große Seele«. Er wurde Gandhi bei dessen Rückkehr nach Indien am 9. Januar 1915 vom Philosophen und Dichter Rabindranath Tagore bei der Begrüßung verliehen [A. d. Ü.].

Indiens, die für ihn lediglich ein Mittel zum Zweck war, sondern die Befreiung der gesamten Menschheit aus den Zwängen wirtschaftlicher und politischer Unterdrückung sowie aus den Fesseln der Zentralisierung von Macht, sei sie technisch, industriell oder militärisch.

Um jene Verhältnisse, die Menschen unterdrücken, gewaltfrei zu durchbrechen, entwickelte Gandhi ein detailliertes Programm, das zur *Sarvodaya*-Bewegung wurde (*Sarvodaya* steht für das Wohlergehen und die Entwicklung aller Menschen gleichzeitig). Dieses Programm ist ein Modell für den friedlichen sozialen Wandel, das in verschiedenen Formen in mehr als einem Dutzend Ländern angewendet wurde. Bislang hat das Modell noch keine breite Akzeptanz gefunden oder Erfolg erlangt.

Es bleibt jedoch zukunftsfähig und birgt vielleicht die größte Hoffnung für das Überleben der Menschheit in einem Zeitalter, in dem die Menschen sowohl vom nuklearen als auch vom ökologischen Niedergang bedroht sind.

Diejenigen unter uns, die sich für positiven sozialen Wandel einsetzen möchten und die an der Schaffung einer neuen Gesellschaft mitwirken wollen, welche auf der Einheit und Ganzheit des Lebens beruht, sollten das *Sarvodaya*-Modell nicht nur kennen, sondern auch seine Grundlagen, seine Grundprinzipien verstehen.

Eine neue Gesellschaftsordnung anvisieren

Aufgrund seiner vielseitigen Belesenheit und seinen oft schmerzhaften Erfahrungen in Südafrika entwickelte Gandhi seinen leuchtenden Traum einer Gesellschaft, in der die Menschheitsfamilie von menschlicher Knechtschaft, der Unwissenheit und den bestehenden politischen, wirtschaftlichen und sozialen Systemen befreit sein würde. »Wir können keine Gesellschaft zulassen«, so Gandhi, »in der die Menschen sich streiten oder unvereinbare Eigeninteressen verfolgen. Eine Gesellschaft, in der ein Mensch im Namen der Religion, der Wirtschaft oder der Politik der Sklave eines anderen ist, können wir nicht länger dulden.«

Es genügte Gandhi nicht, die alte Gesellschaftsordnung abzulehnen oder die Herrlichkeit einer zukünftigen zu umschreiben. Er setzte sich dafür ein, eine neue Gesellschaft ins Leben zu rufen. Er hoffte, die bestehenden sozialen und wirtschaftlichen Strukturen in neue Ordnungen umzuwandeln, die das Wohlergehen und das Wachstum aller Menschen durch das *Sarvodaya*-Programm voranbringen würden.

Sarvodaya war sowohl eine Proklamation als auch ein Programm, eine Verkündung der bedingungslosen Freiheit des Menschen. Es war die Deklaration, dass es keinen Wohlstand der Wenigen auf Kosten der Vielen geben werde, keinen Wohlstand durch Maschinen und Technologie auf Kosten von Menschen und allen anderen Lebewesen.

Schon der Name *Sarvodaya* steht für Gandhis Absicht, denn *sarva* bedeutet »alle« und *udayam* steht für »ganzheitliches Wachstum oder Entwicklung«. Durch die Kombination dieser Wortelemente beabsichtigte Gandhi, seine Auffassung zu vermitteln, dass die gesamte Entwicklung aller Menschen gleichzeitig erfolgen sollte. Um diese Idee zu verwirklichen, so hatte Gandhi erkannt, mussten die Menschen in Einheit leben und das Leben als eine Gesamtheit akzeptieren, in der scheinbare Widersprüche wie Tag und Nacht, Geburt und Tod eine Ganzheit bilden, eine Einheit, die nicht fragmentiert oder geteilt werden kann. Er beharrte darauf, dass die Menschheit wie eine Familie zusammenleben müsse, die ihre Ressourcen teilt, gemeinsam arbeitet und genießt und die spirituellen Werte der Wahrheit, der Liebe und der Gewaltlosigkeit im täglichen Leben praktiziert.

Er stellte sich die neue Gesellschaft nicht wie in der herkömmlichen Sichtweise als Pyramide vor, bei der die Masse der Menschen eine breite Basis bildet, die eine kleine Elite an der Spitze stützt. Er sah sie vielmehr als einen ozeanischen Kreis eigenständiger Dörfer, die alle lebensnotwendigen Güter produzieren können und damit frei sind von den Gefahren des Verhungerns und der Ausbeutung. Er argumentierte, dass Dörfer, die das Land besitzen, auf dem sie Nahrungsmittel und Faserstoffe für Kleidung anbauen, diese Fasern spinnen und weben sowie über eine eigene Wasserquelle und Öl für die Beleuchtung verfügen, eigenständige Menschen hervorbringen würden, die sich selbst regieren und erfolgreich gegen Ausbeutung wehren können. Solche Dörfer hätten minimalen Bedarf an den Programmen und Richtlinien einer Zentralregierung mit ihrem Netzwerk aus Beamten und ihrem Dschungel von Verwaltungsverfahren. So könnte sich die Gesellschaft hin zu einer staatenlosen Selbstverwaltung entwickeln.

Gandhi sah voraus, dass sich der Verfall und die Verzweiflung in den Dörfern noch verschlimmern würden, wenn die Dorfbewohner nicht in der Lage wären, Eigenständigkeit im Sinne der Deckung ihres Grundbedarfs zu erlangen. Eine solche Selbstversorgung würde die Dorfbewohner nicht nur in die Lage versetzen, ihren Eigenbedarf selbst zu produzieren, sondern auch den Verlockungen gieriger Politiker, Industrieller und anderer Opportunisten zu widerstehen, die versuchen, die lokalen Ressourcen, ohne Rücksicht auf die Folgen für die Dorfbewohner, auszubeuten.

Die Selbstständigkeit, die Gandhi für jeden Einzelnen und für die Dörfer als Ganzes anstrebte, war keine engstirnige, aggressive Autarkie, die Menschen dazu motivieren würde, auf Kosten ihrer Nachbarn für sich selbst zu sorgen. Vielmehr ging es um eine kooperative, gemeinschaftliche Eigenständigkeit. Zwar könne jeder Einzelne seinen Grundbedarf nicht komplett selbst erzielen, aber jeder könne, nachdem er alles ihm Mögliche getan habe, um seinen Grundbedarf zu decken, mit anderen Mitgliedern der Gemeinschaft zusammenarbeiten, um das zu produzieren, was darüber hinaus noch benötigt wird.

Demnach ist die Entwicklung von Eigenständigkeit für Gandhi eine Form des Dienstes, den der oder die Einzelne sich selbst und der Gemeinschaft erweist. Wenn jeder für sich selbst sorgen kann, sagte er, wird niemand in Schwierigkeiten geraten. Dann, so fügte er hinzu, werden die Dörfer mit Leben erfüllt sein, voller Kraft und Furchtlosigkeit. Sie werden in der Lage sein, jeglichen Einschüchterungsversuchen von potenziellen Unterdrückern zu widerstehen. Wenn die Dörfer ihre eigenen Grundbedürfnisse decken können, wenn jeder Dorfbewohner einen anständigen, wenngleich bescheidenen Lebensstandard führt, so seine Auffassung, wären die Dörfer nicht länger anfällig für Bestechung, wirtschaftliche Manipulation und den heimtückischen Druck, ihre Ressourcen für kurzfristige Gewinne zu opfern.

In Gandhis Gesellschaftsideal ist das Dorf, bestehend aus einer kleinen Gruppe eigenständiger Individuen, die ihren eigenen Grundbedarf decken, eindeutig die grundlegende Einheit. Da die Dörfer die wichtigste soziale Einheit sind, ist es entscheidend, dass sie Stärke und Eigenständigkeit erlangen, damit sie sich freiwillig und gleichberechtigt mit anderen Dörfern zusammenschließen und autarke wirtschaftliche und politische Einheiten bilden können, die auf gegenseitigem Respekt und gegenseitiger Fürsorge basieren.

Auf dieser Grundlage entwarf Gandhi ein Programm, mit dem er hoffte, eigenständige Dörfer zu etablieren, die nicht von Ausbeutung und von Ungerechtigkeit geprägt sein würden. Dieses Programm, erstmals vorgestellt in seiner Schrift *Constructive Programme: Its Meaning and Place* [»Konstruktives Programm: Bedeutung und Stellenwert«], umfasste achtzehn Punkte des sozialen Handelns, darunter die Schaffung kommunaler Einheit, die Abschaffung der Unberührbarkeit, die Einführung von *khadi* (dem Handspinnen und -weben von Stoffen), die Einführung eines neuen Bildungsansatzes, die Organisation gewerblicher Tätigkeit auf der Grundlage von Wahrheit und Gewaltlosigkeit sowie die Verbesserung der Lebensbedingungen für Frauen.

Die indische Gesellschaft, die durch sein vielschichtiges Programm entstehen würde, sollte nach Gandhis Vorstellung ein Beispiel, ein Modell für den Rest der Welt sein. In dieser Gesellschaft sollte der Einzelne durch seinen engagierten Dienst an der Gemeinschaft, insbesondere an den Ärmsten, Eigenständigkeit und Selbstverwirklichung erlangen.

Gandhi setzte zwar keine Prioritäten bei seinen achtzehn Punkten, doch widmete er der Entwicklung des *khadi* besondere Aufmerksamkeit. Er nahm sich jeden Tag Zeit, um selbst Baumwollgarn zu spinnen, wobei er auf unschuldige Weise stolz auf die Menge war, die er zu spinnen vermochte. Er forderte auch jeden in seiner Umgebung auf, egal wie beschäftigt oder gebildet er war, sich mit dem Spinnen zu beschäftigen, und er bestand darauf, dass seine Anhänger Kleidung aus dem handgesponnenen Garn trugen. Auf diese Weise vermittelte Gandhi seinen Anhängern und der Welt die Bedeutung der Selbstversorgung und eine Methode, um sie zu erreichen. *Khadi* wurde zu einem überzeugenden Symbol der Selbstversorgung und der Eigenverantwortung, die beide im Mittelpunkt von Gandhis Programm standen.

Die Prinzipien des Sarvodaya ergründen

Gandhis Konzept der *sarvodaya*nischen Gesellschaft beruht auf bestimmten Grundsätzen oder Leitsätzen. Unter diesen Prinzipien ist das Haupt- oder Schlüsselprinzip die Gleichberechtigung aller.

Gleichberechtigung bedeutete für Gandhi mehrere Dinge. Sie bedeutete soziale Gleichheit für die Unberührbaren und für die verschiedenen Stämme Indiens. Sie bedeutete auch Status- und Chancengleichheit für Frauen. Und vor allem bedeutete sie wirtschaftliche Gleichberechtigung. Gandhi erkannte, dass sein Traum von einer gewaltfreien Gesellschaft in einer blutigen Revolution zerplatzen würde, wenn die enorme Ungleichheit zwischen den wenigen Reichen und den Millionen Verarmten nicht beseitigt würde.

Um dieser düsteren Eventualität vorzubeugen, appellierte er an die Reichen, freiwillig auf ihren Reichtum zu verzichten und ihn zum Wohle der Allgemeinheit zu teilen. Er lud die reichen Großgrundbesitzer ein, Treuhänder anstatt Eigentümer ihres Reichtums zu werden und den größten Teil dieser Besitztümer für das Gemeinwohl zu verwenden. Zudem forderte er sie auf anzuerkennen, dass die Reichen ohne die Mithilfe der Armen in der Gesellschaft keinen Reichtum anhäufen können. Sie sollten die Vorstellung akzeptieren, dass, wenn jemand zu Reichtum kommt, sei es durch Erbschaft oder durch Fleiß, dieser Reichtum nicht ihm oder ihr gehört. Was der Einzelperson zusteht, ist das Recht auf ein würdiges Auskommen, nicht besser als das der anderen. Der Rest des Reichtums gehört der Gemeinschaft und muss zu ihrem Wohl verwendet werden.

In dieser Theorie der treuhänderischen Verwaltung würden der wohlhabenden Klasse weder ihre Besitztümer entzogen, noch die Möglichkeit verwehrt, ihre Talente und Kenntnisse einzusetzen. Sie wären Verwalter ihres Reichtums und würden ermutigt, ihre Fähigkeiten zur Vermehrung des Reichtums einzusetzen, nicht um ihrer selbst willen, sondern um der Gemeinschaft willen. Als Gegenleistung für ihre Bemühungen und als Anerkennung für ihre bemerkenswerten Talente würden sie eine Bezahlung erhalten, die der erbrachten Leistung und ihrem Wert für die Gesellschaft angemessen wäre. Und ihre Kinder könnten die Verwaltungsverantwortung nur dann erben, wenn sie sich als dafür geeignet erwiesen.

Gandhi war sich darüber im Klaren, dass zumindest einige Mitglieder der wohlhabenden Klasse sich unweigerlich gegen diesen Vorschlag wehren würden, ihren Besitz zu teilen. Da der Gedanke des gesetzlichen Zwangs Gandhis Ansichten zur Gewaltlosigkeit zuwiderlief, schlug er vor, dass jene wohlhabenden Personen, die die Treuhänderschaft nicht freiwillig akzeptieren würden, durch gewaltlose Nichtkooperation seitens des Volkes umgestimmt werden sollten.

Ein zweiter Grundsatz, auf dem die *Sarvodaya*-Gesellschaft beruht, ist das Eigentum der Erzeuger an den Produktionsgrundlagen. In dieser Gesellschaft soll keines der Produktionsmittel ein Handelsgut sein, das gekauft und verkauft werden kann. Diese Einschränkung gilt insbesondere für Grund und Boden, der denjenigen zugewiesen werden muss, die ihn bewirtschaften. Der Boden darf also weder direkt noch indirekt von abwesenden Landbesitzern oder von Großgrundbesitzern verwaltet werden. Darüber hinaus darf der Boden weder Eigentum einer Einzelperson noch des Staates sein. Er gehört vielmehr der örtlichen Gemeinschaft und wird denjenigen zugewiesen, die ihn bewirtschaften und ihn für die Erzeugung der für die Gesellschaft notwendigen Grundnahrungsmittel nutzen.

Neben dem Land sollen auch jegliche Tiere, Werkzeuge, Maschinen und Gerätschaften, die für die Bewirtschaftung des Bodens und für das Betreiben lokaler Kleinindustrien erforderlich sind, von den Dorfbewohnern gemeinsam genutzt und gehalten werden. Und das Erzeugnis des Bodens, was auch immer dort angebaut wird, soll in der örtlichen Gemeinschaft mithilfe geeigneter Maschinen und Technologien zu Fertigerzeugnissen verarbeitet werden. Indem er die Produktionsmittel in die Hände der Erzeuger legte, beabsichtigte Gandhi, gewerbliche Konflikte zu minimieren, die Kette von Zwischenhändlern zwischen Erzeugern und Verbrauchern abzuschaffen, die zwangsläufig auf Kosten beider leben, und den lokalen landwirtschaftlichen Gemeinschaften die Selbstversorgung mit Nahrungsmitteln, Kleidung und anderen Grundbedürfnissen zu ermöglichen.

Das Prinzip des Eigentums der Erzeuger ist eng mit einem anderen Prinzip verbunden: der Dezentralisierung der Produktion und damit der Wirtschaft. Die Herstellung würde so weit wie möglich dezentralisiert werden. Jene Erzeugnisse, die für ein harmonisches Leben in den lokalen Gemeinschaften wesentlich sind, würden durch Heimarbeit, Dorfindustrien und kleine regionale Gewerbe hergestellt. Das *Sarvodaya*-Schema berücksichtigt, dass nicht jede Industrie dezentralisiert werden kann. Es sieht daher eine Aufteilung des Produktionswesen vor, von denen einige regional sein würden, während andere, insbesondere solche, die im Zusammenhang mit Grundbedürfnissen des Menschen stehen, den lokalen Gemeinschaften vorbehalten wären. Wenn diese Aufteilung vorgenommen wird und geeignete Technologien auf lokaler Ebene zur

Verfügung stehen, werden die beiden Probleme der Armut und der Arbeitslosigkeit verschwinden.

Ein weiterer wichtiger Grundsatz, der dem *Sarvodaya*-Programm zugrunde liegt, ist, dass die politische Macht beim Volk liegt. Das Volk muss die Möglichkeit und die Mittel haben, sich selbst zu verwalten. Und es muss lernen, dies wirklich gut zu tun. Die politische Organisation soll auf lokaler Selbstverwaltung beruhen, die von der untersten Ebene aus aufgebaut wird. Jedes Dorf würde einen *gram sabha,* einen Dorfrat, bilden, der sich um die lokalen Angelegenheiten kümmert. Zehn bis fünfzehn *gram sabha* würden sich zu einer regionalen *lok sabha,* einer Volksversammlung, zusammenschließen, welche Probleme, die in der Region oder zwischen den Dörfern auftreten, diskutieren und lösen würde.

Bei dieser Form der politischen Organisation wäre die Zentral- oder Bundesregierung damit beauftragt, die Aktivitäten der Bundesstaaten zu koordinieren, die ihrerseits die Aktivitäten der Regionen oder Distrikte koordinieren würden. Neben ihren Koordinierungsaufgaben würde sich die Zentralregierung um die Außenpolitik, die Währung, die Verteidigung und andere Angelegenheiten kümmern, die nicht in angemessener Weise auf Bezirksebene geregelt werden können.

Die Rolle der Zentralregierung würde also eher darin bestehen, die Beziehungen zu erleichtern, als den Menschen Regeln, Vorschriften und Richtlinien vorzugeben. Die meiste Verwaltungsarbeit würde auf Dorf- oder Bezirksebene erledigt werden. Politische Herrschaft und Macht würden auf eine breite Basis verteilt und nicht in den Händen einiger weniger konzentriert sein.

Die Entwicklung des Sarvodaya nach Gandhis Tod betrachten

Gandhi erkannte, dass seine Entwürfe für die Schaffung der freien *Sarvodaya*-Gesellschaft weiterer Überarbeitung und Verfeinerung bedürfen würden. Er war jedoch zuversichtlich, dass sie ausreichend entwickelt waren und eine solide Grundlage für die gewaltfreie Revolution zur Erlangung politischer, wirtschaftlicher und sozialer Freiheit für die Menschen in Indien bildeten, die er ins Leben zu rufen bereit war.

Als es 1947 zur politischen Unabhängigkeit Indiens kam, war er bereit, die *sarvodaya*nische Gesellschaft zu errichten. Zunächst forderte er den Indischen Nationalkongress,* der den Kampf um die politische Freiheit angeführt hatte, per formellem Antrag auf, sich aufzulösen und seine Mitglieder zu freiwilligen Dienern des Volkes zu machen, die am Aufbau der neuen Gesellschaft mitwirken würden. Und er bot Leitlinien für die Maßnahmen an, mit denen diese *sarvodaya*nische Gesellschaft realisiert werden sollte.

Mitglieder des Kongresses, darunter Jawaharlal Nehru, sowie andere prominente Inder teilten Gandhis Traum von Indien als einem globalen Vorbild, das anderen Ländern den Weg zur politischen, wirtschaftlichen und sozialen Freiheit weisen würde. Doch obwohl sie den Traum teilten, stimmten nicht alle von ihnen mit den von Gandhi vorgeschlagenen Maßnahmen überein.

Alle waren sich einig, dass die Herausforderungen, vor denen das neue unabhängige Indien stand, überwältigend seien. Sie waren sich einig, dass die Bildung von Millionen von Analphabeten, die Beseitigung von Armut und Hunger, die Erweckung von Selbstvertrauen, Selbstbewusstsein und staatsbürgerlichem Verantwortungsgefühl in Menschen, die lange versklavt gewesen waren, enorme Probleme darstellten und sofortige Aufmerksamkeit erforderten. Aber nicht alle konnten Gandhis gewaltlosen Ansatz, seine Idee des *Sarvodaya,* als Mittel zur Lösung dieser Probleme akzeptieren.

Als es an der Zeit war, Entscheidungen zu treffen und zu handeln, lehnten Nehru und seine Kongresskollegen Gandhis Vorschläge für eine soziale und kulturelle Revolution, die darauf abzielte, Korruption und Institutionen, die nur dem Namen nach demokratisch waren, zu beseitigen, als utopisch ab.

Während diese weisen Entscheidungsträger Indien in die zentralisierte Planwirtschaft, die Entwicklung von Großindustrien und damit letztlich in die von Gandhi befürchtete Korruption und den Missbrauch trieben, blieben einige seiner Anhänger bei ihren Bemühungen, sein Werk fortzuführen. In den ersten beiden Jahrzehnten nach Gandhis Tod entwickelte Vinoba Bhave die *Sarvodaya*-Konzepte weiter und verfeinerte sie. In Übereinstimmung

* Der 1885 gegründete Indische Nationalkongress (auch »Kongresspartei« genannt) ist eine der ältesten demokratischen Parteien der Welt, dominierte lange Zeit die indische Politik und brachte zahlreiche Premierminister und Staatspräsidenten aus ihren Reihen hervor [A. d. Ü.].

mit Gandhis Grundsätzen entschied sich Vinoba, seine Arbeit in den Dörfern zu beginnen. »Lasst uns bei den Ärmsten, den landlosen Bauern, anfangen«, sagte er und fügte hinzu: »Wenn Indiens politische Unabhängigkeit und Demokratie überleben und in einer Welt großer Unruhen aufrechterhalten werden sollen, darf es in diesem Land keinen einzigen Landlosen geben.« Wie Gandhi war er davon überzeugt, dass diejenigen, die das Land bestellen, auch Eigentümer des Bodens sein und die Produktionsmittel dem Erzeuger gehören sollten.

Vinoba entwickelte ein Programm zur Gewinnung von Land für einzelne landlose Landwirte, das *Bhudan*- oder Landschenkungsprogramm. Zur Umsetzung dieses Programms war es erforderlich, dass Vinoba und eine kleine Gruppe von Anhängern von Dorf zu Dorf zogen, um in jedem Dorf Landspenden von Großgrundbesitzern einzuholen, damit diese an die landlosen Ackerbauern verteilt werden konnten. Vinobas Pilgerreisen im Namen der Landlosen führten ihn und seine Mitstreiter in einem Zeitraum von vierzehn Jahren mehrmals durch ganz Indien. Sie trugen mehr als eineinhalb Millionen Hektar für die Umverteilung zusammen und weckten enormen Enthusiasmus, Begeisterung und Wohlwollen.

In den Anfangsphasen des Programms wurden die Landschenkungen registriert und dann an Einzelpersonen unter den landlosen Ackerbauern umverteilt, ein Prozess, der das Privateigentum in der Praxis und im Konzept bewahrte. Vinoba erkannte bald, dass der individuelle Besitz von Land in privater Hand fast zwangsläufig zu Konflikten und Missbrauch führt. Daraufhin entwickelte er das *Gramdan*-Programm, bei dem Landgeschenke nicht an Einzelpersonen, sondern an Dörfer zur kollektiven Nutzung aufgeteilt wurden. Mit diesem Programm beabsichtigte Vinoba, den individuellen Besitz von Land abzuschaffen und die landlosen Ackerbauern von Objekten der Wohltätigkeit zu gleichberechtigten, teilhabenden Gemeinschaftsmitgliedern zu machen.

Das Programm zielte nicht nur darauf ab, Land für die gemeinschaftliche Nutzung bereitzustellen, sondern auch darauf, Dörfer davon zu überzeugen, sich mit anderen Dörfern zusammenzuschließen, um lebensfähige wirtschaftliche Einheiten zu bilden, die groß genug waren, um alle Dorfbewohner durch Landwirtschaft, Viehzucht und Handwerksbetriebe zu versorgen. Vinoba wollte zeigen, dass die Menschen durch die Bildung dörflicher Struktu-

ren, durch genossenschaftliche Landwirtschaft und selbstständige Kleinindustrie ohne Interessenkonflikte dörfliche Unabhängigkeit, *gram swaradsch*, erreichen können.

Das Konzept der Entwicklung dörflicher Strukturen auf dem Land, das Vinoba und vor ihm Gandhi für die Dörfer Indiens verwirklichen wollten, unterscheidet sich von anderen Eigentumskonzepten, unabhängig davon, ob es sich um privates oder staatliches Eigentum handelt. Einerseits vermeidet es den Grundbesitz abwesender Landbesitzer sowie die Gleichgültigkeit gegenüber dem Boden und den Menschen, die in der Bewirtschaftung von großbetrieblichem Privateigentum beschäftigt sind. Andererseits verhindert es das scheinbar unvermeidliche Abdriften in den Staatskapitalismus, das mit staatlichem Eigentum verbunden ist.

Das Staatseigentum hat die Versprechungen und Hoffnungen derjenigen, die es eingeführt haben, nicht erfüllt und hat nicht zu einem echten Sozialismus geführt. Wenn das Land einer abstrakten Größe namens Staat gehört, ändert sich die Beziehung zwischen den Bauern und dem Land. Die Bauern bewirtschaften das Land nun für den Staat, für das Wohl des ganzen Staates und des Volkes. Sie verlieren ihre persönliche Besorgtheit, ihre Liebe für das Land. Sie arbeiten mechanisch, ohne Gefühl und ohne Fürsorge.

Werden Dinge in zu großem Maßstab betrieben, werden sie unmenschlich; der Einzelne hat keinen persönlichen Bezug mehr zu ihnen. Staatliches Eigentum führt nicht zum Sozialismus, sondern zur Desillusionierung in Bezug auf den Staatskapitalismus.

Gandhi und Vinoba erkannten die Widersprüche und das Missbrauchspotenzial sowohl bei Privat- als auch bei Staatseigentum. Vinobas Dorfeigentum des Bodens unterscheidet sich deutlich von den beiden anderen Eigentumsformen. Dorfeigentum ist keine Abstraktion, denn im Dorf lebt jede Person mit allen anderen, die am Eigentum beteiligt sind, zusammen und begegnet ihnen täglich. Die Dorfbewohner teilen ihre Sorgen, ihren Schmerz und ihre Freuden miteinander. Sie verbringen ihr Leben untereinander. Das Land gehört ihnen und wird im gegenseitigen Einvernehmen unter denen aufgeteilt, die es bewirtschaften.

Das Dorfeigentum ist im Gegensatz zum Staatseigentum nichts Indirektes, Abstraktes oder psychologisch Peripheres, mit dem die Dorfbewohner emotional nichts anfangen können. Zum Grund

und Boden ihres eigenen Dorfes haben sie einen Bezug. Jeder von ihnen kann sagen: »Das Land liegt in meinem Dorf. Es gehört uns allen. Es wird nicht länger zerstückelt sein. Entscheiden sich meine Kinder nach meinem Tod dafür, das Land nicht zu bewirtschaften, geht es zurück an die Dorfgemeinschaft, den Dorfrat. Es wird nicht bei meiner Familie verbleiben, nur weil es mir einmal zugewiesen wurde.«

Somit ist das Eigentum an die Bewirtschaftung des Bodens gebunden. Das Land bleibt Produktionsmittel und wird nicht zu einem Stück Besitztum. Dorfeigentum ist weder Privat- noch Staatseigentum; es ist ein dritter Weg.

Vinobas *Bhudan-* und *Gramdan-*Programme entstanden nach 1951, nach der chinesischen Revolution. Mao ging einen Schritt weiter als Marx, als er erklärte, dass sowohl Bauern als auch Arbeiter einen sozialen Wandel herbeiführen können. Und Vinoba ging noch einen Schritt weiter als Mao, indem er zeigte, dass Landwirte und Ackerbauern einen sozialen Wandel bewirken können, ohne Klassenbewusstsein und Bitterkeit zu erzeugen, ohne Gewalt, mit Anstand und in Würde. Mit seinen Programmen gab Vinoba der Welt etwas Neues.

Vinoba wollte mit seinem *Gramdan-*Programm mehr erreichen, als bloß seine Vorstellungen von Eigentum zu verdeutlichen. Er und seine *Sarvodaya-*Mitstreiter beabsichtigten, dass die Dörfer, die sich dem *Gramdan-*Programm anschlossen, die Keimzelle einer staatenlosen Gesellschaft bildeten. Dieses Vorhaben sollte durch die Dezentralisierung von Behörde, Verwaltung und Produktion erreicht werden. Gemeinschaften oder Gruppen eigenständiger Dorfeinheiten sollten die Grundlage für eine solche selbstverwaltete Gesellschaft bilden.

Um auf dieses Ziel hinzuarbeiten, beschloss die *Sarvodaya-*Organisation, sich auf die Gründung möglichst vieler *Gramdan-*Dörfer sowie auf die Entwicklung von Kleinindustrien in diesen Dörfern zu konzentrieren, um deren Eigenständigkeit zu gewährleisten. Und um die Attraktivität der *Sarvodaya-*Bewegung auszuweiten, um Stadtbewohner und Industriearbeiter für *Sarvodaya* zu gewinnen, ergänzte Vinoba seine Idee der Landgeschenke um andere Arten von Geschenken, *dan* genannt. So konnten die Städter, die sich an *Sarvodaya* beteiligen wollten, durch *schramdan* mitwirken, einer »Spende der Arbeitskraft«, die für ein Projekt zur Verfügung gestellt wurde, oder durch *buddhidan*, einer »Spende des

Intellekts«, bei der man seine mentalen Fähigkeiten und sein Wissen der Erreichung der *Sarvodaya*-Ziele widmete, oder durch *dschiwandan*, einer »Spende des Lebens«, bei der man sein ganzes Leben dem *Sarvodaya* verschrieb.

Diese Ausgestaltungen der *Sarvodaya*-Konzepte und Vinobas Plan, *Gramdan*-Dörfer in blockartige Einheiten und solche Blöcke zu Bezirken und die Bezirke zu Staaten zusammenzuschließen, um die bestehende Regierung von der untersten Ebene an aufwärts umzugestalten, schienen einen schnellen Erfolg zu versprechen. Gandhis Ziel der eigenständigen, selbstverwalteten Dörfer und der *Sarvodayan*-Gesellschaft, schien zweifellos erreichbar zu sein.

Als Anführer der *Sarvodaya*-Bewegung bestand Vinoba darauf, dass die Maßnahmen zur Schaffung der notwendigen Veränderungen sanft sein sollten. Mit seiner sanften Herangehensweise, die manchmal als »sanft, sanfter, am sanftesten« beschrieben wurde, beabsichtigte er, die Menschen dazu zu bringen, das Gute, das Göttliche, in sich selbst und in anderen zu erkennen und dann nach dieser Erkenntnis zum Wohle aller zu handeln.

Als die Mitglieder der *Sarvodaya*-Bewegung mit Großgrundbesitzern, mit den Mächtigen und Wohlhabenden zusammenarbeiteten, stießen sie mit ihren Bemühungen der sanften Überzeugungsarbeit auf den Widerstand derjenigen, die sich schwer damit taten, das Gute in etwas anderem als in ihren persönlichen eigennützigen Interessen zu sehen. Angesichts eines solchen Widerstands gewannen viele *Sarvodaya*-Arbeiter den Eindruck, dass Vinobas Ansatz nicht gänzlich effektiv und dass es an der Zeit sei, zu Gandhis Techniken der kollektiven Gewaltlosigkeit und Nicht-Kooperation zurückzukehren.

Diejenigen *Sarvodaya*-Anhänger, die mit Vinobas Ansatz unzufrieden waren, fanden einen Wortführer in Jayaprakash Narayan, einem langjährigen marxistischen Sozialisten, Gründer der Sozialistischen Partei Indiens und überzeugten Anhänger Gandhis.

Nach dem Tod des Mahatma beleuchtete Jayaprakash Narayan, genannt J.P., Gandhis Ideen erneut, setzte sich tief mit seiner eigenen Psyche auseinander und stellte die moralischen Folgen des Materialismus infrage. Die in dieser Auseinandersetzung gewonnenen Erkenntnisse veranlassten ihn, sich von seinen sozialistischen Überzeugungen zu distanzieren und sich schließlich voll und ganz dem *Sarvodaya* zu verschreiben. Er war der erste prominente Intellektuelle, der dem *Sarvodaya* ein *dschiwandan* machte, eine

Spende des eigenen Lebens, der erste, der sein ganzes Leben der Bewegung widmete.

Im Rahmen seines Einsatzes für die *Sarvodaya*-Bewegung lebte J.P. ein Jahr lang in einem Dorf im Bundesstaat Bihar und arbeitete in einem Netzwerk von 120 Dörfern, die einen Block von *Gramdan*-Dörfern bildeten. Während dieses Jahres studierte J.P. die Vorgehensweisen der *Sarvodaya*-Mitarbeiter bei der Aufnahme, Registrierung und Neuverteilung von Land sowie beim Voranbringen der Selbstversorgung und des Selbstvertrauens in den Dörfern. Er erkannte, dass viele dieser Abläufe der Verbesserung bedurften und erarbeitete Empfehlungen zur Steigerung der Effektivität der *Sarvodaya*-Arbeit in den Dörfern.

J.P. kam auch zu der Überzeugung, dass Vinobas sanfter Ansatz die Ziele Gandhis nicht erreichen konnte, weil er auf der Annahme beruhte, dass die Interessen der Regierung des unabhängigen Indiens dieselben seien wie jene des Volkes. An diesem Punkt begann J.P. dafür einzutreten, dass sich die *Sarvodaya*-Arbeiter, die Landlosen und andere Mittellose auf gewaltfreie Konfrontation mit mächtigen Großgrundbesitzern und auf zivilen Ungehorsam gegenüber der Regierung vorbereiten sollten, die seiner Ansicht nach ihre demokratische Autorität zunehmend missbrauchte.

Die ideologischen Differenzen zwischen J.P. und Vinoba führten nicht zu Streitigkeiten zwischen ihnen oder zu einer Verringerung ihrer gegenseitigen Wertschätzung. Sie führten jedoch zu einer Schwächung, einer teilweisen Lähmung der *Sarvodaya*-Bewegung, da einige der Mitstreiter weiterhin Vinobas Ansatz akzeptierten und verfolgten, während andere die Ansichten von J.P. befürworteten. Die Bewegung wurde noch weiter geschwächt, als J.P. und andere *Sarvodaya*-Anführer verhaftet wurden, weil die Regierung ihre Aktivitäten als eine regelrechte Revolution betrachtete.

Infolge dieser traurigen Ereignisse musste sich die *Sarvodaya*-Bewegung, nachdem ihre Anführer aus der Haft entlassen worden waren, neu organisieren, um die Bemühungen für die Schaffung einer neuen Gesellschaft durch friedliche, aber entschlossene Anstrengungen fortzusetzen.

Die von Gandhi anvisierte *Sarvodaya*-Gesellschaft, für deren Aufbau Vinoba und Jayaprakash so hart gearbeitet hatten, hat sich offensichtlich noch nicht voll entfaltet, doch sie ist keineswegs am Ende. Gandhis sozialer Revolution mangelt es an der Schnelligkeit, im Vergleich zu jenen von Lenin oder Mao. Ihr Wachstum ist langsam, aber sie wird, wie Vinoba selbst voraussagte, am Ende triumphieren.

Die spirituelle Kraft des Sarvodaya erkennen

Dieser Triumph wird sich natürlich nicht ohne Anstrengung erzielen lassen. Er wird sich nur einstellen, wenn all jene, denen der Frieden und das Überleben der Menschheit am Herzen liegen, die *Sarvodaya*-Prinzipien ergründen, sie akzeptieren und beginnen, sie in ihrem persönlichen Leben und in ihren Gemeinschaften anzuwenden. In der Zwischenzeit führt ein kleiner Kern von einigen Tausend Menschen in Indien, in Sri Lanka und in anderen Ländern die Arbeit des *Sarvodaya* unter den schwierigen Umständen, die heute in der Welt herrschen, fort.

Wir müssen uns darüber im Klaren sein, dass die Zahl derjenigen, die aktiv für *Sarvodaya* arbeiten werden, immer relativ gering sein wird. Können so wenige Menschen unter den Milliarden von Erdbewohnern diese Hoffnung jemals verwirklichen? Jene von uns, die *Sarvodaya*-Arbeiter sind oder es sein werden, haben kaum Macht und nur begrenzte Energie in der allgemeingültigen Hinsicht. Solange wir Gefangene unseres Verstandes und unseres Kopfes bleiben, werden wir nicht in der Lage sein, die enormen vor uns liegenden Herausforderungen zu bewältigen oder die scheinbar endlose Arbeit zu verrichten, die es zu leisten gilt. Wir müssen neue Energiequellen finden. Das Gehirn hat eine begrenzte Kapazität. Der Verstand ist an die Vergangenheit und an frühere Verhaltensmuster gebunden. Wir müssen uns selbst befreien, bevor wir andere befreien können. Wir müssen uns von den Fesseln des Verstandes und des Kopfes befreien und Quellen nichtzerebraler und nichtphysischer Energie erforschen. In uns steckt eine Quelle unbegrenzter Energie: Jeder von uns ist potenziell göttlich.

Unabhängig davon, ob wir in Dörfern oder anderswo arbeiten, müssen wir, die wir *Sarvodaya*-Arbeiter sein wollen, jeden Tag ein oder zwei Stunden der persönlichen Ergründung der Seelenkraft in uns widmen. Wenn wir diese Kraft nicht in uns selbst entdecken, wenn wir sie nicht verwirklichen, wie sollen wir dann zielführend mit anderen sprechen? Echte Kommunikation fließt von einem

Herzen zum anderen. *Sarvodaya*-Arbeiter haben die heilige Verantwortung, die Essenz ihres Wesens zu entdecken, die Essenz des spirituellen Potenzials in jedem und jeder einzelnen von ihnen. Diese Entdeckung ist außerordentlich wichtig, denn, wie Gandhi betonte, die Seelenkraft muss als sozialer Wert wirken. Auch ist diese Entdeckung kein einmaliges Ereignis, sondern sie ist für uns alle ein andauernder Prozess.

Was geschieht, wenn die Seelenkraft geweckt oder ausgedrückt wird?

Wenn die Seelenkraft erwacht, haben die Menschen keine Angst mehr. Sie haben keine Angst vor der Polizei, der Regierung, dem Staat und den Anführern. Sie haben vor nichts Angst, nicht einmal vor dem Tod. Im Moment sind die Menschen überall von Angst geplagt. Wir müssen uns von dieser Angst befreien. Das Bewusstsein, dass wir potenziell göttlich und viel mehr sind als nur unser Körper, zerstreut die Angst. Wird diese Botschaft unter den Menschen verbreitet – wie Gandhi sie in seinem unnachahmlichen, einfachen Stil propagierte und wie Vinoba sie vierzehn Jahre lang auf seinen Wanderungen durch ganz Indien trug –, werden sie ihre Angst verlieren.

Heutzutage sind es diejenigen, die *Sarvodaya*-Arbeiter sein möchten, die diese Botschaft weitertragen und das Wasser der Spiritualität in der Welt weiter fließen lassen müssen, damit die Menschen ihre Stärke und ihre Kraft wiederentdecken und zurückgewinnen können. In der uns umgebenden Atmosphäre von Korruption und Feigheit können wir nur mit unserer stärksten Waffe kämpfen, der moralischen Kraft. Es sind die *Sarvodaya*-Arbeiter, die, neben der Verrichtung anderer Tätigkeiten, die moralische Kraft, *lok atma,* anregen können. Die Grundlage für all dies sind moralische Werte und das Wissen um die Göttlichkeit in jedem Menschen.

Das Veränderungspotenzial des Sarvodaya verwirklichen

Um das große Potenzial von *Sarvodaya* für positive Veränderungen zu erkennen, muss jeder Arbeiter frei von Kastenzugehörigkeit und Glaubensbekenntnissen sein. Blinde Gefolgschaft gegenüber Klasse, Glaube, Kaste oder Stamm führt viele Länder in den Ruin.

Die Menschen kämpfen und singen für die Freiheit, aber sie sind geteilt, gespalten und gefangen in kleinen Sekten, Dogmen und Kasten. *Sarvodaya*-Arbeiter müssen frei von exklusiven Loyalitäten sein. Ihre Loyalität gilt zwangsläufig der gesamten Menschheit. Daher bringt *Sarvodaya* frischen Wind in die kulturelle Annäherung und hilft anderen, sich von den Fesseln der Ausgrenzung zu befreien.

Gelingt es den *Sarvodaya*-Arbeitern, von der exklusiven Zugehörigkeit zu Staaten, Kasten und Glaubensgemeinschaften frei zu bleiben, können sie ihrer Verantwortung nachkommen, den Menschen ihre eigene Würde, ihre eigene Verantwortung bewusst zu machen. Indien, zum Beispiel, ist politisch frei, hat eine parlamentarische Demokratie, die auf dem allgemeinen Wahlrecht beruht, aber dem indischen Volk ist nicht gänzlich bewusst, was das bedeutet; es ist seiner Rechte nicht gewahr, weiß nicht, was bürgerliche Freiheiten sind, noch ist es sich seiner rechtlichen, moralischen und sozialen Verantwortung in einer Demokratie bewusst.

Die Verantwortlichkeiten derjenigen von uns, die entweder für *Sarvodaya* arbeiten oder mit *Sarvodaya* sympathisieren, sind groß; die Mittel, die uns zur Verfügung stehen, um diese Verantwortlichkeiten zu erfüllen, sind oft begrenzt und schlicht. Wenn wir in ländlichen Gebieten arbeiten, Projekte organisieren, Diskussionen leiten und Gesänge anstimmen, kann es passieren, dass wir das Bewusstsein für die große Perspektive der gandhischen Philosophie und ihre Bedeutung für die Welt verlieren und entmutigt werden, weil die Arbeit keine unmittelbaren Ergebnisse erzielt.

In dieser Situation sind zwei Dinge hilfreich. Das eine ist, sich bewusst zu machen, dass wir in den Herzen der Menschen, in ihren Seelen und ihrem Denken Samen säen, die zu einer neuen Gesellschaft, zu einer neuen sozialen Ordnung der Wahrheit und der Gewaltlosigkeit erblühen werden. Dieses Bewusstsein wird das Selbstvertrauen und die Selbstsicherheit heben.

Der zweite Punkt ist die Erkenntnis, dass unsere Mitstreiter uns helfen werden, unsere Stärken zu fördern und unsere Schwächen zu verringern. Gemeinsame Arbeit, geteilte Momente der Freude und Verzweiflung, das Wissen um die Stärken und Schwächen des anderen werden uns dazu bringen, uns gegenseitig zu ermutigen. Als eine Familie von Arbeitern werden wir unsere Differenzen haben, sogar Streitigkeiten, aber unsere Gemeinsamkeiten sind viel wichtiger als unsere Meinungsverschiedenheiten.

Dieses Familiengefühl wird uns tragen. Wir verfügen nicht über Geld; für lange Zeit werden wir eine Minderheitengruppe mit begrenzter politischer Macht sein. Aber wir haben die große Stärke, die Kraft der Zugehörigkeit zueinander, der Familienzugehörigkeit. Das Familiengefühl ist eine Quelle unserer Stärke. Wir müssen es schützen; wir dürfen es nicht schwächen, indem wir gegenseitig an unseren Beweggründen oder unserer Redlichkeit zweifeln oder indem wir entweder in Selbstlob verfallen, das oft zu Eifersucht führt, oder hinterrücks Kritik üben.

Freiwilligenorganisationen und Gruppen für soziale Dienste werden in der Regel von persönlichen, emotionalen Konflikten, Spannungen und Missverständnissen zerrissen, die unnötigen Kummer und Leid mit sich bringen. Im *Sarvodaya* müssen wir uns psychologisch und kulturell auf ein Niveau erheben, auf dem wir uns mit Würde und Anstand verhalten, unabhängig davon, wo wir sind. Unsere Beziehungen sollten unseren Glauben an die Gewaltlosigkeit widerspiegeln. Können wir unsere Streitigkeiten und Differenzen nicht gewaltlos, mit Liebe, mit gegenseitigem Verständnis und Vertrauen lösen, werden wir nicht in der Lage sein, *Ahimsa,* Gewaltlosigkeit, vorzuleben, um damit ein Beispiel zu geben, das andere von der Wahrheit von *Sarvodaya* überzeugen wird.

Bitte denkt daran, dass wir als *Sarvodaya*-Arbeiter soziale Sanyasin sein werden, die sich politisch enthalten und keine andere Macht ausüben als die der Liebe und der Gewaltlosigkeit. Wenn wir diese Macht richtig ausüben, werden wir das Tor zu einer neuen Dynamik menschlicher Beziehungen öffnen.

Sarvodaya fordert nicht nur zu dieser neuen Beziehungsdynamik auf und bekundet, dass alles Leben eins ist, sondern zielt auch darauf ab, soziale, wirtschaftliche, politische und administrative Strukturen auf der Grundlage von Liebe, Wahrheit und Gewaltlosigkeit zu schaffen. Wird die Einheit des Lebens als Realität angenommen, dann wird sich die gesamte Menschheit der gandhischen Lebensweise zuwenden, bei der man sich an eine Werteordnung und einen Verhaltenskodex in allen Betätigungsfeldern hält. Gandhi sagte: »Wenn das Leben eins ist, wenn die Wahrhaftigkeit zu Hause ein Wert ist, dann muss sie auch in unserem wirtschaftlichen, politischen und sozialen Leben ein Wert sein. Wenn Verzicht, Besorgnis und Fürsorge für andere Werte zu Hause sind, dann sind sie absolute Werte in allen Bereichen des Handelns.«

Sarvodaya, basierend auf Gandhis Konzepten der Einheit des Lebens und der Einheit der Werte, ist eine tiefgreifende Revolution. Es ist ein ganzheitlicher Ansatz, um den Einzelnen und zugleich die sozialen und politischen Strukturen zu verwandeln. Es setzt voraus, dass die innere Entwicklung des Einzelnen und der äußere soziale Wandel Hand in Hand gehen. Wir werden den Einzelnen nicht vernachlässigen und andererseits auch nicht darauf warten, dass Einzelne sich entwickeln, bevor wir positive gesellschaftliche Veränderungen verzeichnen.

Mit seinem Augenmerk auf Zielen *und* Maßnahmen, mit seiner Verankerung in Liebe, Wahrheit und Gewaltlosigkeit ist *Sarvodaya* in einer von Konflikten zerrissenen Welt sehr attraktiv. Seine Anziehungskraft liegt in seinem Versprechen von Frieden durch Liebe, von Gleichheit, von wahrhaftigem Teilen und Umsorgen, von einem Leben des Mitgefühls und der Kooperation für alle und durch alle. Aufgrund seiner Versprechen wie auch seiner Programme verdient *Sarvodaya* weitere Betrachtung.

Gandhi stellte die Menschheit vor tiefgreifende Herausforderungen, sich von Gewalt, Wut und Hass als Beziehungsdynamik zu entfernen, sich von Habgier als zentralem Element der Wirtschaft und von Machtstreben als Grundlage der Politik zu verabschieden. Er forderte uns auf, darüber nachzudenken, welche Art von Wirtschaftssystem, Politik und Lebensstil wir anstreben, die unsere Liebe füreinander und unseren Glauben an die Möglichkeiten eines jeden Einzelnen widerspiegeln. Gandhi machte Vorschläge zur *sarvodaya*nischen Gesellschaft und stellte seine konstruktiven Programme vor. Vinoba und J.P. Narayan ergänzten und erweiterten Gandhis Beitrag, doch müssen wir uns Gandhis Herausforderung erst noch stellen.

Diese Herausforderung anzunehmen, bedeutet nicht, dem *Sarvodaya*-Modell, das für ein Land entwickelt wurde, in dem die meisten Menschen in Dörfern leben, sklavisch zu folgen. Jede Gruppe engagierter Menschen wird *Sarvodaya* neu gestalten müssen, um der jeweiligen Situation und den Umständen vor Ort gerecht zu werden. Gandhi hat den Weg gewiesen; jetzt haben wahrheitsliebende Menschen, die an der Schaffung alternativer Lebensweisen interessiert sind, die Möglichkeit, vom *Sarvodaya*-Modell zu lernen, es zu verbessern, anzupassen und vielleicht mit anderen zu teilen.

Diejenigen, die sich dieser Herausforderung stellen, können darauf vertrauen, dass das Licht immer stärker ist als die Dunkelheit, die Wahrheit mächtiger als die Unwahrheit, die Liebe mutiger als die Gewalt. Licht, Liebe und Wahrheit werden siegen.

Teil III
In Ganzheit handeln

Das Leben wurde erschaffen, lange bevor wir auf der Welt waren, und es wird auch noch lange nach uns bestehen. Es ist heilig. Keiner von uns hat das moralische Recht, die Natur, seine Mitgeschöpfe oder andere Menschen auszubeuten.

Die Gesellschaft neu gestalten

Die Relevanz, die absolute Notwendigkeit der Liebe, der Wahrheit und der Gewaltlosigkeit für den Weltfrieden und für das Überleben der Menschheit ist deutlich, ja geradezu offensichtlich. Doch obwohl es auf der Hand liegt, dass die Menschheit in Anbetracht der nuklearen Aufrüstung nur durch ein friedliches Miteinander überleben kann, gehen die Kriegsvorbereitungen überall auf der Welt weiter.

Unsere Zeitungen, unsere Radio- und Fernsehsendungen enthüllen jeden Tag neue Ausbrüche von Hass, Gewalt und Misstrauen an verschiedenen Orten – auf einer fast endlosen Liste. In jedem Land und in jedem Teil der Erde herrschen Rastlosigkeit, Unbehagen und Misstrauen, und diese Gefühle, vor allem das Misstrauen und der Argwohn, finden ihren Ausdruck in politischen Strategien und in der Hektik internationaler Konferenzen.

Wir durchleben eine schwierige und kritische Zeit; keines der Ideale und keine der Institutionen, auf die wir uns verlassen haben – sei es Demokratie oder Kommunismus, Kapitalismus oder Sozialismus, Rationalismus oder organisierte Religion – vermögen uns zu helfen, kollektiven Frieden oder individuelles Glück und Gemütsruhe zu erlangen. Als Nationen genießen wir bestenfalls einen Teilfrieden, einen Frieden, der jederzeit in einen Krieg umschlagen kann. Als Individuen sind wir unzufrieden, unausgeglichen und unglücklich.

Seit der industriellen Revolution haben sich die Rahmenbedingungen unseres Lebens durch Wissenschaft und Technik grundlegend verändert. Und mit der Veränderung dieses Rahmens hegten wir Träume und Pläne für ein neues, besseres Leben für die Menschen, ein Leben, in dem jeder Wunsch erfüllt werden würde. In der heutigen Welt sehen wir, dass selbst in wohlhabenden Ländern, in denen viele nicht nur ihre Grundbedürfnisse, sondern auch frivole Wünsche ohne Weiteres befriedigen können, die Menschen unglücklich und angsterfüllt sind. Die Familieneinheit zerbricht, die Menschen sind frustriert und unzufrieden. Wissenschaft und Technik erlauben vielen von uns ein komfortables, ja sogar luxuriöses Leben, aber sie ermöglichen es uns nicht, in Frieden zu leben und die Ressourcen unserer schönen Erde gerecht miteinander zu teilen.

Den Mythos der nationalen Souveränität entlarven

Der Weg zu globalem Frieden und Harmonie ist natürlich nicht einfach. Es gibt viele Hindernisse, die überwunden werden müssen, bevor wir Ressourcen gerecht verteilen und dauerhaften Frieden erreichen können. Einige dieser Hindernisse können als Mythen betrachtet werden, die entlarvt werden müssen, damit wir uns direkt mit der Realität unserer Situation auseinandersetzen und das selbstzerstörerische Spiel mit einem Atomkrieg vermeiden können.

Der vielleicht gravierendste unter diesen gefährlichen Mythen ist jener der nationalen Souveränität. Wissenschaft und Technik haben einen internationalen Kontext geschaffen, in dem effizienter Transport, Kommunikation und Informationsaustausch für unser wirtschaftliches und politisches Leben unerlässlich sind. Unter diesen Rahmenbedingungen sind wir gezwungen, als eine globale Menschheitsfamilie zu leben. Bei Ökonomien, die so eng und vielschichtig miteinander verwoben sind, kann es keine Souveränität der Nationen geben. Die gegenseitige wirtschaftliche Abhängigkeit der Staaten hat den Begriff der nationalen Souveränität zu einer absurden Bedeutungslosigkeit gemacht.

Wir können nicht über eine globale Menschheitsfamilie nachdenken – ein wichtiger erster Schritt zum Weltfrieden –, solange wir psychologisch noch an nationalen Souveränitäten festhalten. Heutzutage möchte sich jede Nation ihre Souveränität vorbehalten, sie politisch ausüben, erklärt aber gleichzeitig, zum Weltfrieden beitragen zu wollen. Diese beiden Dinge wollen und können nicht zusammenpassen. Hält ein solches Verhalten an, führt es zu einer gespaltenen Persönlichkeit, zu einer nationalen Schizophrenie.

Wir sehnen uns nach Frieden, aber wir können ihn nicht erlangen, weil wir uns immer noch mit Einstellungen und Emotionen identifizieren, die nicht mehr zeitgemäß sind und im heutigen Leben keine Gültigkeit mehr haben. Die Zeiten des politischen

Imperialismus sind vorbei, und die noch vorhandenen Überreste werden bald überwunden sein. Vorbei sind die Zeiten des Kolonialismus; es mag noch ein paar Kolonien geben, aber die Billigung von Kolonialisierung verschwand nach dem Zweiten Weltkrieg aus der menschlichen Psyche, ebenso wie die Legitimierung des politischen Imperialismus.

Wir müssen genau hinsehen und aufmerksam verfolgen, was auf der Weltbühne geschieht, denn unsere Leben sind alle miteinander verwoben. Ob wir in Australien, in Japan, auf den Hawaii-Inseln, in Frankreich, England oder Deutschland leben, wir verwenden Produkte aus Ländern, die nicht die unsrigen sind.

Unabhängig davon, wo wir leben, fahren wir vermutlich japanische Autos, nutzen in China hergestellte Textilien, tragen in Indien gefertigte Kleidung, verwenden amerikanische Werkzeuge und deutsche Maschinen. Ein Blick auf die Geräte, die wir benutzen, und die Kleidung, die wir tragen, zeigt uns, wie eng unsere Leben miteinander verflochten sind. Wir können nicht mehr ohne einander leben. Wir müssen in der Perspektive einer globalen Menschheitsfamilie denken und mit dem Mythos der nationalen Souveränität aufräumen, sonst gibt es keine Hoffnung auf ein Ende von Kriegen und auf Frieden.

Leider hält sich dieser Mythos hartnäckig und ist allgegenwärtig. Er bleibt uns nicht nur erhalten, weil die Politikgläubigen ihn nähren, sondern auch, weil der Rest von uns die Berechtigung dieses Konzepts weiterhin akzeptiert. Wissenschaft und Technik haben sich in den letzten vierzig Jahren in rasantem Tempo entwickelt, aber psychologisch haben wir nicht Schritt gehalten.

Allzu oft entsprechen unsere Ansichten, unser Denken, unsere Reaktionsweisen einem früheren, primitiveren Lebenskontext. Zwar mögen wir behaupten, oder sogar davon überzeugt sein, dass nationale Souveränität und wirtschaftliche Unabhängigkeit überholt und nicht mehr relevant sind, doch haben wir uns von der vergangenen Autorität solcher Vorstellungen noch nicht wirklich befreit. Wir tanzen weiter nach ihrer Pfeife.

Einige von uns, und es werden immer mehr, bemerken die Haltlosigkeit der nationalen Souveränität und erkennen die Sinnlosigkeit der damit verbundenen politischen und wirtschaftlichen Strukturen. Dennoch folgen die Nationen und ihre Regierungen immer noch diesen Ideen des neunzehnten Jahrhunderts. Sie streben weiterhin danach, andere ideologisch und wirtschaftlich, wenn nicht gar politisch, zu erobern, während sie gleichzeitig beteuern, Frieden zu wollen und sich um die Lösung der Probleme zu bemühen, die den Frieden behindern.

Es ist wahr, dass diese Nationen, die an ihrer aufgesetzten Souveränität festhalten, die verschiedensten Mittel und Wege ausprobiert haben, um internationalen Frieden zu schaffen. Sie haben beispielsweise versucht, politische Macht einzusetzen, indem sie zunächst den Völkerbund, später die Vereinten Nationen und den Internationalen Gerichtshof gründeten. Von diesen politischen Institutionen und Foren erwartete man, dass sie einen gehobenen Verhaltensmaßstab in allen Nationen hervorbringen würden. Diese Erwartungen wurden natürlich enttäuscht.

Wir haben den Zerfall des Völkerbundes und wieder und wieder das Scheitern der Vereinten Nationen erlebt. Wiederholt haben Staaten sich geweigert, die Anordnungen der Vereinten Nationen zu befolgen, oder sie haben ihre Unterstützung zurückgezogen, wenn sie ihren Willen nicht durchsetzen konnten. Organisationen wie die Vereinten Nationen haben heute das Vertrauen der Menschen verloren und finden keine Zustimmung mehr. Es ist deutlich geworden, dass wir durch diese internationalen Organisationen, durch den Internationalismus, keinen Frieden erreichen können, denn jeder Mitgliedsstaat, jede souveräne Nation wetteifert mit den anderen Staaten um die eigenen Interessen. Die Vertreter der einzelnen Nationen nehmen an den internationalen Konferenzen mit einer national-indoktrinierten Denkweise teil.

Infolgedessen sind die Vereinten Nationen und der Internationale Gerichtshof lediglich eine intellektuelle Zierde. Diese Institutionen sind kaum mehr als Foren für das kleinteilige Arrangement nationaler Interessen und den vorübergehenden Aufschub von Kriegen. Die Macht der internationalen politischen Organisationen vermochte nicht, Spannungen, Widersprüche und Konflikte wirklich zu bändigen.

Die Länder haben auch versucht, die Macht von Gedanken und Ideologien zu nutzen, um internationale Spannungen zu verringern oder zu beenden. Einige sozialistische Staaten meinten, wenn sie den Menschen bestimmte Ideologien indoktrinieren oder sie einer Gehirnwäsche unterziehen, würde sich Frieden einstellen. Doch durch Indoktrination und Reglementierung des Denkens konnte kein Frieden geschaffen werden.

Dieses Vorgehen führte zu Konflikten nicht nur zwischen Ost und West oder zwischen kommunistischen und nichtkommunistischen Ländern, sondern auch zwischen den Mitgliedstaaten des kommunistischen Blocks. Betrachtet man die Situation der osteuropäischen Länder, die Ereignisse in der Sowjetunion und in China, so wird deutlich, dass Spannungen und Konflikte nicht durch Ideologie gelöst werden konnten und können.

Die Nationalstaaten haben noch zwei weitere Ansätze versucht, um internationale friedenshemmende Probleme zu lösen. Einer davon ist die Macht des Geldes. Die wohlhabenderen Nationen glaubten, dass sie Frieden schaffen könnten, indem sie den ärmeren, weniger entwickelten Ländern Geld geben und Kredite gewähren würden, um ihnen zu helfen. Doch die Bemühungen, Frieden zu kaufen, sind gescheitert, auch wenn Elend und Leid in gewissem Maße dadurch gemindert werden konnten.

Der zweite Ansatz ist die Anwendung militärischer Gewalt. Viele Menschen waren sich schon immer darüber im Klaren, dass Waffengewalt keinen positiven Frieden bewirken kann. Doch viele Länder sind nach wie vor nicht dieser Überzeugung, wenngleich auch sie zunehmend besorgt sind. Sie haben angefangen zu bezweifeln, ob Waffen, insbesondere Atomwaffen, ein ausgewogenes Machtverhältnis, geschweige denn einen wirklichen Frieden herstellen können, und sie beobachten das Wettrüsten der Supermächte mit Sorgen.

Die Sowjetunion und die Vereinigten Staaten verfügen mittlerweile über umfangreiche Atomwaffenarsenale, die sich nun auch in anderen Ländern verbreiten, und das macht beiden Großmächten Angst. Die Vereinigten Staaten fürchten sich vor der Sowjetunion und die Sowjetunion zweifelt kontinuierlich an den Vereinigten Staaten, verdächtigt sie und hat Angst vor ihnen. Die beiden großen Nationen leben in Angst und aus dieser Angst heraus treiben sie Spiele auf dem Schachbrett der Welt, manövrieren zwischen Angriff und Verteidigung. Sie verschieben ihre Figuren und demonstrieren ihre Aggressionen, doch immer nur bis knapp davor, einen wirklichen Krieg zu provozieren und den Gegner zu einem Atomangriff zu zwingen, der das Überleben der Menschheit bedrohen würde. Sie führen keinen offenen, direkten Krieg gegeneinander. Stattdessen herrscht ein Scheinfrieden voller Misstrauen und Angst.

Ein Gleichgewicht des Schreckens aufrechtzuerhalten, bedeutet nicht, Frieden zu stiften; doch viel mehr kann militärische Gewalt nicht ausrichten. Selbst die beteiligten Regierungen erkennen, dass ein Wettrüsten keinen Frieden schaffen kann. Aber sie denken nicht daran, irgendwelche Waffen aufzugeben, weil sie andere beherrschen und kontrollieren wollen.

Infolgedessen florieren die Rüstungsunternehmen. Diese Industriellen üben enormen Einfluss auf die Regierungen ihrer jeweiligen Staaten aus, um das Spiel am Laufen zu halten und ihre Gewinne zu maximieren. Und solange das Wettrüsten weitergeht, bleibt das Gerede von Frieden und Rüstungskontrolle bloßes Wunschdenken, nur ein Austausch netter Ideen, die niemals in die Realität umgesetzt werden können. Der Rest von uns muss in Angst und Schrecken leben, mit dem Alptraum eines drohenden Atomkriegs.

Wir leben heute an den Hängen eines riesigen Vulkans, der jeden Moment auszubrechen und Tod und Zerstörung auszuspucken droht. Wenn wir nicht bald Frieden erlangen, wird es niemanden mehr geben, der Kriege führen kann. In dieser verzweifelten Lage müssen wir möglicherweise auf die nationale Souveränität verzichten, uns von diesem Mythos freimachen und den ungewöhnlichen Schritt wagen, uns auf das noch nicht erwachte Potenzial der Menschen zu verlassen.

Zentralisierte Produktion als Friedenshindernis erkennen

Ein weiterer gefährlicher Mythos, der uns den Weg zum Frieden verschließt, ist die falsche Vorstellung von einer notwendigen Zentralisierung der Produktion für den menschlichen Fortschritt. Dieser Mythos kam nach der industriellen Revolution in Europa auf, die sich schon bald auf viele Länder ausweitete. Diese industrielle Revolution, die auf wissenschaftlichen und technischen Methoden fußte, welche wiederum auf den philosophischen Annahmen von Descartes und der Mechanik von Newton beruhten, stützte sich in hohem Maße auf die Zentralisierung der Produktion. Der materielle Erfolg, der sich aus der industriellen Revolution ergab, schuf die Illusion, dass die Produktion zentralisiert werden müsse, damit ein Land Fortschritte machen könne.

Wird die Produktion zentralisiert, wird auch die wirtschaftliche Macht zentralisiert. Und wenn die Produktion nicht nur für den

Eigenbedarf, sondern auch für den Export bestimmt ist, braucht der Hersteller Märkte, muss nach Märkten suchen und sich diese Märkte sichern.

Vor diesem Hintergrund benötigen die Hersteller die Hilfe von Politikern und häufig auch des Militärs. Die Konsolidierung oder Zentralisierung der Produktion und der wirtschaftlichen Macht führt unweigerlich zur Konzentration politischer Macht. Unternehmer, Politiker und das Militär vereinigen sich zu einer unheiligen Dreifaltigkeit. Keiner der drei kann sich allein behaupten; gemeinsam verteidigen und rechtfertigen sie sich gegenseitig; gemeinsam bilden sie die höchste politische Autorität.

Die Zentralisierung von Produktion und wirtschaftlicher Macht hat mindestens zwei fatale Auswirkungen. Die eine Konsequenz ist, dass Fortschritt und Wohlstand anhand des Bruttosozialprodukts und des Profits definiert werden. Und dann führt nationales Gewinnstreben zu internationalem Wettbewerb und Konflikt; Frieden wird dem Profit geopfert. Die zweite Folge ist der zerstörerische Effekt auf die Menschen. Ihre Eigeninitiative wird eingeschränkt und kreative Energien werden gehemmt. Passive Abnehmer von Konfektionsware werden träge und lethargisch. Sie verlieren bald an Würde und Selbstvertrauen.

Die Fixierung auf Maschinen und Massenproduktion unterdrückt und beutet die Menschen aus, da diese Art der Produktion eine Führungsschicht mit besonderen Vorrechten und Befugnissen hervorbringt. Diese Klasse beherrscht die arbeitenden Massen in den kommunistischen wie in den nichtkommunistischen Ländern. Sie verteilt magere Löhne und Sozialleistungen, während sie sich selbst Luxus und Privilegien vorbehält.

Wir hatten bereits erwähnt, dass der gefährliche Mythos der nationalen Souveränität gebrochen werden muss. Lasst uns hinzufügen, dass der Mythos der zentralisierten Produktion und der wirtschaftlichen Souveränität ebenso gefährlich ist und ausgeräumt werden muss, wenn wir Frieden haben wollen. Wir müssen aufhören, den menschlichen Fortschritt am Maßstab von Maschinenproduktion und Exportprofit zu messen. Solange wir von den derzeitigen Wirtschaftsstrukturen abhängig sind, gibt es keine Hoffnung auf Frieden und keine Möglichkeit einer gerechten Aufteilung von Ressourcen.

Wir benötigen einen neuen, revolutionären Ansatz für Produktion und Wirtschaft und müssen unsere derzeitigen Wirtschaftsstrukturen von Grund auf überdenken. Wir brauchen eine Wirtschaft und eine Politik für den Frieden, die es uns ermöglichen, Ressourcen zu teilen, um Hunger und Bedürftigkeit abzuschaffen. Wenngleich die Menschen zu Ehrgeiz und Wettbewerb erzogen werden, ist das Teilen etwas, wonach sich das Herz der Welt unbewusst sehnt. Wir haben den Drang zu lieben, das Bedürfnis, geliebt zu werden, und das Verlangen danach, den Schmerz, die Freude, die Sorgen und die Annehmlichkeiten des Lebens zu teilen. Bei den gegenwärtigen wirtschaftlichen und politischen Verhältnissen ist nichts von dem möglich.

Eine neue Wirtschaftsordnung entwickeln

Möglichkeiten zu finden, um diese Hindernisse zu überwinden, die Gesellschaft umzugestalten und den Weg für den Frieden freizumachen, ist unsere Herausforderung am Ende des zwanzigsten Jahrhunderts. Es ist eine wundervolle Aufgabe, die es verdient, von ernsthaften Menschen angegangen zu werden, die sich für den Frieden und für das Überleben der Menschheit einsetzen. Bevor wir uns dieser Herausforderung stellen, sollten wir uns jedoch vor Augen führen, was genau wir wollen und was wir unter Frieden verstehen.

Es gibt heutzutage keinen politischen, wirtschaftlichen oder religiösen Anführer, der nicht behauptet, im Namen des Friedens zu sprechen. Frieden, Koexistenz und Lebensglück sind die Schlagwörter dieser Tage. Doch was ist das für ein Frieden, den diese Anführer anbieten? Die einen versprechen einen politischen Frieden, der von souveränen Staaten geschaffen wird, die damit ihre eigenen Interessen verfolgen. Andere bieten einen legislativen Frieden an, der von internationalen Organisationen wie dem Internationalen Gerichtshof überwacht werden soll, um die Abwesenheit von Krieg zu gewährleisten.

Und viele bieten den allseits bekannten militärischen Frieden an, bei dem sich große, mit Atomwaffen ausgerüstete Streitkräfte über nationale Grenzen hinweg gegenüberstehen und das Gleichgewicht des Friedens auf der Waagschale unverhüllter Gewalt herstellen. Wir alle wissen sehr wohl, dass es in einem Atomkrieg keine Sieger und keine Besiegten geben wird. Im nuklearen Krieg sind Sieg und Niederlage gleichermaßen bedeutungslos. Der

Frieden in der heutigen Welt ist ein Frieden des Schreckens, der von der Angst vor einem Atomkrieg getragen wird.

Die Anführer, von denen diese Formen des Friedens angeboten werden, versuchen, ihren Frieden durch verschiedene Ansätze zu erreichen, einige auf traditionelle, andere auf revolutionäre Weise, jedoch ähneln sie sich alle dahingehend, dass sie partiell oder fragmentarisch sind. Fragmentarische Revolutionen sind keine Revolutionen; fragmentarischer Frieden ist kein Frieden. Der gebrochene, lückenhafte Frieden, den die Welt seit 1945 kennt, ist ein seltsamer »heißer Frieden«, der dem anhaltenden Kalten Krieg entspricht.

Wir wollen und brauchen einen vollständigen, dauerhaften Frieden. Um ihn zu erreichen, werden wir alle Umstände, Kräfte, Mächte, Ideen und Gefahren, von denen wir umgeben sind, objektiv betrachten müssen. Wir werden sie eigenständig hinterfragen müssen und dürfen nichts akzeptieren, was wir nicht verstanden oder in unserem eigenen Leben selbst verifiziert haben, denn die Autorität von Ideen und Überzeugungen anzuerkennen, ist eine Form der Sklaverei und ein Weg, die Freiheit zu verlieren.

Sind wir bereit, die Herausforderung anzunehmen, echten Frieden zu schaffen, dann gibt es einiges zu tun; es muss ein Anfang gemacht werden, um tragfähige Alternativen zu den überholten Lösungen zu finden, die gegenwärtig von unseren politischen Anführern vorgelegt werden.

Eine wesentliche Maßnahme, die ergriffen werden muss, und zwar schnell, ist die Überprüfung und das Überdenken der von uns geschaffenen wirtschaftlichen Grundsätze und Strukturen. Die bestehenden Strukturen sind einem friedlichen, harmonischen Leben nicht zuträglich. Die Menschen leben überall unter wirtschaftlichem Druck und sind dessen Opfer. Die unmenschliche Geschwindigkeit, mit der wir in industrialisierten Gesellschaften mit hochgradig zentralisierten Produktionseinheiten arbeiten müssen, macht das Leben fast unerträglich.

Es ist an der Zeit, sich gegen die Unlauterkeit und die Tyrannei dieses Drucks auszusprechen und damit zu beginnen, auf globaler Ebene miteinander zu kooperieren, um Möglichkeiten zu finden, die derzeitigen wirtschaftlichen Strukturen zu ändern. Wir können unseren Stimmen Gehör verschaffen. Menschen in allen Ländern, seien sie demokratisch oder sozialistisch, fordern von ihren Regierungen eine Wirtschaft und eine Politik des Friedens. Sie machen deutlich, dass wir keinen Krieg und keine Ausbeutung wollen. Wir müssen uns noch deutlicher artikulieren, lauter werden, unseren Unmut kundtun und zusammenkommen, um friedlich gegen den Zwang ausbeuterischer Wirtschaftsstrukturen zu kämpfen.

Wir müssen unsere Wirtschaftsordnung so umstrukturieren, dass die Bedürftigen empfangen und jene, die einen Überschuss haben, teilen. Dann wird es weder einen amerikanischen Lebensstandard noch einen schweizerischen oder niederländischen Lebensstandard geben. Es wird auch nicht die Armut und den Hunger in Südostasien, Sri Lanka, Indien und in den afrikanischen Ländern geben. Wir werden einen *menschlichen* Lebensstandard erlangen, einen Zustand, in dem es keine Reichen und Armen mehr gibt, sondern nur noch Menschen, die satt, bekleidet und glücklich sind.

Unsere derzeitigen Wirtschaftsstrukturen mit ihren großen, zentralisierten Produktionseinheiten entmenschlichen und entpersönlichen den Einzelnen. In diesen Strukturen begegnen sich Verbraucher und Hersteller nie. Die Produktion hat ihren Charme und der Konsum seine Würde verloren. In den Fabriken begegnen sich die Arbeiter nicht als Individuen oder Personen, sondern nur als Kategorien von Vorgesetzten, Technikern, Verkäufern und Handelsvertretern. Die Struktur ist so angelegt, dass wir keine Zeit haben, als ganze Menschen zu leben oder einander als ganze Menschen zu begegnen.

Wir benötigen dringend alternative Wirtschaftsformen und -strukturen, die es uns ermöglichen, ohne gegenseitige Ausbeutung zusammenzuleben. Unsere gegenwärtigen Strukturen beruhen auf der Annahme, dass wir Menschen egoistisch und vom Drang nach Eigentum und Besitz besessen seien. Daher müssen wir uns fragen und herausfinden, ob es möglich ist, an andere Sehnsüchte und Potenziale im Herzen der Menschen zu appellieren, die sich neben Besitztum zweifellos auch nach Liebe, Frieden und Brüderlichkeit sehnen.

Egoismus ist gewiss vorhanden, aber er stellt nicht die Gesamtheit, nicht die Essenz des menschlichen Herzens dar. Wir müssen herausfinden, ob es möglich ist, wirtschaftliche Strukturen und Beziehungen zu schaffen, die nicht auf Selbstsucht beruhen, sondern solche, die den Menschen im moralischen Sinne dienen, anstatt sie zu beherrschen.

Eine Antwort auf unsere Fragen liegt in den von Gandhi, Vinoba und J.P. Narayan ausgearbeiteten Grundsätzen des *Sarvo-*

daya. Auf Grundlage dieser Prinzipien ist es möglich, dezentralisierte Wirtschaftsstrukturen nach dem Konzept des *gram swaradsch* oder der Selbstverwaltung aufzubauen, wobei die grundlegende Wirtschaftseinheit zwar klein, aber hinsichtlich der Bevölkerung und der Vielfalt der Berufe lebensfähig ist.

Dieses Wirtschaftsmodell kann ohne Weiteres von Entwicklungsländern übernommen werden, da diese dringend alternative Möglichkeiten zur Nutzung von Wissenschaft und Technologie finden müssen, um ihre Probleme der Arbeitslosigkeit und der Armut zu lösen. Diese Länder können nicht erwarten, die in Europa in den letzten zwei Jahrhunderten entwickelten Wirtschaftsmuster erfolgreich zu übernehmen.

Das *Sarvodaya*-Modell lässt sich in den entwickelten, wohlhabenden Ländern anwenden, doch wird es länger dauern, bis es sich dort durchsetzt. Diese Länder werden die Vorteile des Modells erkennen, sobald die Rohstoffe, auf die sich ihre groß angelegten Wirtschaftssysteme stützen, unweigerlich knapp werden. Vielleicht wird sich das *Sarvodaya*-Modell dann weltweit durchsetzen.

Dieses Modell ist natürlich nicht das einzig mögliche, aber es hat den Vorteil, eine klare positive menschliche Alternative zu unseren derzeitigen Wirtschaftsmodellen zu bieten, und lässt sich darüber hinaus einfach anwenden. Bei der Ausarbeitung des Modells strebte Gandhi, wie immer, nach der Eleganz der Einfachheit. Er war ein großer Visionär, der der globalen Menschheitsfamilie eine einfache Lebensweise gezeigt hat, in der wir keine Angst voreinander haben und in der menschliche Beziehungen nicht zu Konkurrenz, Vergleich und Aggression veranlassen. Im Gegenteil, diese Lebensweise ersetzt genau diese negativen Motivationen durch Liebe, Freundschaft und Zusammenarbeit.

Der gandhische Wirtschaftsansatz, der menschliche und tierische Arbeitskraft mit Technologie ergänzt, wurde bereits in kleinem Umfang umgesetzt und kann in großem Maßstab eingeführt werden. Wenn diese größere Umsetzung stattfindet, werden unsere Wirtschaftsstrukturen und unsere Auffassung von Fortschritt auf den Menschen und auf Arbeit ausgerichtet sein und nicht auf Geld.

Dann wird das Ziel von Industrialisierung und Entwicklung das kulturelle Wachstum der Menschen sein. Fortschritt werden wir nicht mehr am Pro-Kopf-Einkommen oder am Bruttosozialprodukt messen. Als wirklich fortschrittlich wird dann jene Gesellschaft angesehen werden, in der es weniger Spannungen und mehr Harmonie, weniger Konflikte und mehr Zusammenarbeit gibt.

Gandhi war der Auffassung, dass das Wohlergehen, das Wachstum, die Zufriedenheit und der Frieden aller Menschen vom Aufbau einer sozialen und wirtschaftlichen Ordnung abhängt, in der Interessen nicht miteinander im Konflikt stehen. Seine Sichtweise, sein *Sarvodaya*-Modell, stellt eine große Herausforderung für die Menschheit dar. Um sie anzunehmen, bedarf es eines revolutionären Ansatzes. Wir werden nicht nur unsere Denkweise und unser Verhalten ändern müssen, sondern auch das bestehende Verhältnis von produktiver Arbeit zu Geld sowie das Verhältnis von Geld zu Konsumgütern.

Eine Änderung dieser Beziehungen, möglicherweise die Abschaffung des Geldes aus den Beziehungen zwischen Herstellern und Verbrauchern, bedeutet nicht, dass wir zu einem einfachen Tauschsystem zurückkehren werden. Es bedeutet jedoch, dass wir eine praktikable Alternative finden müssen, ohne das Risiko der Ausbeutung. Es bedeutet auch, dass wir versuchen werden, die Zwischenhändler zwischen Produzenten und Verbrauchern zu vermeiden. In einer einfachen, dezentralisierten Wirtschaft werden die Zwischenhändler, die heute auf Kosten von Herstellern und Verbrauchern leben, nicht länger erforderlich sein.

Während wir auf diese Veränderungen hinarbeiten, müssen wir bedenken, dass die Wirtschaft, ebenso wenig wie die Politik, ein Selbstzweck ist. Beide sind elementare Bestandteile des Lebens; beide sind verbunden mit der ultimativen Wahrheit des Einsseins, das die Menschheit mit einschließt. Wir brauchen einen neuen Ansatz für Wirtschaft und Politik, der dieses Einssein, die Einheit des Lebens, in den Vordergrund stellt. Die gandhische Wirtschaftsform mit ihrem Schwerpunkt auf der Dezentralisierung von Technologie und wirtschaftlicher Macht wurde entwickelt, um die Menschen von allen Fesseln der Zentralisierung zu befreien, das heißt von zentralisierter industrieller, wirtschaftlicher, militärischer und politischer Macht, die uns in Unfreiheit hält. Unter dem Zwang dieser zentralisierten Mächte wird die gesamte Menschheit in demokratischen oder nichtdemokratischen Ländern gequält und leidet und ächzt.

Einen alternativen Politikansatz entwerfen

Unsere Bemühungen, die bestehenden wirtschaftlichen Strukturen zu reformieren, sind zum Scheitern verurteilt, wenn wir nicht zeitgleich versuchen, andere Machtverhältnisse, insbesondere die politischen Strukturen, zu verändern. Politik, also Machtpolitik oder Parteipolitik, durchdringt heutzutage das Leben jedes Einzelnen. Wir sind zunehmend abhängig vom Staat, von Politikern, von politischer Macht, die in jedem Land, demokratisch oder nicht, zentralisiert ist. Diese Zentralisierung der politischen Macht, die mit wirtschaftlicher und militärischer Macht verbunden ist, schränkt die Freiheit des Einzelnen ein. Wir benötigen Alternativen zur Zentralisierung und zu den derzeitigen politischen Strukturen. Es gilt herauszufinden, wie wir politische Macht am wirksamsten begrenzen können, damit sie uns dient, ohne unsere Freiheit einzuschränken.

Zu Beginn der Auseinandersetzung mit unseren politischen Strukturen und der Suche nach Alternativen müssen wir anerkennen, dass die Probleme, vor denen die Welt steht, ebenso wie unsere politischen Institutionen, nicht erst kürzlich entstanden sind. Sie sind das Ergebnis menschlichen Verhaltens während der letzten Jahrhunderte; sie sind tief in unseren Kulturen und in unserem Denken verwurzelt und werden sich nicht ohne Weiteres ändern lassen.

Im letzten halben Jahrhundert haben wir zwei Weltkriege geführt, und dennoch scheint der Drang, Probleme durch Krieg und Gewalt zu lösen, heute stärker denn je zu sein. Wir haben die Sinnlosigkeit von Gewalt miterlebt und greifen dennoch immer wieder auf sie zurück. Wir erkennen, dass Gewalt unsere Probleme nicht löst, aber mangels einer Alternative wenden wir sie an. Dabei versuchen wir, ihre Reichweite zu begrenzen, und vertagen die Bewältigung unserer schwerwiegendsten Probleme, indem wir Länder oder Völker voneinander trennen, wie wir es vielerorts getan haben.

Diese Probleme werden weiterhin ungelöst bleiben und sich verschärfen, bis wir begreifen, dass sie mit unserer gesamten Lebensweise zu tun haben. Wenn unsere Abhängigkeit von Maschinen durch Automatisierung und Computerisierung weiter zunimmt und wir immer mehr Dinge für die Menschen entwickeln, ohne ihr Bewusstsein zu erhöhen, schaffen wir uns weitere Probleme. Setzen wir unsere Wissenschaft und Technologie ein, um einen Kontext zu erzeugen, in dem die Menschheit als eine globale Familie leben muss, weigern uns aber, unsere Mythen der nationalen Souveränität und der Zentralisierung aufzugeben, dann werden wir zweifellos noch mehr Probleme bekommen.

Was können angesichts dieser Situation all jene von uns tun, die an sozialem Engagement und an einer schnellstmöglichen Lösung der globalen Probleme interessiert sind?

Eine Maßnahme, die wir sofort ergreifen können, besteht darin, Menschen in allen Ländern zu ermutigen, ihre Stimme gegen den Krieg zu erheben und friedlichen, gewaltfreien Druck auf ihre Regierungen auszuüben, damit diese ihre Waffengeschäfte einstellen. Würden allein die beiden Supermächte ihre Waffenverkäufe einstellen, käme es in kurzer Zeit zu einer großen Veränderung.

Wir müssen die Menschen nicht nur darin bestärken, gewaltlosen Druck auf ihre Regierungen auszuüben, damit diese den Verkauf von Waffen einstellen, sondern auch darin, ihre gesamte Lebensweise zu reflektieren. Wir alle müssen begreifen, dass unsere Art zu leben unsere Probleme verursacht hat, dass etwas schiefläuft oder fehlt und dass unsere Verhaltensmuster der Bequemlichkeit und der Vergnügungssucht zu Ausbeutung und Krieg führen.

Eine weitere wichtige Maßnahme, die soziale Aktivisten ergreifen können, ist die Anregung zur Gründung einer weltweiten Plattform, einer Organisation der Vereinten Menschheit, um jene der Vereinten Nationen zu ersetzen. Die Nationen werden sich offensichtlich *nicht* vereinigen, weil ihre Interessen im Konflikt miteinander stehen. Es sind nur die Menschen, die sich zusammenschließen können. Wir müssen den Menschen überall helfen, selbstbewusst aufzutreten, sich zu erheben und soziale, wirtschaftliche und politische Alternativen auszuloten.

An allen Ecken und Enden der Gesellschaft müssen wir Seminare, Debatten und Vorträge über eine friedensorientierte Wirtschaft und Politik durchführen. Wir müssen die Wichtigkeit des Teilens propagieren und den Wahnsinn des selbstbezogenen Luxus eindämmen. Außerdem müssen wir dazu beitragen, eine Strategie der Liebe und des Mitgefühls zu entwickeln, die zu Zusammenarbeit und gegenseitigem Teilen führen wird. Solch eine Strategie ist dringend erforderlich, allerdings sind die Regierungen nicht in der Lage, sie zu entwickeln oder umzusetzen. Die Menschen werden ihre intellektuellen und moralischen Kräfte mobilisieren müssen, um diese Strategie zu planen und verwirklichen.

Bei der Umsetzung einer derartigen Strategie müssen wir dafür sorgen, dass Nationalismus und Internationalismus durch einen globalen Problemlösungsansatz abgelöst werden. Da die nationale Souveränität nicht mehr zeitgemäß ist, müssen wir eine Weltregierung schaffen, um Ressourcen gerecht zu verteilen und sicherzustellen, dass niemand Hunger oder bittere Armut erleidet.

Bevor wir unsere Weltregierung errichten können, müssen wir uns die Frage stellen, ob die Menschen überhaupt in der Lage sind, sich selbst zu organisieren, ob Regierungen von und durch Menschen also möglich oder doch nur politische Wohlfühlmythen sind.

Vinoba widmete sich dieser Frage und gab die vielleicht überzeugendste Antwort in seinem Konzept des *lok niti,* der Politik des dienenden Einsatzes aller Menschen. Als Teil seiner *Sarvodaya*-Philosophie und -Ansätze stellte Vinoba sich eine Gruppe von Menschen vor, nennen wir sie »soziale Aktivisten«, die sich dem sozialen Wandel widmen, ohne nach politischer Macht zu streben; die Politik des Dienens ersetzt die Politik der Macht.

Jene, die sich der Politik des Dienens verpflichten würden, würden sicherstellen, dass die Regierungen tatsächlich das Volk vertreten, dass die Werte der Menschen, wie Wahrheit, Gewaltlosigkeit und Frieden, eine bedeutende Triebkraft der Regierung werden. Sie wären Vorbilder für Führungsverhalten ohne Eigennutz, für effektives Handeln ohne Ausbeutung, für Entscheidungsfindung ohne Uneinigkeit. Sie wären mit Politik und internationalen Beziehungen bestens vertraut, würden jedoch eine andere Dynamik des Regierens und der Beziehungen aufzeigen, die nicht zu Ungerechtigkeit und Krieg führen.

Irgendwann würden alle Bürger zu Dienern des Volkes werden und darauf bestehen, dass die Regierungen auf die Werte und Bedürfnisse der Menschen überall auf der Welt eingehen. Wenn das Dienen, anstelle der Macht, zur ausschlaggebenden Motivation wird, können wir optimistisch sein in Bezug auf eine Regierung für das Volk und Harmonie für die globale Menschheitsfamilie.

Vinobas Konzept ist frisch, aufregend und unerprobt. Wie viele neue, kraftvolle Ideen, ist es beunruhigend vor allem für diejenigen, die am Tropf von Theorien der Parteipolitik, der Machtpolitik und des politischen Elitedenkens hängen. Ein Beispiel für solche Menschen sind revolutionäre Anführer, die gegen unterdrückerische politische Regime kämpfen und nach ihrem Sieg zu Konterrevolutionären werden, sobald sie anfangen, politische Macht auszuüben. Die Unterdrückung, der Hass und die Ungerechtigkeit, für die das alte Regime stand, wiederholen sich im neuen Regime. Vinobas *lok niti,* die Politik des Volkes, des Dienstes für die Menschen, gibt Anlass zur Hoffnung, dass der Kreislauf von Revolution und Konterrevolution durchbrochen werden kann, dass eine neue Gesellschaft auf dem Fundament echter Gleichheit und auf den gandhischen Werten der Wahrheit, Liebe und Gewaltlosigkeit geschaffen werden kann.

Die derzeitigen wirtschaftlichen und politischen Systeme sind für solche Werte ganz offensichtlich nicht förderlich. Wir müssen diese Systeme abschaffen und sie durch Strukturen ersetzen, die auf friedens- und harmoniestiftenden Werten beruhen. Wir werden einen Weg finden müssen, Wissenschaft und Technologie auf humane Weise, im Einklang mit den grundlegenden menschlichen Werten, anzuwenden und aus der Dezentralisierung oder irgendeinem anderen Konzept, das wir umsetzen wollen, mehr als bloß einen Modetrend zu machen.

Haben wir Wahrheit, Liebe und Gewaltlosigkeit als unsere Werte etabliert, haben wir unsere neuen wirtschaftlichen und politischen Strukturen aufgebaut und gelernt, Wissenschaft und Technik angemessen zu nutzen, dann werden Maschinen und materielles Wachstum nicht länger der Maßstab sein, an dem wir den Fortschritt und den Wohlstand der Zivilisation messen. Stattdessen werden das Vorherrschen von Gerechtigkeit und Gleichberechtigung sowie die Qualität des menschlichen Bewusstseins und Verhaltens unsere Richtschnüre sein.

Die Erde achten

Gibt es nicht klare und zahlreiche Anhaltspunkte dafür, dass wir unserer Verantwortung für ein Leben in Harmonie und Frieden mit der Natur nicht gerecht werden? Lange Zeit haben wir die Natur als eine riesige Schatztruhe betrachtet, die wir nach Lust und Laune plündern dürfen. Wir verschmutzen die Luft und die Gewässer, zehren die Böden aus und verbrauchen sämtliche Rohstoffe. Wir strapazieren die Erde mit unserem riesigen Bevölkerungswachstum. Dieses ist im Verhältnis zur Belastbarkeit der Erde inzwischen so groß, dass die Menschheit bald, womöglich schon in vier oder fünf Generationen, aufgrund eines unumkehrbaren ökologischen Ungleichgewichts vom Aussterben bedroht sein wird.

Setzen wir unsere selbstsüchtige, egozentrische Lebensweise fort, dann werden alle Lebewesen auf dieser wunderbaren Erde in Gefahr sein. Unsere Leben sind so eng miteinander verflochten, dass wir in unserem irrsinnigen selbstzerstörerischen Treiben alle Lebewesen mitreißen werden, wenn wir weiter im Wahn der Gier verharren und unser Leben und die Umwelt durch rücksichtsloses, egozentrisches Verhalten verunreinigen.

Unsere Arroganz veranlasst uns dazu, jedwedem Vergnügen nachzugehen, das gerade in Mode ist, ohne Rücksicht auf die erschöpften Ressourcen, die für andere Lebewesen überlebenswichtig sind, auf die Schäden, die der nächsten Generation als Erbe hinterlassen werden, oder auf die hungernden Millionen, die unserer Ausbeutung zum Opfer fallen.

Entweder machen wir in unserem Rausch der Selbstverliebtheit so weiter und ignorieren blindlings die zunehmende Überbeanspruchung der Erde, unserer Lebensgrundlage, oder wir sehen den unangenehmen Tatsachen ins Auge und übernehmen die Verantwortung für die von uns verursachte Zerstörung. Als Menschen mit hochentwickeltem Bewusstsein sind wir durchaus imstande, klar zu erkennen, was wir den Lebewesen und der Erde in unserem hoffnungslosen Streben nach Glück, Sicherheit und

Macht durch unser endloses Streben nach materiellen Gütern und Herrschaft über das Land angetan haben.

Wir sind in der Lage, die volle Verantwortung für die Falschheit unserer dekadenten Lebensweise zu tragen. Die Frage ist nur, ob wir rechtzeitig aufwachen werden.

Unsere natürliche Verbundenheit leben

Entscheiden wir uns dafür, verantwortungsvolle Erdenbürger in der Gemeinschaft der Geschöpfe dieses Planeten zu werden, so müssen wir uns zutiefst über unsere natürliche Verbundenheit mit dem gesamten Leben im Klaren sein. Jeder Versuch, sich von dieser existenziellen Verbundenheit abzukoppeln, wäre Selbstmord. Wir müssen uns damit abfinden, dass wir nicht aus Kunststoff bestehen und in einer von uns selbst geschaffenen mechanischen Welt nicht glücklich leben können.

Es wird uns nicht gelingen, zu künstlichen, oberflächlichen Wesen zu werden, die losgelöst von der natürlichen Welt und vollständig in einer menschengemachten Welt existieren, ohne dass dies schwerwiegende Folgen hätte. Wir versuchen, unser Leben nach unseren eigenen Vorstellungen zu gestalten, so plastisch und maschinell es unser Intellekt vermag. Dabei werden wir mehr und mehr zu einer Schöpfung unseres Verstandes.

Wir sind verzweifelt darum bemüht, uns aus dem Ganzen herauszuziehen und eine parallele Existenz zu erschaffen, in der wir die Herrscher und so weit wie möglich von den Kräften und Rhythmen des natürlichen Lebens entfernt sind. Sollte uns das gelingen, hätten wir unseren eigenen Untergang besiegelt, denn unser Intellekt, so klug und erfinderisch er auch sein mag, ist nicht in der Lage, die Bedingungen zu schaffen, die für unseren komplexen Organismus erforderlich sind. Auch hat er nicht die Liebe, um unser sensibles Wesen zu heilen, es wiederherzustellen und zu revitalisieren.

Als moderne Menschen, die sich der Wissenschaft und Technologie verschrieben haben, sind wir deshalb ständig verletzt, unsere tiefen Bedürfnisse bleiben unerfüllt. Mit ihrer Schlauheit können Wissenschaftler und Industrielle die oberflächlichen Wünsche der Gesellschaft nach materiellem Komfort, sinnlichen Vergnügungen und physischer Sicherheit ansprechen; sie verfügen jedoch nicht über den geistigen Horizont oder die Intelligenz, um die tieferen, ganzheitlichen Bedürfnisse der Menschheit zu erfüllen.

Wir alle, nicht nur die Wissenschaftler und Techniker, haben unseren Intellekt missbraucht, um unsere Vormachtstellung zu behaupten, um uns selbst zu bereichern, um von anderen zu nehmen und zu horten, sodass wir uns sicher fühlen können. Wir haben es mit Kontrolle und Herrschaft versucht und sind kläglich gescheitert; dennoch klammern wir uns an die Hoffnung, dass wir unsere innige Verbundenheit mit der Natur mit dem nächsten Durchbruch des wissenschaftlichen und technologischen Fortschritts überwunden haben werden.

Wir sind in der Lage, künstliche und naturferne Lebensräume zu schaffen und dort für kurze Zeit zu leben, indem wir die Luft zum Atmen filtern, kühlen und heizen, Nahrungsersatz aus chemischen Stoffen herstellen und uns von der Natur abschotten. Doch im Grunde bleiben wir Teil der Natur und unsere Beziehung zu ihr bleibt bestehen, so sehr wir sie auch verzerren mögen. Die Organismen, die wir als »unsere Körper« bezeichnen, können oberflächlich von unserem Intellekt kontrolliert werden, aber letztendlich sind sie Teil der Ganzheit des Lebens und mit dieser verbunden. Und nur in dieser Ganzheit werden sie angemessen genährt, können revitalisiert und geheilt werden.

Wenn wir diese aufwendigen Experimente mit dem Leben in einer von uns selbst erfundenen Beton- und Kunststoffwelt machen, sind wir uns nicht darüber im Klaren, welche Schäden wir anrichten. Weil wir nicht verstehen, wie abhängig wir von den Rhythmen, Kräften, Energien und der Vitalität der natürlichen Welt sind, verstehen wir auch nicht, warum wir zunehmend neurotisch, chronisch müde, krankheitsanfällig, ruhelos und unglücklich werden, wenn wir von unserer natürlichen Verbundenheit abgeschnitten sind. Selbstverständlich leiden wir, wenn wir von unseren lebenserhaltenden Systemen abgekoppelt werden. Wir leiden und werden auch weiterhin leiden und anderen Lebewesen endloses Elend bereiten. Dennoch halten wir an der höchst abwegigen Vorstellung fest, dass wir unsere Leben und Körper dem Willen des Intellekts unterwerfen könnten.

Wäre es sehr schockierend, wenn wir herausfänden, dass unsere Körper gar nicht wirklich uns selbst – dir oder mir – gehören? Ein Körper ist keine abgesonderte Einheit, so wie wir uns das vorstellen. Auf unsichtbarer Ebene ist jeder Körper mit allen anderen verbunden, ebenso wie mit einem Baumstamm, dem Flügel eines Vogels oder dem Himmel. Wir können unsere Körper nicht als private Territorien abstecken und sie erfolgreich unter die Herrschaft des Intellekts stellen. Alle derartigen Bestrebungen, unsere Körper als persönliches Eigentum in die menschengemachte Welt mitzunehmen, sind zum Scheitern verurteilt. Schon der Versuch schafft eine innere Spaltung, eine Spannung zwischen der Tatsache der Verbundenheit und der Illusion des Getrenntseins. Bis diese künstliche Trennung überwunden ist, kann es keinen Frieden, keine Entspannung und keine wahre Fürsorge für die Erde geben.

Solange wir das, was »ich« bin und »mein« ist, als separates Territorium gegenüber dem betrachten, was »nicht ich« und »nicht mein« ist, können wir noch so sehr darauf bedacht sein, unsere Gier nicht auf andere Territorien zu richten, die Neigungen und Motive werden dennoch da sein, und sobald der äußere Schutzmechanismus schwächelt oder fehlt, wird das Ego seine imperialistischen Gelüste durchsetzen. Bis das Motiv der Ausbeutung die Menschheit nicht mehr im Griff hat, wird es keine Freiheit von Ausbeutung geben. Es wird keinen wahren Rhythmus und keine Harmonie der Ganzheit geben, solange der Mensch, das intellektuell begabteste aller Geschöpfe, in Fragmentierung lebt und der Erde den Stempel der Fragmentierung aufdrückt.

Wenn wir ein fragmentiertes Leben führen, das nicht in Harmonie und im Einklang mit der Natur steht, können wir trotz unseres großen Potenzials keine geeigneten Gefährten für andere Lebewesen sein. Fragmentiert und mit einer Vielzahl von Masken, Motiven und Berechnungen lebend, verfügen wir über nichts Wesentliches, was des Teilens wert wäre.

Ein kleiner Vogel, ein feiner Grashalm oder eine zarte Blume am Wegesrand verströmen ihre ganze Schönheit, die Essenz ihres Lebens, aber irgendwie schaffen wir Menschen es nicht einmal ansatzweise, die Essenz unseres Wesens auszustrahlen; abgestumpft durch unsere Ego-Rollenspiele, können wir stattdessen nur Kalkül anbieten.

Fast überall, vor allem aber in den Wohlstandsländern, haben die Menschen die Anmut und den Zauber des Mitseins mit anderen Lebewesen verloren. Wir sind nur noch mit Geld, körperlichem Wohlbefinden, gnadenlosem wirtschaftlichem Wettbewerb und den Ansprüchen sozialer Anerkennung beschäftigt. Wir betrachten andere Lebewesen als Ressourcen, die wir zu unserem Vergnügen nutzen oder um uns zu helfen, Schmerz zu vermeiden. Es ist also kein Wunder, dass Tiere voller Misstrauen vor uns weglaufen; wir besitzen nicht mehr die Unschuld, ihre Gefährten zu sein. Erfüllt es unsere Herzen nicht mit tiefer Trauer, wenn ein zierlicher Vogel verängstigt von uns wegfliegt?

Wir sind von der Gesellschaft dazu konditioniert, aus jeder Situation etwas herausholen zu wollen; gelingt uns das nicht, empfinden wir das Ereignis als Zeitverschwendung. Der konditionierte Teil des Verstandes ist darauf ausgerichtet, sich vom Zentrum des Egos aus nach außen zu bewegen, um Formen, Farben, Klänge und Gestalten zu erfassen und entweder ein Stückchen Information oder eine Erfahrung zurückzubringen. In jedem Moment versucht der konditionierte Verstand, etwas zu erlangen, das er besitzen und für späteren Gebrauch aufbewahren kann.

Selten sind wir in der Natur, ohne die Absicht, etwas zu erlangen und zu besitzen oder unsere eigennützigen Bedürfnisse zu befriedigen. Wir machen Ausflüge in die Natur, um Sinneseindrücke zu erhalten, um Erlebnisse zu haben, um Wissen zu erwerben, um die Harmonie der Natur zu erhaschen, damit wir wenigstens ein bisschen wiederhergestellt werden und zu unserem unausgewogenen Stadtleben zurückkehren können. Sind wir jemals in der Natur, um uns am Miteinander und der Verbundenheit mit ihr zu erfreuen, um das grundlegende Einssein zu erleben?

Immer, wenn wir aus einem bestimmten Motiv in der Natur sind, schwingt dieses mit und überträgt seine selbstzentrierte Botschaft. Jeglicher Ehrgeiz, sei er eigennützig oder überaus idealistisch, erzeugt eine Barriere des Widerstands, und damit geht die innige Kommunikation mit der Gesamtheit verloren. Motiv und Ehrgeiz deuten auf die aktive Präsenz des Egos hin, auf die konditionierte Unterteilung in Subjekt und Objekt, in Ich und Nicht-Ich. Wann immer das Ego oder die Konditionierungen am Werk sind, werden wir von den groben Energien des Konditionierten abgelenkt und sind uns der subtileren Kräfte des Unkonditionierten, des Ganzen, nicht bewusst.

Doch unsere gegenwärtige, verzerrte Beziehung zur Welt der Natur ist weder notwendig noch unabänderlich. Angenommen wir machen einen Spaziergang, ganz ohne Ziel oder Absicht, unbeschwert und im Einklang mit dem Leben um uns herum. Wir unternehmen keine bewusste Anstrengung, die Natur durch unsere

Sinnesorgane zu erfassen und eine Erfahrung mit nach Hause zu nehmen. Wir sind einfach nur *mit* dem Wald, den Vögeln, den wunderschönen grünen Blättern, die frisch geduscht sind vom Regen und auf denen die sanften Sonnenstrahlen tanzen. Wir sind dort, ganz ohne Barrieren, ohne irgendeine Form von Widerstand. Womöglich werden wir uns bewusst, dass das Zusammensein mit der Natur etwas mit unserem ganzen Wesen macht. Es ist ein Geschehnis. Wir suchen nicht, wir greifen nicht nach etwas, wir erlangen nichts, aber etwas wird uns gegeben, etwas strömt ein und berührt jeden Einzelnen von uns auf allen Ebenen.

Betrachten wir den Sonnenschein in absichtsloser Unschuld, dann bewirkt die bloße Wahrnehmung des Sonnenscheins etwas in uns. Schauen wir auf das Meer oder das tanzende Wasser eines Gebirgsbachs oder stehen am Ufer eines herrlich fließenden Flusses, dann verursacht der Anblick des Wassers eine körperliche, psychische und seelische Veränderung.

Einen Baum anzuschauen, ohne ihn botanisch zu analysieren, ohne ihn zu benennen oder zu bewerten, ohne zu überlegen, wie man ihn nutzen könnte, sondern einfach nur seine Schönheit und Erhabenheit zu betrachten und den Augenblick der Verbundenheit zu spüren, hat eine heilende Kraft. *Mit* dem Raum zu sein, ohne Verlangen, die Sinnesorgane, wie etwa die Augen, zu nutzen, um ein Objekt zu sehen und etwas mitzunehmen, sondern einfach nur *beim* Raum zu bleiben, setzt die im Raum enthaltenen Energien frei.

Mit der Natur zu sein, in der Entspannung der Ganzheit und Unschuld, ist keine Erfahrung, sondern ein Geschehnis. In völliger Entspannung ist das Wesen offen und empfänglich, nicht im Sinne kalkulierter Pläne und Vorstellungen und in Erwartung bestimmter Erfahrungen, sondern in der Demut, die sich einstellt, wenn das Wollen, das Beharren und Kontrollieren aufhören.

Im Zustand der völligen Entspannung regt sich das Ego nicht mehr und die künstliche Abgrenzung zwischen dem Ich und dem Nicht-Ich, die vom Ego aufrechterhalten wird, hat keinen Spielraum. Losgelöst von allen Rollen, von gesellschaftlicher Anerkennung und dem Wunsch, etwas zu werden, ist das Wesen empfänglich, unschuldig, sensibel und frei, um mit der gesamten Natur in Verbindung zu treten.

Von der Natur lernen

Als Angehörige der Erdenfamilie liegt unsere erste Verantwortung darin, unsere natürliche Verbundenheit mit der gesamten Natur zutiefst zu verstehen und sie auch wirklich zu leben. Wenn wir einsehen, wie töricht es ist, künstliche Lebensräume zu schaffen und dann, um sie zu erhalten, die Natur auszubeuten und eine oberflächliche, arrogante Haltung gegenüber den anderen Lebewesen einzunehmen, deren Entwicklung nicht auf Plastik, Maschinen, Geräte und Zement hinausgelaufen ist, dann werden unsere Intelligenz und Sensibilität geweckt und das richtige Handeln wird folgen.

Um besser zu verstehen, wer wir wirklich sind, anstatt wer wir intellektuell sein möchten, müssen wir aus einer unschuldigen Demut heraus von der Natur lernen. Erkennen wir, dass die Gesellschaft uns eine falsche Sichtweise auf das Wesen der Wirklichkeit vermittelt hat, dann liegt es an uns, die Essenz der Welt, in der wir leben, für uns selbst zu entdecken.

In den modernen Gesellschaften wurden wir in dem Glauben erzogen, dass Glück aus materiellem Fortschritt und Produkten in immer größerer Fülle und Vielfalt resultiert, dass Erfolg auf materieller und psychologischer Überlegenheit beruht und dass Sicherheit in der Anhäufung von Waffen für Verteidigung und Angriff besteht. Es drängt sich der Verdacht auf, dass an dieser erlernten Erfolgsformel etwas grundlegend falsch ist und dass wir, um überhaupt zu überleben, und erst recht um glücklich zu sein, neu entdecken müssen, was die grundlegenden Bedürfnisse eines menschenwürdigen Lebens sind.

Da die aktuelle Lage unseren Untersuchungen eine gewisse Dringlichkeit auferlegt, werden wir auf mehreren Ebenen gleichzeitig aktiv werden müssen. Wir müssen sofortige Korrekturmaßnahmen ergreifen, um die schlimmen Schäden, die wir der Erde und ihren Lebewesen zugefügt haben, rückgängig zu machen und um die Flut der zerstörerischen Strategien und Aktivitäten aufzuhalten. Wir müssen rechtliche Grenzen setzen und öffentlichen Druck ausüben, um der Gier und dem machthungrigen Wahnsinn des modernen Menschen Einhalt zu gebieten, bevor die Erde völlig verwüstet und ihre Lebewesen dahingerafft sind. Wir müssen die wirtschaftlichen Strukturen ändern und eine neue

Ethik etablieren, die die Menschenrechte, die Rechte anderer Lebewesen, auch jener der Zukunft, sowie die Rechte des Planeten berücksichtigt, und wir müssen neue Gesetze erlassen, um wenigstens die am stärksten gefährdeten Arten vor dem Aussterben zu bewahren. Allerdings wird keine dieser Maßnahmen etwas bewirken oder eine Chance auf nachhaltigen Erfolg haben, solange der Mensch nicht lernt, seine egozentrischen, selbstsüchtigen Motive in Bezug auf die Umwelt in den Hintergrund zu stellen, und herausfindet, wie man in Harmonie, Einheit und Frieden leben kann.

Solange der Mensch seine besonderen Fähigkeiten, sein entwickeltes Bewusstsein, das ihm von Geburt an innewohnt, für egoistische, eigennützige Zwecke einsetzt, läuft jedes Lebewesen auf der Erde potenziell Gefahr, in Mitleidenschaft gezogen zu werden. Und solange wir weiterhin abgekapselt in materiellen, fragmentarischen und künstlich begrenzten Weltanschauungen leben, beschränken wir das Wachstum und die evolutionären Möglichkeiten aller Wesen.

Unser Verständnis vom Leben muss sich von den oberflächlichen Schichten intellektueller und materieller Fixierung hin zur Wertschätzung der Ganzheit entwickeln. Wir müssen nicht nur neue Lebensweisen entwerfen, die im Einklang mit der Natur stehen, sondern auch in der Lage sein, die von uns erdachten Lebensmodelle umzusetzen, und das kann nicht gelingen, wenn wir unsere verzerrte Auffassung von der Realität beibehalten.

Lieben wir diese Erde, die wir als »Mutter« bezeichnen, auf zärtliche Weise, dann werden wir uns von der Kleingeistigkeit eines egozentrischen, selbstsüchtigen Lebens, vom ständigen Gieren, nach allem, was wir begehren, lösen und in den sanften Rhythmus des Empfangens und Erwiderns übergehen. Verstehen wir, wie sehr sich Erwidern vom Reagieren und Behaupten unterscheidet? Spontanes Erwidern rührt nicht vom Ego her, sondern entsteht durch Achtsamkeit, Sensibilität und Verbundenheit. Es ist keine bewusste Entscheidung und weder gekünstelt noch kalkuliert. Leben wir in Verbundenheit mit allen Lebewesen und der Erde, werden wir sehr sensibel für Ausgewogenheit und Ganzheit, und richtiges Handeln ergibt sich spontan.

Wir müssen uns aufrichtig fragen, ob wir die Demut haben, von den anderen Lebewesen zu lernen, ob wir für ihre Kommunikation empfänglich sind oder ob wir unentwegt danach trachten, unsere

Überlegenheit und Vorherrschaft zu demonstrieren. Und wir müssen herausfinden, ob wir unserem Organismus erlauben, sich völlig zu entspannen und sich den heilenden Kräften der Natur zu öffnen, oder ob wir den Launen und Plänen des Intellekts auf Dauer unterliegen wollen. Es gilt zu erkennen, ob wir willens sind, uns wenigstens für einige Momente vom Menschengemachten zu befreien, um in der Ganzheit zu verweilen.

Die Beziehung zur Erde, zu den Pflanzen und Tieren, zu Sonne, Mond und den Planeten ist entscheidend für uns. Wir können uns nicht als »Menschen« bezeichnen und gleichzeitig diese Verbindungen ignorieren. Konzentrieren wir uns ausschließlich auf die Beziehungen zu unseren Mitmenschen und zu den von Menschenhand geschaffenen Dingen, entgeht uns die Schönheit dieses heiligen Geschehens namens Leben und wir versäumen die Möglichkeit, von der Natur zu lernen und mit ihr zu kommunizieren.

Die Bäume, die Felsen und die Flüsse haben ihre Individualität, ihre Stimmungen und ihre Art, sich mit uns auszutauschen, wenn wir nur zuhören. Sind wir sensibel genug, um mit ihnen zu kommunizieren, werden sie einen Dialog mit uns führen. Sie alle haben eine existenzielle Ausdruckskraft, die sich nur durch große Achtsamkeit erkennen lässt. Die Meere und Flüsse, ebenso wie die Felsen, Vögel und Bäume, haben ihre eigenen Melodien, Töne und Klänge. Lauschen wir den Meeresgeräuschen, dem Wellengang eines Sees oder eines fließenden Stroms, dann werden wir uns der Individualität bewusst, die sich in den Klang- oder Lichtwellen, im Festen, im Verschwommenen oder im Fließenden ausdrückt.

Achten wir auf die Berge in Norwegen, in den Schweizer Alpen oder im indischen Himalaja, dann werden wir feststellen, dass jedes Gebirge seinen eigenen Ausdruck hat, dass jedes etwas anderes zu erzählen weiß. Sie wollen mit uns in Beziehung stehen. Sie behaupten sich nicht und drängen sich nicht auf; sie sind nicht dogmatisch.

Zu einer Beziehung gehören die Rhythmen von Aufnahmebereitschaft und unwillkürlichem Erwidern: Wahrhaftige Verbundenheit reicht weiter als jede Überlegung, etwas für den anderen zu tun. Ist der Herzschlag der Erde uns ebenso vertraut wie der Herzschlag unseres Körpers, so werden wir spontan für die Bewahrung der Erde eintreten, so wie wir unseren Körper schützen. Wenn die Erde in Gefahr ist, werden wir unverzüglich reagieren, ohne dabei das Gefühl zu haben, etwas Besonderes zu vollbringen oder einen außergewöhnlichen Dienst zu leisten, genauso wie wir es jetzt tun, wenn unser Körper in Gefahr ist.

Die innige Verschmelzung des Herzschlags, der Rhythmen, der Pulsschläge und des Blutflusses von Menschen und anderen Wesen wird die Heiligkeit der Erde bewahren. Die sozialen und rechtlichen Auflagen sind wichtig und auch die Aufklärung der Menschen über die Schäden, die sie anrichten, ist von Bedeutung, aber erst wenn die Illusion der Trennung zwischen Menschlichem und Nichtmenschlichem ein für alle Mal überwunden ist, werden die Erde und alle Lebewesen vor der Aggressivität, der Gefühllosigkeit und dem Leichtsinn des Menschen sicher sein.

Das Einssein mit der Erde macht furchtlos. Nur wenn wir losgelöst von der Erde in künstlichen Strukturen leben, die ausschließlich von menschengemachten Produkten und zweitklassigen Ideen aufrechterhalten werden, haben wir Anlass, um unsere Sicherheit zu fürchten. Nähe zur Erde und zu ihren Wesen führt zu einer tiefgehenden Akzeptanz von Leben und Sterben. Betrachten wir die Geburt als den Beginn des Todes und den Tod als den Beginn eines neuen Lebens, dann gibt es keine Angst. Dann verlieren Geburt und Tod die Spannkraft des Gegensatzes und werden Teil des Lebensrhythmus. Geburt, Wachstum, Vergehen und Tod verlieren für uns das Beängstigende der Ungewissheit und werden zum natürlichen Zyklus, den das Leben durchläuft.

Alles um uns herum verändert sich, wird geboren, wächst und vergeht. Und dennoch möchten wir in unseren künstlichen Leben glauben, dass wir unabhängig von all dem sind, dass unsere Identität von Dauer ist und wir den Kräften des Wandels gegenüber unempfindlich sind.

Nur wenn wir uns der Natur nähern, können wir das Leben als eine Gesamtbewegung wahrnehmen, die sich fortwährend selbst erneuert. Das Leben ist immer neu, immer frisch, stets im Wandel und unablässig in Bewegung. Wir sehen die Flüsse fließen, die Bäume wachsen, die Blumen blühen, die Wellen auf dem Meer sich kräuseln und wir werden uns bewusst, dass die Bewegungen des Lebens nie schal sind; der Lebensfluss wiederholt sich nie. Der im Winter fallende Schnee ist niemals eine fade Wiederholung des Schnees vom letzten Winter.

Wir bemühen uns, dieses unermessliche Leben in intellektuellen Konzepten einzufangen, doch scheitern unsere Versuche kläglich.

Die jämmerlichen Folgen dieser hoffnungslosen Bemühungen sind eine allgegenwärtige Angst vor dem Leben wie auch vor dem Sterben, sowie eine absurde Unfähigkeit, im Hier und Jetzt vollkommen präsent zu sein, wodurch jedwede Schönheit und jede Erregung, die die Natur uns zu bieten bereit ist, auf tragische Weise ignoriert oder entwertet werden.

Wir mögen an einen herrlichen Küstenstreifen fahren und in den ersten zwei oder drei Tagen von der Größe des Meeres, den Wolken, den Vögeln und dem Sonnenuntergang beglückt sein. Doch nach einigen Tagen gewöhnen wir uns an die Umgebung, und die gewohnten Strukturen, die konditionierten Verhaltensweisen, die Reaktionen des Wissens und der Erfahrung kommen ins Spiel und wir verlieren die lebendige Beziehung zu allem, was mit uns kommunizieren, uns beleben und erfrischen möchte.

In Verbundenheit mit der Natur zu leben und in einer lebendigen Beziehung mit unserem Umfeld zu bleiben, erfordert, dass wir uns all der künstlichen Schranken auf intellektueller, emotionaler und gewohnheitsmäßiger Ebene unseres Wesens bewusstwerden. Verbundenheit bedeutet, sich Geburt, Wachstum, Verfall und Tod unmittelbar bewusst zu bleiben, ohne jeglichen Widerstand und ohne psychologische Abschottung. Ohne Widerstände und Barrieren sind wir bereit zu lernen, zu reifen und transformiert zu werden.

Die Natur ist bereit, uns zu zeigen, wie wir ein einfaches, vornehmes, harmonisches Leben im Einklang mit lebendigen Rhythmen führen können. Doch dazu müssen wir gewillt sein, uns von den ausgefeilten Fallstricken der Gesellschaft zu lösen und all die Theorien, systematisierten Erkenntnisse und emotionalen Vorlieben, die wir angesammelt haben, beiseitezulegen, wenn sie nicht notwendig sind. Wir können von der Natur nicht empfangen und lernen, wenn wir von Gedanken, Gefühlen und Ambitionen voll sind.

Zu Authentizität heranreifen

Leben wir unsere natürliche Beziehung zur Natur und lernen von ihr, dann sind wir in der Lage, authentisch zu leben, was wiederum entscheidend dafür ist, unserer Verantwortung gegenüber der Erde gerecht zu werden. Keiner wird unseren Bekundungen der Besorgnis, der Liebe für den Boden und für alle Lebewesen ernsthaft zuhören, solange wir nicht Vorbilder für das Einssein mit der Natur sind, solange unserem Leben die Authentizität der Liebe fehlt.

So wie uns das Wohlergehen der Erdgeschöpfe am Herzen liegt, aller Erdenwesen, also auch der Steine, dem Lehm, dem Wasser – denn auch sie sind Wesenheiten, weil sie Bewusstsein haben –, sollten wir darauf bedacht sein, was wir aus unserem Leben machen. Solange wir ein oberflächliches Leben führen, können wir nicht zur tiefsten Ebene der Anteilnahme, nämlich dem Mitgefühl, vordringen. Wir sind nicht imstande, mit der natürlichen Welt zu kommunizieren, von ihr zu lernen und auf sie einzugehen, wenn wir ein Leben in Arroganz führen, das von Prestige, Ehrgeiz und Gelehrtheit geprägt ist. Eine aufrichtige Liebe zur Natur kann sich nicht in uns entfalten, solange unsere Leben nicht im Einklang mit den Rhythmen und Harmonien der Natur stehen und unsere Beziehungen nicht friedvoll sind.

Strahlen unsere Leben die Verbundenheit mit der Natur aus, dann wird jede ökologische Arbeit, die wir unternehmen, authentisch sein; unsere Leben werden die Botschaft vermitteln. Wir werden der Erde nicht allein durch Ideen zur Gesundung verhelfen; wir müssen die Schönheit eines Lebens anbieten, das Ganzheit und Einssein mit allen Wesen ausstrahlt.

Einige von denen, die sich für die Tiefenökologie einsetzen, werden die Voraussetzungen und Fähigkeiten haben, um auf internationaler Ebene in leitender Funktion tätig zu sein. Andere werden sich der Bildung widmen, und wieder andere werden es vorziehen, Projekte auf kommunaler Ebene zu initiieren. Doch unabhängig davon, wie dieses Engagement aussehen mag, sollten all jene, die an der Arbeit mitwirken, die Authentizität des Lebens und das tiefe Verständnis, das aus Gemeinschaft, inniger Verbundenheit und feinfühligem Bewusstsein erwächst, in sich tragen. Außerdem sollten wir in aller Demut einsehen, dass jene Kräfte, mit denen wir in der Natur zusammenarbeiten, von weitaus größerer Intelligenz sind, ganz gleich, wie umfassend unser intellektuelles Verständnis der Ökologie ist. Wir sollten uns davor hüten, mit intellektuellen und abstrakten Lösungen vorzupreschen, bevor wir nicht zu den tieferen Schichten vorgedrungen sind, um ganzheitliche Lösungen zu finden.

Intellektuelles Verständnis ist wichtig, und wir werden es so weit wie möglich einsetzen, aber wir müssen anerkennen, dass es auch andere Zugänge zum Wissen gibt und dass jedem Menschen eine ganzheitliche Intelligenz innewohnt, die aktiviert werden muss, um ganzheitliches Handeln und spontanes Erwidern möglich zu machen. Wenn wir uns mit unserem intellektuellen Verstehen, unseren akademischen Abschlüssen und Zeugnissen identifizieren oder ein chaotisches, unausgeglichenes Leben führen, dann werden wir nicht feinfühlig genug sein, um die Regungen der Intelligenz in uns wahrzunehmen.

Lasst uns die überaus wichtige Arbeit der Tiefenökologie von der richtigen Grundeinstellung unseres Lebens her verrichten, sodass die Bestrebungen frei von jeglicher Scheinheiligkeit sind und damit die Schwingung und die innere Strahlkraft des eigenen Lebens unser Werk unterstützen. Unabhängig davon, ob wir in einem Dorf den Menschen helfen, ihren Energiebedarf zu decken, oder ob wir in den Hauptstädten der Industrieländer Druck auf Politiker und Industrielle ausüben, lasst uns und unsere Leben mit der Authentizität einer tieferen, essenziellen und harmonischen Lebensweise wachsen.

Achten wir darauf, dass wir nicht scheinheilig mit einem Wertesystem für die Außenwelt und einem ganz anderen für unsere innere Welt leben. Soll die Reinheit in unserer Umgebung bewahrt werden, muss sie auch in unseren Körpern erhalten bleiben. Es ist unsinnig, die Verschmutzung der Städte zu bekämpfen, aber gleichzeitig unsere Körper mit industriell verarbeiteten Lebensmitteln, selbstzerstörerischen Gewohnheiten oder Drogen und Rauschmitteln zu belasten. Und es ist reine Heuchelei, einige Lebewesen zu schützen, während wir an der grausamen Tötung anderer teilhaben, um den gehobenen Geschmack zu befriedigen.

Jene von uns mit aufrichtiger, liebevoller Achtung für den Planeten werden freiwillig ein einfaches Leben führen und ihre Körper mit derselben Achtsamkeit umsorgen wie die Umwelt. Die Liebe zur Erde und zu all ihren Lebewesen wird uns ganz natürlich zu einem einfachen, harmonischen Leben führen, das auf einem ganzheitlichen Wertesystem basiert. Allerdings können wir diese einfache Lebensweise nur erreichen, wenn wir bereit sind, unser Verhaftetsein in Bezug auf den Beifall, die Annehmlichkeiten und die materielle Sicherheit der konditionierten Gesellschaft aufzugeben. Wir können uns nicht mit dem Konditionierten identifizieren und gleichzeitig erwarten, dass das Unkonditionierte, das Unversehrte, seine Energie in unserem Leben verströmt.

Ganzheitliches Handeln erlernen

Es wird zum Teil von unseren individuellen Fähigkeiten und Neigungen abhängen, ob wir Wege finden, das Verständnis für die Bedürfnisse der Erde und ihrer Lebewesen in positive Maßnahmen umzusetzen. Einige von uns sind bereit, sich direkt mit den Problemen der Umweltverschmutzung, der Auszehrung von Böden und Rohstoffen zu befassen; andere sind befähigt, auf soziale und gesetzgebende Reformen zu drängen; und wieder andere verstehen es am besten, den sichtbareren Bemühungen anderer Aktivisten stille, aber notwendige Unterstützung zu leisten. Was auch immer unsere Fähigkeiten sind, wir können alle dazu beitragen, die Menschen über den realen Zustand der Umwelt aufzuklären und zu informieren.

Über Jahrhunderte hinweg haben verschiedene Gesellschaften versucht, Menschen zu Veränderungen zu zwingen, und bis zu einem gewissen Grad haben sie es geschafft, bestimmte Verhaltensweisen zu unterbinden. Doch es ist ihnen nicht gelungen, Verständnis, Wachstum und Reife hervorzubringen. Zwang allein führt nicht zu dauerhaftem Wandel. Um anhaltende, wesentliche Veränderungen herbeizuführen, muss das Verständnis in tiefere Schichten des Wesens vordringen.

Es liegt auf der Hand, dass wir ein noch tieferes Verständnis der komplexen ökologischen Zusammenhänge erlangen müssen. Ausgebildete Ökologen sollten hierbei die Führung übernehmen. Sie können uns helfen zu verstehen, dass Naturschutz keine Frage des aufgeklärten Eigennutzes, sondern des Gemeinwohls ist, dass Land kein lebloser Boden, sondern eine Energieeinheit in der Biosphäre oder biotischen Pyramide ist.* Sie können uns die komplexen Beziehungen, die in einem Ökosystem bestehen, verdeutlichen.

Aber diese Bildungsaufgaben liegen nicht allein in den Händen der Ökologen. Wir alle müssen dazu beitragen. Wir müssen dafür

* Die biotische Pyramide ist ein Konzept in der Ökologie, das die Beziehung zwischen verschiedenen Organismen in einem Ökosystem auf gestaffelten Ebenen darstellt: von den Pflanzen und Algen bis »hinauf« zu den Raubtieren. Da nur ein Teil der Energie von einer Ebene zur nächsten übertragen wird, nimmt die Anzahl oder Biomasse der Organismen mit zunehmender Trophieebene ab. Die Pyramide hilft, die Struktur und das Funktionieren von Ökosystemen zu verstehen [A. d. Ü.].

sorgen, dass die Konzepte und Prinzipien der Ökologie nicht in Spezialkursen gelehrt werden, sondern in den Unterricht für Geschichte, Wirtschaft, Politik, Wissenschaft, Philosophie und Sprache integriert werden. Und wir müssen uns selbst und andere darin schulen, unsere ethischen Verpflichtungen gegenüber der Umwelt zu verstehen und anzunehmen, um wahrhaft verantwortungsvolle biotische Bewohner des Planeten Erde zu sein.

Während einige von uns in internationalen Programmen zum Artenschutz, zur Beseitigung der Umweltverschmutzung, zur Wiederherstellung lokaler Ökosysteme oder zur Aufklärungsarbeit über die Gefahren der gegenwärtigen Praktiken tätig sind, werden andere ein einfaches Leben in Dörfern und Gemeinden aufnehmen müssen. Dort können wir helfen, Lösungen für lokale Probleme zu finden, indem wir Wissenschaft und Technologie angemessen einsetzen und den Menschen die Schönheit eines Lebens in Harmonie mit der Natur nahebringen. Es sind nicht nur die großen Scheinwerfer, die den Planeten erhellen, sondern auch die Kerzenlichter der einfachen Leben, die in reinem Glanz strahlen.

Einige können dabei helfen, kleine Gemeinschaften zu gründen, in denen feinfühlige Menschen in Harmonie mit ihrer Umwelt leben und Möglichkeiten der Lebensführung erforschen können, die nicht mit der Ausbeutung durch große Konzerne, Industrien und Regierungsinstitutionen einhergehen. Die Entdeckungen in einer solchen Gemeinschaft werden zur Gründung weiterer Gemeinschaften anregen, und schließlich kann Gandhis Traum von einem Planeten mit kleinen Dörfern, in denen die stark zentralisierten Formen von Industrie, Regierung und Militär verschwinden, Wirklichkeit werden.

Derartige Gemeinschaften werden nicht allein auf der Grundlage von Idealen überleben. Sie dürfen keine Refugien für Menschen sein, die sich vom Strom des Lebens abkapseln wollen. Diese Gemeinschaften sollten lebendige Orte für wahrhaftige Revolutionäre sein, die sich nach einer anderen Lebensweise sehnen und bereit sind, ihr Herzblut einzusetzen, um ein friedliches, harmonisches Leben zu ermöglichen.

Die Mitglieder dieser Gemeinschaften müssen lernen zusammenzuleben, ohne dass Konflikte und Gleichgültigkeit die Atmosphäre vergiften. Vielleicht bauen sie eigenhändig hübsche Häuser, kümmern sich liebevoll um einzelne Tiere und haben schöne Gärten, werden jedoch ratlos, wenn es darum geht, füreinander zu sorgen, sich gegenseitig zu unterstützen, zu helfen, zu wachsen und zu reifen, gemeinsam Entscheidungen zu treffen, Diskussionen zu führen und Meinungsverschiedenheiten auf anständige Weise auszutragen. Verfügen wir nicht über die emotionale Reife, um zusammenzuleben und in Weisheit miteinander umzugehen, wird sich schon bald die ganze Unordnung und Kleinlichkeit des Stadtlebens auf unsere Gemeinschaft übertragen, und sie wird nicht friedlicher sein als ein Stadtviertel.

Wir müssen uns davor hüten, diese wunderbaren naturnahen Gemeinschaftsexperimente durch kleinliche Selbstzufriedenheit zu zerstören. Sie weisen den Weg zur Entwicklung alternativer Lebensmodelle und sind das Licht der Zukunft. Die Städte sind am Verfallen oder Zusammenbrechen und nicht mehr in der Lage, das Leben auf irgendeinem erstrebenswerten Standard zu halten: Sie werden zerfallen und verschwinden. Sind die Gemeinschaften von der Vitalität eines gesunden, vernünftigen und friedlichen Lebens erfüllt, werden sie eine Entwicklung vom städtischen Wahnsinn zu einem ganzheitlichen Leben in der Natur ermöglichen.

Die Gemeinschaften, die die Menschen zu einem fortschrittlichen, einfachen Leben führen, müssen ein tiefes ökologisches Verantwortungsgefühl besitzen und von authentischen Menschen geleitet werden, die diese Verantwortung aufrichtig, nachhaltig und tiefgründig leben. Sie werden den lebendigen Beweis dafür liefern, dass Menschen in Frieden und im Einklang mit der Natur leben können. Ohne die gelebte Wahrheit solch engagierter Leben, verbunden in der Einheit, spielen wir lediglich mit Theorien oder hypothetischen Gedanken.

Die Kombination von Gesetzgebung, öffentlichem Druck, Aufklärung der Menschen und authentischem Leben, die von der Ganzheit getragen werden und von der Furchtlosigkeit des Einsseins mit allen Wesen durchdrungen sind, birgt eine mächtige Kraft, die den Herausforderungen, vor denen der Planet steht, gerecht wird.

Stellen wir uns diesen Herausforderungen mit unserem ganzen Wesen, fest verwurzelt in der Erde und im Einklang mit ihren ungetrübten Rhythmen, den unverfälschten Harmonien und der unkonditionierten Intelligenz! Lasst uns die Demut haben, zu erkennen, dass nicht unser Intellekt allein uns aus der Dunkelheit herausführen wird: Die Herausforderungen sind zu komplex für den begrenzten Horizont des Verstandes oder des Intellekts. Wir werden erst dann reif genug und fähig sein, all die komplexen Zusammenhänge, die die Ganzheit ausmachen, genau wahrzunehmen, wenn wir uns auf eine tiefere Ebene begeben, auf der Gemeinschaft, Feingefühl und Entgegenkommen aufblühen. Dann werden wir den Herausforderungen gewachsen sein.

Diejenigen unter uns, die in Mitgefühl, Verbundenheit und Einheit mit allen Wesen leben, werden das Licht der Liebe für die Erde ausstrahlen, egal wo sie sind. Einige werden öffentlichkeitswirksame Arbeit in Regierungen und Organisationen übernehmen, andere werden sich in Dörfern und Gemeinschaften im Stillen engagieren. Doch die Ausstrahlung und das Bewusstsein der Einheit wird uns alle in einem warmen, intensiven und welt-umhüllenden Licht vereinen. Wir haben den Segen der Erde.

Die Jugend fördern

Die Kinder von heute sind, wie die Kinder aller vorangegangenen Generationen, von Natur aus weise, kreativ, begabt und geschickt. Doch die heutige Generation von Kindern hat einen eindeutigen Vorteil gegenüber ihren Vorgängern, denn Eltern und Erzieher sowie viele andere besonnene Menschen haben erkannt, dass die traditionellen Formen der Erziehung nicht ausreichen, um Kindern zur vollen Entfaltung ihrer Fähigkeiten zu verhelfen. Diese Erkenntnis hat zu neuen, ganzheitlichen Denkansätzen bei der Planung von Bildungsprogrammen geführt.

Damit wächst die Hoffnung, dass die Kinder unserer und künftiger Generationen eine Erziehung genießen werden, die ihnen dabei hilft, sich zu ganzen Menschen zu entwickeln und ein harmonisches Leben zu führen, das mit dem Leben in seiner Gesamtheit im Einklang steht.

Diese neue Erziehung wird eine begrüßenswerte Veränderung im Vergleich zur derzeitigen Erziehung in der Gesellschaft sein. Kinder werden nicht mehr dazu erzogen, Ressourcen für das militärische, industrielle, politische und religiöse Establishment zu sein. Sie werden nicht mehr darauf konditioniert, die Werte des Systems unhinterfragt anzunehmen, ihre Freiheit schon in jungen Jahren aufzugeben und durch Furcht, Angst und Unsicherheit entstellt zu werden. Und sie werden nicht nur in dem kleinen Spektrum von Fertigkeiten, Fähigkeiten und Werten erzogen, die dem System nützlich sind, sondern sie werden reichlich Gelegenheit haben, sich frei zu entfalten, um ganze und gesunde Leben zu führen.

Die Erziehung des Kindes als Ganzheit hatte für die vorherrschende Kultur bisher keinen Wert; ein vollständig lebendiger, handlungsfähiger Mensch wird als Bedrohung für den Status quo wahrgenommen.

Wenn ein junger Mensch aufrichtig und ernsthaft denkt und fühlt und in seinen Handlungen von der anerkannten Norm abweicht, ist er oder sie eine Gefahr, ein kleiner, spitzer Stachel, dessen Kraft die sichere Mauer der allgemein gültigen Verhaltensweisen der Kultur durchdringt. Die Gesellschaft toleriert ein gewisses Maß an abweichendem Verhalten oder mildere Formen der Kreativität, aber ein wirklich originelles Kind, das seine Ganzheit nicht dem Ansehen, der Achtbarkeit oder der Bequemlichkeit opfern will, ist nicht akzeptabel.

Von klein auf müssen junge Menschen auf die Ganzheit verzichten, die ihnen von Geburt an innewohnt, und sich mit den Fragmenten der Gesellschaft, dem einseitigen Wachstum und der Abhängigkeit von Symbolen als Mittel der Erkenntnis abfinden, anstatt sich auf Intuition oder direkte Wahrnehmung der Wirklichkeit zu verlassen. Die Kinder werden sukzessive von der angeborenen Intelligenz, von der unmittelbaren Wahrnehmung der Realität und vom kreativen Ausdruck in die Abhängigkeit von den Symbolen der Kultur und den intellektuellen Abläufen der Gesellschaft gebracht.

Wir haben leichtfertig zugelassen, dass die Erziehung zum Instrument der Regierungen geworden ist, um Bürger hervorzubringen, die sich den Bedürfnissen des Staates unterordnen. Deshalb kommt es bisher kaum vor, dass ganze Menschen von Geburt an ganzheitlich heranwachsen können und dann auch in der Lage sind, in Frieden, Harmonie und Einheit zu leben. Wir haben es einfach gemacht, die Verantwortung für das, was in den Schulen geschieht, abzugeben und unsere Jugend leichtfertig diesen Institutionen anzuvertrauen. Damit haben wir kollektiv zugestimmt, dass Bürger heranwachsen, die Aggressivität, Verteidigung, Wettbewerb, Erwerb ohne Rücksicht auf die Folgen für das Ökosystem, Gewalt im Namen nationaler Interessen sowie Befriedigung persönlicher Bedürfnisse und Interessen ohne Rücksicht auf den Schaden für andere Wesen befürworten. Diese, von den Bildungseinrichtungen geprägten, jungen Menschen haben wenig Aussicht auf ein Leben in Frieden, Harmonie und Vernunft.

Bestehende pädagogische Ansätze durchschauen

Der Schwerpunkt der gegenwärtigen Bildungseinrichtungen liegt auf der Betonung des Getrenntseins, auf dem Wettbewerb des Einzelnen mit anderen und auf der Unterdrückung des Gefühls der Einheit oder des Einsseins, das dem Kleinkind angeboren ist. Dem Kind wird systematisch beigebracht, dass es psychologisch gesehen ein getrenntes Wesen ist, das mit anderen Wesen im harten Konkurrenzkampf ums Überleben steht.

Das Kind wird nicht nur dazu erzogen, psychologisch getrennt zu sein und diese Getrenntheit mit komplizierten Verteidigungsstrukturen zu wahren, sondern es wird auch aus der unmittelbaren natürlichen Verbundenheit mit allen Lebewesen und der Natur herausgelöst und dazu angehalten, seine gesamte Aufmerksamkeit den Symbolsystemen der Gesellschaft zu widmen. Durch das Erlernen der Symbolsysteme lernt das Kind auch, die Abläufe der Vergangenheit fortzusetzen. Es wird im Sinne der gängigen Muster herkömmlicher Bildungsformen lernen, alles Bestehende nachzuahmen und zu wiederholen. Natürlich muss ein Kind die Symbolsysteme der vorherrschenden Kultur erlernen, aber nicht in der unausgewogenen, künstlichen und ausschließenden Art und Weise der heutigen Bildungssysteme.

Es ist bedauerlich, aber wahr, dass Erziehung für das Kind bedeutet, von der natürlichen Umgebung, wie auch vom intuitiven Wissen und den Freuden des unmittelbaren Kontakts mit der Natur und den Mitgeschöpfen entwurzelt zu werden. Aber Erziehung muss ein Kind nicht entwurzeln; es ist möglich, dem Kind die besonderen Einzelheiten der Symbolsysteme im Zusammenhang mit dem gesamten Leben nahezubringen, allerdings war es uns bisher nicht wichtig genug, die Ganzheit des Kindes zu erhalten und zu fördern.

Die Anspannung des Getrenntseins, des Wettstreits um Anerkennung und des Zustandes von Unausgeglichenheit durch die Entwurzelung aus der natürlichen Verbundenheit untergräbt die ursprüngliche Vitalität und Brillanz des Kindes, und so wird es nach und nach ebenso abgestumpft und neurotisch wie der Rest der Gesellschaft.

Wenn Erziehung schon nichts anderes leistet, so muss sie doch die Lebensfreude, das Gefühl der Einheit und die innige Verbundenheit mit allen Wesen bewahren, die das natürliche Erbe aller Menschen ist. Außerdem muss sie die Würde des jungen Menschen schützen, der kein ineffizienter Prozessor von Informationen ist, sondern ein Wesen, das Kreativität, Intelligenz und Liebe mit dem ganzen Universum teilt.

Wissen wir, als Eltern, Erziehende oder Angehörige der Gesellschaft, wirklich, was ein Kind ist? Oder gehen wir einfach davon aus, dass ein Kind ein Besitztum ist, das wir nach unseren vorgefertigten Ideen gestalten können, um es zu einer Art Kopie bereits bestehender Lebensentwürfe zu machen? Ist uns überhaupt bewusst, dass ein Kind aus der Ganzheit geboren wird, in der Ganzheit existiert und einen ureigenen Wesenskern hat, der sich von unseren individuellen oder kollektiven Vorstellungen unterscheidet? Wir Erwachsenen haben nicht erkannt, was das Leben ist, was die Wirklichkeit ist und was harmonische Beziehungen sind, und doch sind wir schnell dabei, das Kind nach unserer Unwissenheit zu formen.

Seien wir ehrlich zu uns selbst. So wie wir selbst nicht wissen, wie wir in Frieden und mit Vernunft leben können, wissen wir auch nicht, wie wir Kinder zu einem friedlichen, vernünftigen und harmonischen Leben erziehen können. Wir haben keinesfalls eine schöne Gesellschaft für die Jugend geschaffen, und doch versuchen wir, sie als glorreiches Erbe an die jungen Menschen weiterzugeben.

Wir sollten nicht so sicher sein, dass es eine wunderbare Sache ist, die Jugend zur Fortführung der Vergangenheit zu erziehen; das ist es nämlich nicht. Vielmehr fragen sich die aufgeweckten jungen Menschen von heute, ob es überhaupt eine Zukunft für sie gibt.

Überall finden sich Anzeichen dafür, dass unsere Arroganz und Ignoranz, unsere Gefühllosigkeit gegenüber dem Leben und den Lebewesen wahrscheinlich zu unserem Untergang führen werden. Das enorme Bevölkerungswachstum, die Umweltverschmutzung, die Gleichgültigkeit gegenüber den Ökosystemen, die Ausbeutung der Ressourcen, die Investition in nukleare Lösungen – alle diese Faktoren tragen zu unheilvollen Prognosen hinsichtlich der Überlebensdauer der Menschen auf dieser Erde bei. Wir haben weder Zeit noch Spielraum für weitere Fehler, für Nachlässigkeit oder Unachtsamkeit bei der Erziehung und Bildung der Jugend. Wenn die neue Generation es nicht besser machen kann als wir, wenn sie nicht einfach, harmonisch und friedlich leben kann, dann werden sich die Voraussagen über das Scheitern der Menschheit bewahrheiten.

Eine ganzheitliche Bildung erproben

Nicht nur Eltern und Erziehende, sondern alle, die sich Gedanken über die Lebensqualität der Menschen machen und denen die Erde am Herzen liegt, sollten der Erziehung und Bildung der Jugend besondere Aufmerksamkeit schenken. Wir können es uns auf diesem Planeten nicht mehr leisten, ein irrsinniges, maßloses oder gleichgültiges Leben zu führen.

Jene von uns, die nicht an der Verletzung von Gleichgewicht und Einheit der Kinder mitwirken wollen, müssen überall dort, wo sie sind, aktive Fürsprecher einer neuen, allumfassenden Erziehung werden, die die heilige Ganzheit des Kindes bewahrt, sie respektiert und das Intellektuelle in ein Gleichgewicht mit anderen Arten des Wissens und Wegen des Seins bringt.

Wir müssen den jungen Menschen helfen, eine neue Perspektive auf das gesamte menschliche Leben zu entwickeln, allerdings nicht auf das fragmentarische, in Schubladen unterteilte Leben unserer unseligen gegenwärtigen Gesellschaft. Stattdessen muss es um eine ganzheitliche Sichtweise auf alle verfügbaren Ressourcen der Erde und um ein Gefühl der Verbundenheit mit der globalen Menschheitsfamilie gehen. Erziehen wir die Kinder weiterhin zu begrenzter, enger Identifikation mit einer bestimmten Gemeinschaft, die mit anderen Gemeinschaften in Fragen der Ressourcen, der Macht und des sogenannten Besitzes der Wahrheit in Konflikt steht, dann werden wir die Früchte von Spaltung, Aggressivität und Kriegen ernten. Wir können die Kinder nicht dazu drängen, engstirnige Kategorien zu akzeptieren oder die Traditionen einer bestimmten Gruppierung zu verteidigen, und dann gleichzeitig von ihnen erwarten, dass sie die Welt zu globalem Frieden und Harmonie führen.

Die Erziehung der Generationen, die als globale Menschheitsfamilie funktionieren sollen, muss über die Schranken von Herkunft, Religion, Glaube und Nation hinausgehen, um die Einheit aller Wesen anzuerkennen. Das bedeutet nicht, dass einem Kind die Traditionen und Rituale einer Kultur nicht auf undogmatische Weise beigebracht werden können. Jedoch müssen die Kinder, die als Teil einer globalen Menschheitsfamilie leben werden, zutiefst verstehen, dass Einheit in der Vielfalt liegt, dass Verschiedenheit nicht spalten muss, dass alle kulturellen Unterschiede nur oberflächlich sind und wir im Innersten in Wirklichkeit auf ewig untrennbar sind.

Sind wir bereit, der Tatsache ins Auge zu sehen, dass wir mit unseren Kindern werden mitwachsen müssen, wenn wir eine ganzheitliche Erziehung für sie anstreben – eine Erziehung, die es ihnen ermöglicht, in freudiger Harmonie zu leben, ohne die Hässlichkeit eines selbstbezogenen Daseins, beschränktem Verhaftetsein und zerstörerischen Konflikten?

Als Eltern, Lehrer und besonnene Bürger werden wir uns intensiver mit unserem eigenen Leben auseinandersetzen müssen, um das Wesen des Lebens zu erfassen und seine wahren Werte und Prioritäten zu erkennen. Die Erziehung in solch komplexen Zeiten intellektueller Entwicklung und wissenschaftlichen sowie technischen Fortschritts darf sich nicht auf eine oberflächliche Ebene beschränken. An der Oberfläche herrscht Chaos, wir haben unseren Halt verloren; wir müssen tiefer vordringen, um eine Wirklichkeit zu entdecken, die in ihrem Grund harmonisch, friedlich und eins ist.

Wir müssen die Ganzheit in unserem eigenen Leben wiederentdecken und zum Wohle der Kinder auch wirklich wertschätzen, nicht als romantische Idee, sondern als eine praktische Notwendigkeit für das Überleben der Menschheit auf diesem Planeten. Erziehen wir auch nur eine weitere Generation im Wahnsinn der Fragmentierung, des einseitigen Wachstums und des unausgewogenen Lebens, dann hat die Menschheit nicht mehr viel zu erwarten.

Wenn wir uns der Herausforderung einer ganzheitlichen Erziehung stellen, sollten wir uns ernsthaft mit dem ganzheitlichen Wachstum des Kindes befassen und nicht der Mode antiintellektueller Ideen erliegen, die ein unausgeglichenes Wachstum anderer Art verursacht. Ebenso sollten wir uns nicht auf eine schwammige Sentimentalität in Bezug auf das »natürliche Kind« einlassen und uns so der Verantwortung entziehen, jeden jungen Menschen sorgsam und achtsam zu erziehen und auszubilden. Unwissenheit, Analphabetismus und das Nachahmen von Modeströmungen sind der ganzheitlichen Entwicklung des Kindes nicht zuträglich. Wenn wir sagen, dass ein Kind von einer Pflanze oder einer Blume lernen kann, heißt das nicht, dass ein Kind nicht auch wichtige Dinge aus Büchern lernt.

Holistische Erziehung zielt auf die umfassende Entfaltung aller Fähigkeiten, Talente und Möglichkeiten des Kindes ab. Das Kind, verwurzelt in den natürlichen Zusammenhängen des Lebens, wird sich in Sprache, Kunst, Wissenschaft, Mathematik, Landwirtschaft, Ökologie und Handwerk ausdrücken. Ganzheitliches Wachstum bedeutet, mit allen Bewegungen und Rhythmen des natürlichen Lebens vertraut zu sein, sodass das Kind mit Stille ebenso umzugehen weiß wie mit Geräuschen, mit der Dunkelheit genauso wie mit dem Licht und mit Kummer so gut wie mit Freude.

Ganzheitliches Wachstum bedeutet auch, mit den inneren Dimensionen des Verstandes, der Gefühle und der Emotionen vertraut zu sein, ihre Dynamiken zu verstehen und ebenso, wie sie sich von subtilen Gefühlen zu heftigen Reaktionen steigern. So werden die Kinder nicht von der ungeheuren Dynamik der Eifersucht, des Zorns oder der Angst überwältigt und völlig aus dem Gleichgewicht gebracht. Es bedeutet auch, dass die Bedürfnisse des Körpers in der ganzheitlichen Erziehung nicht vernachlässigt werden; die Kinder werden lernen, wie sie die Empfindsamkeit, die Wachsamkeit und das feine Gespür des Körpers aufrechterhalten können, sodass er mit ihrem ganzen Wesen kooperiert, anstatt ihm entgegenzuwirken.

Obwohl die ganzheitliche Erziehung viele Aspekte und Ausdrucksformen haben wird, werden ihr Grundprinzip und ihr Kontext konstant bleiben: Leben und Lernen können nicht von der Ganzheit losgelöst werden; Talente und Fähigkeiten müssen nicht egozentrisch sein und können sich als Ressource für die Bereicherung der Kultur entwickeln, aus Interesse an der Entwicklung der Menschen. Ein Kind entwickelt und entfaltet seine Talente und Fähigkeiten nicht, um mit anderen Kindern zu konkurrieren oder um sich selbst darzustellen, sondern um aus freien Stücken einen sozial verantwortlichen und kreativen Beitrag für die Gesellschaft zu leisten. Bei der ganzheitlichen Erziehung wird es nicht darum gehen, einige wenige hochbegabte, überlegene Individuen herauszubilden, die prestigeträchtige Stellungen bekleiden, sondern darum, den einzigartigen Beitrag eines jeden Menschen zu entfalten.

Die holistische Erziehung erkennt an, dass ganzheitliches Wachstum, wenn es überhaupt einen Wert haben soll, die dem Kind innewohnende Freiheit respektieren muss. Wachstum durch Zwang führt nicht zu Reife, sondern lediglich zu Konditionierungen und psychologischer Versklavung. Dennoch muss dem Kind geholfen werden zu begreifen, dass Freiheit keine egozentrische Ausschweifung oder Zügellosigkeit ist, sondern eine weitaus tiefere Verantwortung mit sich bringt, als konditionierte Zwänge oder die Akzeptanz von Autorität es tun.

Die wahren Verantwortlichkeiten von Eltern verstehen

Haben wir die ganzheitliche Erziehung verwirklicht, werden Eltern ihre Kinder nicht mehr im Sinne traditioneller Normen aufziehen und dann von den Schulen erwarten, dass sie die Kinder zur Freiheit erziehen. Das ganzheitliche Wachstum von Kindern in Freiheit muss mit einem völlig neuen Ansatz der Eltern beginnen. Diese sollten das Heilige der Elternschaft erkennen, die Heiligkeit, ein Kind aus dem Fleisch und Blut der Eltern entstehen zu lassen. Es ist eine heilige Verantwortung, ein Kind großzuziehen, ohne es zu trüben oder zu verderben.

Respektieren die Eltern den Menschen, den sie in die Welt setzen wollen, und achten sie seine Freiheit und sein Wachstum, dann werden sie die Zeugung des Kindes nicht nur als ein Vergnügen für die Mutter und den Vater betrachten, sondern auch als eine Verantwortung gegenüber der Welt und der menschlichen Familie.

Wir müssen begreifen, dass Kinder nicht dazu da sind, die Ambitionen, Wünsche und Sehnsüchte der Eltern zu erfüllen. Jedes Kind ist ein einzigartiges Wesen, das ein physisches und psychisches Erbe in sich trägt, gleichzeitig aber weit mehr ist als dieses Erbe. Im kleinen Körper des Kindes existiert ein vollständiges menschliches Wesen. Das Kind ist nicht einfach eine Miniaturausgabe der Eltern, sondern ist einzigartig.

Es erfordert ein wachsames Feingefühl beider Eltern, um in inniger Verbundenheit mit einem kleinen Kind zu leben, die körperlichen Ähnlichkeiten zu erkennen und dennoch die Einzigartigkeit und Ganzheit des Kindes zu respektieren. Leicht verfällt man in traditionelle Erziehungsmuster, die auf Besitzdenken, der Erfüllung von Ambitionen und dem Wunsch beruhen, das Kind zu einem Abbild seiner selbst zu formen. Hingegen werden Eltern, die die Freiheit und die Heiligkeit des Lebens des Kindes schätzen, nicht so schnell in die Muster der Vergangenheit verfallen, sondern darauf achten, die Besonderheit des Kindes zu bewahren.

Wir müssen erkennen, dass die Erziehung des Kindes mit der Zeugung beginnt. Die Qualität des Bewusstseins eines Kindes wird zu einem großen Teil durch das Verhalten der Eltern zum Zeitpunkt der Empfängnis bestimmt. Ist auch nur einer der Elternteile in einem Zustand von Wut, Aggression, Hass, Rachsucht oder Langeweile, dann wird das Bewusstsein des Kindes durch diese Stimmungen geprägt sein. Das Baby wird mit angeborenen geistigen Defiziten und Verzerrungen zur Welt kommen, die es nur schwer überwinden kann.

Von der Empfängnis bis zum fünften Lebensjahr nimmt das Kind in rasender Geschwindigkeit nicht nur das äußere Verhalten, sondern auch Einstellungen und Neigungen auf und übernimmt sie. Noch bevor der junge Mensch das Sprechen erlernt, versteht er oder sie intuitiv die zum Ausdruck gebrachten Stimmungen und Gefühle. Sind diese harsch, heftig und kaltherzig, kann die zarte Psyche des Kindes Schaden nehmen und es wird schwierig sein, diese Verletzungen zu heilen, wenn das Kind heranwächst.

Ein Kind nimmt schon sehr früh wahr, was in seiner oder ihrer Gegenwart gesagt wird. Bringen die Eltern Missbilligung oder Ablehnung zum Ausdruck oder ziehen sie Vergleiche zu anderen Kindern, so hinterlässt dies einen Eindruck in der Psyche des Kindes, auch wenn es die Worte nicht versteht.

In seinem jungen Alter hat das Kind noch kein psychologisches Abwehrsystem entwickelt und ist sehr empfindlich gegenüber der Atmosphäre, in der es aufwächst. Deshalb sollten die Eltern darauf achten, den jungen Menschen nicht den Verzerrungen der Erwachsenenwelt auszusetzen. Von der Zeugung an lernt und absorbiert das ganze Wesen, und die Eltern müssen achtsam sein und dürfen sich nicht zu übertriebenen Stimmungen, Irritationen und Auseinandersetzungen hinreißen lassen, die die Empfindsamkeit des Kindes stören könnten.

Das Zuschreiben von Eigenschaften hat auch Auswirkungen auf Kinder, die noch kein verbales Verständnis haben. Zu sagen, dass Kinder beispielsweise zu dunkel- oder zu hellhäutig sind oder dass ihre Nasen zu groß sind – all die verschiedenen Merkmale, mit denen wir Kinder beschreiben, haben einen subtilen Einfluss auf die Psyche und schaffen eine Konditionierung. Wir müssen auf die Qualität der Kommunikation mit dem jungen Menschen achten. Auch wenn er oder sie nicht zuhört oder mit Worten antwortet, nimmt das ganze Wesen auf, assimiliert und empfindet intensiv.

Wenn es uns ein wichtiges Anliegen ist, dass die Kinder zu vernünftigen, gesunden und ganzen Wesen heranwachsen, werden wir sehr genau auf die Atmosphäre im Elternhaus achten. Wir werden dafür sorgen, dass ein Kind vor heftigen Wutausbrüchen geschützt wird, und wir werden vermeiden, den jungen Menschen durch unsere Erwartungen, Ziele und Ängste übermäßig zu beeinflussen.

Haben wir Angst vor dem Leben oder eine übertriebene Angst um die Sicherheit des Kindes, wird es mit einer Prägung der Angst in seiner Psyche aufwachsen. Bei der Erziehung eines jungen Menschen müssen wir lernen, unsere Ängste und Unsicherheiten genau im Blick zu behalten und auf unsere Furcht vor dem Leben und dem Sterben zu achten, damit wir das Leben des Kindes nicht leichtfertig verzerren. Wir sind keine Heiligen und auch als Eltern und Erziehende sind wir nicht perfekt, aber wir können Verantwortung übernehmen und ein Augenmerk darauf legen, wie wir den jungen Menschen mit unseren Verzerrungen konditionieren. Sind wir wirklich aufmerksam und uns unseres eigenen Verhaltens bewusst, werden viele der unvorsichtigen Verhaltensweisen im Prüflicht der Achtsamkeit sichtbar werden.

Respektieren wir die Freiheit und die heilige Ganzheit des Kindes, können wir bei seiner Erziehung nicht auf der Grundlage von Gewohnheiten oder Automatismen vorgehen. Die gewohnheitsmäßigen Verhaltensweisen, die womöglich unsere eigene Erziehung widerspiegeln, prägen sich in das Bewusstsein des jungen Menschen ein und bilden die Anfänge einer ähnlichen Gewohnheitsstruktur, die aus Sicht der Eltern weder wünschenswert noch für das Kind positiv ist. Es kann passieren, dass wir Gewohnheiten weitergeben, derer wir uns gar nicht bewusst sind, und die uns dann missfallen, wenn sie sich im Verhalten des Kindes zeigen.

Ein harmonisches Familienleben erfordert einen täglichen Rhythmus, wenn Ordnung bestehen soll. Das Kind muss lernen, sich diesen Rhythmen anzupassen, sich zu waschen, zu essen, ins Bett zu gehen. Es gibt jedoch einen enormen Unterschied zwischen einem sensiblen Umgang mit dem Tagesverlauf und dem zwanghaften Befolgen eines starren Musters. Wenn wir dem Kind beibringen zu essen, sich zu waschen oder die Zähne zu putzen, sollten wir ihm helfen, diese Handlungen nicht automatisch auszuführen, sondern mit einer gewissen Sensibilität für seine Wahrnehmungen, Empfindungen und Rhythmen.

Ist das Elternhaus von dem Wunsch erfüllt, harmonisch und friedlich zu leben, ernstlich an der globalen Menschheitsfamilie teilzuhaben und sich für die Verbesserung der Lage unterdrückter Menschen einzusetzen, dann wird es für das Kind ganz selbstverständlich sein, sich mit Belangen zu befassen, die über die Grenzen egoistischer Aktivitäten hinausgehen. Lebt die Familie in der Erkenntnis, dass ein Mensch nicht nur geboren wird, um seine physischen oder biologischen Bedürfnisse und psychologischen Ambitionen zu befriedigen, dann wird der junge Mensch mit einer erweiterten Weltsicht aufwachsen, die über den begrenzten Horizont des Egos hinausgeht.

Leben die Eltern nicht in der Isolation der Selbstbezogenheit, sondern im Bewusstsein gesellschaftlicher Verantwortung für die Welt und der Fürsorge für alle Lebewesen, werden sie ihre Ansichten mühelos und natürlich mit dem Kind teilen. Durch solche Diskussionen erwirbt das Kind spontan eine verantwortungsbewusste Haltung und ein aufrichtiges Gefühl der Teilhabe, das mit gesellschaftlicher Verantwortung einhergeht.

Leider führen die meisten von uns ein egozentrisches Leben, in dem Rechte, Vergnügen und persönliche Erfüllung viel wichtiger sind als die Verantwortung als Erdenbürger. Und dem Kind zuliebe so zu tun, als ob man verantwortungsbewusst wäre, bringt überhaupt nichts; es beobachtet die ganze Zeit das tatsächliche Verhalten der Erwachsenen, nicht nur ihre Worte, sondern auch ihre Handlungen und Gefühle. Das Kind wird wissen, wie wir die Mitglieder einer anderen Kultur, Gemeinschaft, Klasse oder Religion tatsächlich behandeln. Es ist zwecklos, große Reden über die Einheit aller Menschen und die Notwendigkeit von Brüderlichkeit oder Schwesternschaft zu halten, solange eine Person mit geringem wirtschaftlichem Status und Ansehen in der Gesellschaft wie ein Mensch zweiter Klasse behandelt wird, wenn er zu Besuch kommt.

Wenn wir ein Kind in die Welt setzen, müssen wir über die Selbstbezogenheit hinauswachsen und uns unserer Scheinheiligkeit viel stärker bewusstwerden. Das Kind weiß, wenn wir eine Sache sagen, aber etwas anderes tun und etwas ganz anderes fühlen. Und sind wir sensibel für die Ausdrucksweisen des Kindes, werden wir erkennen, dass wir dieses aufmerksame Wesen nicht mit unseren ausgeklügelten Heucheleien täuschen.

Wenn ein Kind in unser Leben tritt, machen wir uns in der Regel Gedanken darüber, welche Zukunft ihm bevorstehen könnte, wenn es erwachsen wird. Gerade in unseren kritischen Zeiten hat diese Überlegung ernsthafte Tragweite.

Wir können nicht länger die ausschließende Ansicht vertreten, dass jeder von uns seine Kinder mit Liebe und Fürsorge erziehen soll und der Rest der Welt für sich selbst sorgen kann. Lieben wir die Kinder wirklich, dann übernehmen wir auch Verantwortung für die Umwelt, die wirtschaftlichen Verhältnisse und die internationale Situation, die das erweiterte Umfeld und die größere Familie sein wird, in der die junge Generation leben muss.

Es ist erfreulich zu sehen, dass Organisationen von Müttern und Eltern auf die Straße gehen, für den Frieden demonstrieren und gemeinsame Erklärungen abgeben. Es macht deutlich, dass die Liebe zu den Kindern noch lebt. Obwohl sich Familienstrukturen und Erziehungsmuster drastisch verändert haben und wir in den entwickelten, wohlhabenden Ländern um das Überleben der Familie bangen, ist die tiefe, ursprüngliche Liebe der Eltern zum Kind nicht verschwunden.

Auch wenn wir in unseren Herzen eine lebendige Zärtlichkeit und Zuneigung spüren, müssen wir sehr genau auf die Atmosphäre und die Einstellungen im Elternhaus sowie auf unser erzieherisches Vorgehen achten. Schicken wir die Kinder in die Schule, können wir sie nicht einfach in einer Kindertagesstätte oder einer nahegelegenen Schule abgeben und glauben, dass unsere Verantwortung damit erledigt ist, so als seien wir Hirten, die schlafen, wenn die Schafe im Stall sind. Als Eltern tragen wir die ständige Verantwortung für die Erziehung unserer Kinder; Erziehende können mit uns zusammenarbeiten, aber wir müssen das Engagement und das umfassende Interesse aufbringen, die das Kind begleiten, während es mit verschiedenen Lehrern, Schulen und Unterrichtsplänen zu tun hat.

Eltern stehen unweigerlich vor der Entscheidung, ihr Kind in die nächstgelegene staatliche Schule zu schicken, es in eine Privatschule zu geben, mit anderen Eltern eine Schule zu gründen oder das Kind zu Hause zu unterrichten. Dies ist eine schwerwiegende Entscheidung mit erheblichen Konsequenzen für das Leben des jungen Menschen und der Familie.

Eltern mit einem Mindestmaß an Sensibilität werden es infrage stellen, ihr Kind in eine Einrichtung zu schicken, in der ganz andere Werte gelten als im Elternhaus. Sie werden sich dagegen wehren, ihr Kind in eine fabrikähnliche Einrichtung zu geben, die es mit den Theorien, Ideen und Normen der vorherrschenden Gesellschaft vollstopfen und aus ihm einen Bürger machen, der bereit ist, einen Job in der ausbeuterischen Wirtschaft anzunehmen, der passiv mit den nationalistischen, imperialistischen Bestrebungen der Regierung übereinstimmt und gewillt ist, für die korrupten Interessen des militärischen, politischen und industriellen Komplexes des Landes in den Krieg zu ziehen. Eltern werden sorgfältig abwägen, ob sie ihr Kind in eine Bildungsumgebung schicken, in der Ganzheit, Kreativität und das Leben an sich nicht wertgeschätzt werden oder keine Priorität haben.

In modernen Gesellschaften führen wir ein gehetztes Leben und haben kaum Zeit, um wirklich länger über die wichtigen Lebensfragen nachzudenken. Aber wir sollten innehalten und uns ernsthaft Gedanken darüber machen, wie wir die Kinder und Jugendlichen erziehen werden. Wir müssen entscheiden, welche Priorität wir der Erziehung einräumen. Diese Entscheidung darf keine automatische Reaktion sein, mit der wir den einfachen Weg gehen, so wie wir es bei tausend anderen Entscheidungen in unserem Leben tun.

Lasst uns, als Eltern, Erziehende und Freunde, die Bildungsmöglichkeiten für die Jugend nicht als ein logistisches Ärgernis betrachten, das darin besteht, unsere Kinder an der nächstbesten Schule anzumelden. Lasst uns diese Gelegenheiten stattdessen als die Chance wertschätzen, die Herausbildung einer höher entwickelten Menschheit zu fördern, die ihr Erbe der Liebe, der Kreativität und der Intelligenz nutzen wird, um die Gesellschaft zu verändern.

Bildung ist eine wunderbare Herausforderung, wenn wir sie als eine Möglichkeit des gemeinsamen Wachstums, des Teilens, der Zusammenarbeit und der Beteiligung an der Entwicklung von Menschen betrachten, die ihr Potenzial für ein freudvolles und tiefgründiges Leben in höherem Maße ausschöpfen. Betrachten wir Bildung als eine heilige Verantwortung für die gesamte Gesellschaft, dann werden wir die begrenzte Sichtweise von Eltern, die nach der nächstgelegenen Schule suchen, überwinden und eine umfassendere Perspektive einnehmen, die Menschen für eine völlig andere Gesellschaft, Kultur und Lebensweise vorbereitet.

Bildung ernst zu nehmen, heißt, bereit zu sein, sich persönlich in den Prozess der Zusammenarbeit mit einer Schule einzubringen, die die Ganzheit des Kindes wertschätzt (falls wir eine solche finden), mit anderen Eltern zusammenzuarbeiten, um neue Schulen zu gründen und an ihrer Entwicklung mitzuwirken oder nach einem anderem Bildungskonzept zu suchen, das der Lage vor Ort angemessen ist. Eine ernsthafte Herangehensweise an Bildung bedeutet nicht, dass man einfach die beste der derzeit verfügbaren Bildungsmöglichkeiten auswählt, denn selbst das gegenwärtig Beste kann einem empfindsamen Kind enormen Schaden zufügen.

Schulen für den Frieden gründen

Die Suche nach Bildungsmöglichkeiten für einen jungen Menschen wird uns zweifellos entmutigen. Aber ist es für uns als kompetente Menschen nicht erstrebenswerter, eine andere Form der Bildung zu organisieren, anstatt zutiefst frustriert und deprimiert darüber zu sein, dass wir einen geliebten jungen Menschen in eine Schule schicken, die wir nicht gänzlich respektieren können?

Die bedrückende Auswirkung, die es hat, wenn man ein Kind auf eine geradeso annehmbare Schule schickt, wird die Familie während der gesamten Schulzeit des Kindes begleiten, jahrelang. Jede Woche wird es neue Vorfälle geben, die die Familie weiter entmutigen. Wäre es nicht besser, die Herausforderung anzunehmen, wenn sie sich zum ersten Mal stellt, und dann vernünftige, intelligente und mutige Maßnahmen zu ergreifen, um eine Schule zu gründen, auf die wir einen jungen Menschen mit Stolz schicken können?

Eltern, Erziehende und Freunde sollten zusammenfinden und zusammenarbeiten und sich aufrichtig dazu verpflichten, Schulen zu gründen, in denen der ganze Mensch atmen, sich wohlfühlen und in Harmonie lernen kann. Die Verantwortung liegt nicht nur bei den Eltern. Eltern mit kleinen Kindern im schulpflichtigen Alter können den Anstoß geben, aber auch die übrigen Mitglieder der Gemeinschaft müssen sich beteiligen und sich für eine wertvolle Erziehung der jungen Generation verantwortlich fühlen.

Die Errichtung einer neuen Schule oder einer neuen Bildungsform erfordert umfangreiche Überlegungen zwischen allen Beteiligten, insbesondere über die grundlegenden Werte, auf denen die Bildung basieren soll. Solche Diskussionen könnten die negativen Auswirkungen des Konkurrenzdenkens betreffen, die Gefahr der Entfremdung durch den Vergleich zwischen den Kindern sowie den schädlichen Einfluss von Bewertungen und Beurteilungen, die das Vertrauen der Kinder untergraben. All diese Fragen müssen ausführlich erörtert werden, damit diejenigen, die in der neuen Schule unterrichten werden, nicht aus Unachtsamkeit und Automatismen in herkömmliche Muster verfallen.

Alle am Schulleben Beteiligten werden sich tiefgründig damit auseinandersetzen müssen, was Ganzheit, Einssein, Einzigartigkeit und Freiheit in allen Aspekten von Bildung bedeuten; sämtliche Auswirkungen dieser kraftvollen Realitäten sollten ergründet werden, um sie nicht auf oberflächliche Slogans zu reduzieren, die keine wirkliche Bedeutung für den Schulalltag und den Unterricht haben.

Ganzheit, Einheit, Einzigartigkeit und Freiheit müssen alle Aktivitäten und Beziehungen durchdringen, wenn sie die Energie und Schwingung der Schule sein sollen. Es kann nicht sein, dass ein Kind im Kunstunterricht als Ganzes respektiert wird und dann im Mathematikunterricht nur als intellektuelles Fragment behandelt wird. Die Perspektive der Ganzheit muss jede Unterrichtsstunde prägen, wenn sie vollkommen lebendig sein soll; auch wenn es im Unterricht um ein Detail mathematischer Berechnungen geht, sollte das Kind die Relevanz für das gesamte Leben verstehen.

Die Gruppe, die sich zusammenfindet, um eine Schule und damit eine neue Bildungsform für junge Menschen zu begründen, wird sich eingehend mit der Frage zu befassen haben, was es heißt, glücklich als Mitglied einer globalen Menschheitsfamilie zu leben. Wenn es den Gründern ernst damit ist, die jungen Menschen auf die Realität vorzubereiten, der sie in dieser modernen Welt begegnen werden, in der Wissenschaft und Technologie alle Bewohner des Planeten in lebhafte Kommunikation miteinander gebracht haben, dann werden sie eine Schule planen, die nicht vom Rest der Gemeinschaft isoliert ist und weder Absonderung noch Entfremdung fördert. Stattdessen werden sie einen Schwerpunkt auf das Verständnis und die Fähigkeiten legen, die für eine harmonische Beziehung zu allen Mitgliedern der Gemeinschaft sowie für Respekt und gute Kommunikation mit den Menschen anderer Gemeinschaften, auch entfernter, notwendig sind.

Solch eine Schule wird keine festen Absperrungen oder Schranken haben und keine Atmosphäre der Exklusivität erzeugen. Stattdessen wird es ein lebendiges Fließen geben, das Besucher in die Schule bringt und es den Schülern ermöglicht, sich frei in der Gemeinde zu bewegen, um von der Umwelt, den weisen Menschen und dem Reichtum an Wissensquellen zu lernen. In einer Schule, die junge Menschen darauf vorbereitet, Weltbürger zu sein, wird ein Hauptaugenmerk darauf liegen, ein verantwortungsvoller Mensch zu werden, der sich um den Planeten und alle seine Lebewesen kümmert.

Ihre Philosophie wird nicht lauten, die Umwelt einfach nur auszubeuten und ihr Ressourcen zu entwenden, die man für persönliche Vergnügungen und Ansprüche fordert, sondern in einer gesunden, liebevollen sowie zärtlichen Beziehung zur nährenden und heilenden Erde zu leben. Von klein auf werden die jungen Menschen aktive Bürger sein, die ihren Beitrag zur Gemeinschaft leisten und dabei helfen, die lokalen Bedürfnisse zu decken. Beinhaltet ein solcher Beitrag körperliche Arbeit und fördert das Respektieren solcher Tätigkeiten, ist das umso besser.

Der Lehrplan einer Schule, die sich der Erziehung zum Frieden und zur sozialen Verantwortung verschrieben hat, muss lebendig sein und die unmittelbaren Herausforderungen der Gegenwart aufgreifen. Er darf keine leblose Wiederholung traditioneller Lehrinhalte sein, die zu unausgewogenem Wachstum und einer übertriebenen Fokussierung auf begrenzte akademische, analytische und intellektuelle Fähigkeiten und Theorien führt.

Ein Lehrplan für den Frieden darf nicht egozentriert sein oder die jungen Menschen unter Druck setzen, sich Wissen und Erfahrungen zur persönlichen Aufwertung anzueignen oder ein Arsenal an Theorien anzulegen, um sich überlegen und gut geschützt zu fühlen. Persönlichen Vorteil durch den Besitz von Wissen zu betonen und sich mehr Ideen schneller anzueignen als andere, hat nichts mit Bildung und Lernen zu tun. Bildung bedeutet nicht, Ideen zwanghaft zu erfassen, sie sicher im Gedächtnis abzuspeichern und sie auf Verlangen vorzutragen, um die Belohnung der sozialen Anerkennung zu erhalten.

Wenn Bildung überhaupt einen Sinn haben soll, muss sie zum ganzheitlichen Wachstum und Verständnis des jungen Menschen führen. Erziehung zum Frieden bedeutet, dass die jungen Menschen lernen, anständig, harmonisch und sorgfältig zu leben und ihre Talente und Fähigkeiten nicht nur zum persönlichen Vorteil, sondern zum Fortschritt der Menschheit einzusetzen. Der Intellekt muss geschult werden, jedoch im richtigen Verhältnis zu allem anderen Wissen und nicht aus einer egozentrischen, spaltenden Perspektive.

Die neuen Lehrinhalte entwerfen

In der heutigen Gesellschaft sehen wir die logischen Folgen der Erziehung junger Menschen zum Wettbewerb um den Besitz von Ideen und akademischen Fähigkeiten. Wir können auch nicht leugnen, dass der üble Beigeschmack des egozentrischen Bewusstseins die Gesellschaft verunreinigt und das individuelle und kollektive Leben hässlich und unglückselig gemacht hat. Wir sind am Ende des egozentrischen Lebens angelangt; es gibt keinen Spielraum mehr dafür, nur an das eigene Wohl zu denken und endlos mit anderen zu wetteifern. Führen wir dieses egozentrische Leben nur noch ein wenig weiter, werden wir alle zugrunde gehen.

Um jungen Menschen zu helfen, die Gefahren eines selbstbezogenen Lebens zu verstehen, ist es wichtig, dass ihnen die Dynamiken des Verstandes und der Emotionen nahegebracht werden. Durch ein Verständnis für die Funktionsweise der intellektuellen und psychologischen Strukturen wird der junge Mensch von der potenziellen Tyrannei dieser Strukturen befreit. Lernt ein Kind die Chemie der Emotionen, während es die Chemie organischer oder anorganischer Substanzen erlernt, dann wird es nicht von Wutanfällen, von Eifersucht oder Angst überwältigt werden.

Ein unwissendes Kind ist gezwungen, automatisch zu reagieren, wenn starke Emotionen auftreten, weil es die Dynamik der Emotionen im Inneren des Wesens nicht kennt. Dann kommt es zu heftigen Reaktionen und Beziehungen werden gestört, noch bevor es sich bewusst ist, was geschieht. Ist das Kind bei den ersten

Regungen der Emotionen im Körper wachsam und damit vertraut, wie sie den Körper durchströmen und die Wahrnehmung und das Urteilsvermögen verändern, dann ist es frei von automatischen, unbedachten Reaktionen und hat ein viel größeres Potenzial für harmonische Beziehungen.

Dem Kind dabei zu helfen, die Funktionsweise des Verstandes und das Gefühlsleben zu verstehen, heißt nicht, diese zu unterdrücken oder zu kontrollieren, sondern das Licht des Verstehens zu erwecken und wichtige Aspekte des Lebens aufzuzeigen, die traditionell im Dunkeln verborgen bleiben.

Dass wir weiterhin Unmengen an Informationen in ein Gehirn oder einen Verstand stopfen, die wir eigentlich gar nicht verstehen, ist keineswegs wünschenswert. Wird einem Kind von klein auf die Möglichkeit gegeben, die Funktionsweise des Verstandes oder des Intellekts zu beobachten, hat es ein viel größeres Potenzial, die Grenzen des Intellekts zu überwinden und zu einem kreativen, hochintelligenten Menschen heranzuwachsen, der nicht einfach nur schlau ist.

Kinder sind von Natur aus aufmerksame Beobachter, sodass es ihnen nicht schwerfällt, Achtsamkeit und Bewusstsein für das innere und äußere Leben zu entwickeln. Daher wird es nicht schwierig sein, dem Kind zu helfen, sich gleichzeitig der äußeren und inneren Regungen bewusst zu werden und ohne automatische Reaktionen auszukommen.

Wir alle haben Kinder gesehen, die einen Regenbogen, die Wolken, die Regentropfen, einen Spatz, einen Papagei oder eine Blume in aller Unschuld betrachten. Ein Kind schaut mit dem ganzen Körper, nicht nur mit den Augen, als ob das ganze Universum in der Blume oder in der Knospe verdichtet wäre. In der Kindheit hat man die Fähigkeit, unschuldig zu schauen, ohne etwas von dem Objekt zu wollen.

Das aufmerksame, unschuldige Betrachten ist Lernen in seiner unmittelbarsten Form. Sieht das Kind selbst die Wirklichkeit, die Realität der Existenz, dann stehen die Theorien und Ideen der Gesellschaft in einem Kontext zu dem, was das Kind direkt, persönlich und aus erster Hand durch unmittelbare Wahrnehmung entdeckt hat. Die Aktivierung der Beobachtungskraft führt zu einer weitaus wirksameren und lebendigeren Intelligenz als die intellektuelle Raffinesse, die sich aus der endlosen Wiederholung von Ideen ergibt, die im Gedächtnis gespeichert und für den Abruf in standardisierten Situationen aufbewahrt werden. Weil die Beobachtung das ganze Wesen einbezieht, führt sie zu einem ganzheitlichen Wachstum und nicht nur zu großen Ansammlungen unverdauter Ideen.

Anstatt Kinder anzuhalten, unzählige unverdaute Ideen aufzunehmen, lasst uns die Herausforderung einer wahrhaftigen Erziehung annehmen, die jedem Kind hilft zu erkennen, dass jeder einzelne Aspekt des Lebens eng mit allen anderen zusammenhängt und nichts als Nebensache abgetan oder vor dem Verständnis verborgen werden kann. (Das soll nicht heißen, dass Kinder schon im zarten Alter mit gesellschaftlichen Aspekten vertraut gemacht werden sollten, die über die emotionale Reife des Kindesalters hinausgehen.) Alle natürlichen Lebensrhythmen, das Licht des Tages, die Dunkelheit der Nacht, die Abläufe des Geborenwerdens, des Alterns, des Sterbens, die Momente des Klangs und der Stille, die Freuden und die Sorgen – all das soll in der ganzheitlichen Erziehung erforscht werden.

Die Hervorhebung der Welt der Töne und Geräusche und die Vernachlässigung der Dimension der Stille ist eine traurige Entwicklung in der Bildung. In den Waldschulen des alten Indiens war die Beschäftigung mit der Dimension der Stille ebenso wichtig wie die Entdeckung der Dimensionen von Klängen und Symbolen. Heute schreiben wir die Stille den religiösen Institutionen zu und verwehren den jungen Menschen, diese überaus wichtige Lebensdimension aus erster Hand zu erfahren.

Warum enthalten wir den jungen Menschen eine Dimension des Lebens vor, die ganz natürlich und für ein gesundes, friedliches Leben unerlässlich und die einzige Dimension ist, in der das Wesen völlig entspannt, wiederhergestellt und belebt werden kann? Anstatt die Kinder krampfhaft mit leeren Worten und Ideen zu füttern, könnten wir ihnen eine Balance von Handeln und Nichthandeln, die gesunde Bewegung zwischen Beschäftigung und Entspannung oder den Rhythmus von Klang und Stille vermitteln.

Ganzheitliche Erziehung wird das gesamte Leben zur Grundlage haben, wie auch ein Wachstum, in dem Stille und Klang, Aktivität und Entspannung, Beziehung und Gemeinschaft, Vielfalt und Einheit, die oberflächlich betrachtet als Gegensätze erscheinen, in harmonischer Einheit und Ganzheit zusammenfließen. Die Einzelheiten des Lehrstoffs, die intellektuellen Fähigkeiten, die Künste, das Handwerk, die Entwicklung der Sensibilität des Körpers und die Arbeit mit dem Boden, all das wird durchdrungen sein von Wertschätzung und Zuneigung für die Ganzheit.

Es wird keine scharfen Unterteilungen in intellektuelle und manuelle Arbeit, theoretische und praktische oder berufsorientierte und lebensorientierte Lerninhalte geben. Da sie alle für die volle Entfaltung des menschlichen Wesens notwendig sind, werden sie in einem eleganten Gleichgewicht und Verhältnis miteinander verschmelzen.

Kein Kind, das eine ganzheitliche Erziehung erfahren hat, wird Angst vor der Arbeit mit dem Boden haben oder vor der liebevollen Pflege kleiner Pflanzen. Ebenso wenig wird es sich von den fortschrittlichen Ideen der entwickelten Gesellschaften einschüchtern lassen. Ein Mensch, der seine eigene Nahrung anbauen kann, der über handwerkliche Fähigkeiten verfügt, mit denen er seinen Lebensunterhalt bestreiten kann, der komplexe politische und wirtschaftliche Theorien versteht und der den Glauben und die Liebe zum Leben in seiner Gesamtheit hat, ist kein leicht auszubeutender Sklave der Gesellschaft und kein leicht zu manipulierendes Werkzeug der Regierungen.

Erziehung sollte die Kinder mit Leichtigkeit in die wundersame Entfaltung des heiligen Lebens, der Gaben, der Talente und der verborgenen Ausdrucksformen, die in jedem kleinen Wesen reichlich vorhanden sind, einführen. So erreichen die Kinder eine anmutige Reife in wunderbarer, kostbarer und üppiger Entfaltung, ohne dass ihre Zartheit durch Wunden und Narben verhärtet und ohne dass ihre Einzigartigkeit durch belastende Konditionierungen getrübt wird. Als Eltern, Erziehende oder Freunde können wir diese kleinen Wesen nicht unser Eigen nennen; wir haben sie nicht erschaffen. Wir können sie lieben, wertschätzen, anleiten und beschützen, jedoch nicht besitzen oder ihnen unsere Identität oder unsere Sehnsüchte aufdrücken. Wir können echte Gärtner sein und die richtige Umgebung für das Wachstum bereitstellen, die Nährstoffe, das Wasser, den Zugang zu Sonne und Licht fördern, schädliche Einflüsse fernhalten, das Wachstum leiten, aufmerksam beobachten und auf Bedürfnisse reagieren; aber das Wachstum an sich ist heilig und jenseits unserer Berechnungen und Manipulationen. Wir können beistehen und beschützen und die Liebe unseres Herzens ausschenken, aber der eigentliche Akt des Wachstums hat seine eigenen geheimnisvollen Wege, seine eigene Heiligkeit, die wir mit unserem ganzen Wesen respektieren müssen.

Lieben wir die Kinder und Jugendlichen dieser Erde aufrichtig, werden wir dem Geheimnis des Wachsens in unserem eigenen Leben Raum geben, damit die Demut des Lernens ihre Energie dort verbreitet, wo die jungen Menschen geboren und aufgezogen werden, sowie in den Schulen, in denen sie unterrichtet werden. Überall dort, wo sich die Arroganz des Wissens behauptet, verbreitet sie Leblosigkeit, Dumpfheit und Zerfall; das Abgestorbene und das neue Lebendige kommen nicht gut miteinander aus.

Lasst uns in unserer Lernbereitschaft jung werden und das Leben mit seinen Aufregungen lieben. So können wir würdige Begleiter für diese unversehrten, jungen Geschöpfe sein, die empfänglich und offen sind, die dieser faszinierenden, anmutigen Welt lern- und entdeckungsfreudig begegnen und ihre Herrlichkeit und zauberhafte Lebendigkeit erforschen möchten. Und diese Welt wiederum ist stets bereit, ihre endlosen Geheimnisse und ihre grenzenlosen, herrlichen Wunder zu enthüllen.

Teil IV
In Ganzheit leben

Als weltweite Menschheitsfamilie
müssen wir unsere Ressourcen bündeln
und Seite an Seite arbeiten, um Hunger,
Ungerechtigkeit und Ausbeutung zu beenden
und um Hand in Hand einer liebevollen,
gewaltfreien globalen menschlichen
Gesellschaft entgegenzuschreiten.

Soziale Verantwortung übernehmen

Die meisten von uns sind sich ihrer Beweggründe im Leben und ihrer Prioritäten im Handeln nicht bewusst. Wir lassen uns von den Wogen gesellschaftlicher Modetrends treiben. Aufgrund medien-geschaffener Bilder oder oberflächlicher persönlicher Wünsche, hilfreiche und nützliche Menschen zu sein, sind wir mal mehr, mal weniger an sozialen Belangen interessiert, je nachdem, was die Gesellschaft vorgibt.

Wir sind es gewohnt, an der Oberfläche zu leben, und fürchten uns vor den Tiefen. Deshalb sind unsere Handlungen und unsere Besorgnisse um die Menschheit flache, zerbrechliche Hülsen, die leicht beschädigt werden können. Letztlich sind die meisten von uns vor allem mit ihrem kleinen Leben beschäftigt, mit ihren Sinnesfreuden, ihrem persönlichen Seelenheil, der Angst vor Krankheit und Tod, anstatt mit dem Elend, das durch die kollektive Gleichgültigkeit und Empfindungslosigkeit entsteht.

Allerdings sind wir an dem Punkt angelangt, an dem wir uns den Luxus egoistischer Bequemlichkeit, persönlicher Bereicherung auf Kosten kollektiver Interessen oder der Flucht in religiöse Bestrebungen nicht länger leisten können. Es darf für uns kein Ausweichen, keinen Rückzug, keinen privaten Bereich geben, in dem wir dem Leid der Menschheit den Rücken zukehren können und sagen: »Ich bin nicht verantwortlich, ich bin ein friedliebender Mensch. Andere haben dieses Chaos angerichtet, sollen sie es doch wieder in Ordnung bringen.«

Das Gebot der Stunde für die Welt ist klar und deutlich: »Lernt, zusammen zu leben, oder geht im Getrenntsein unter!« Die Entscheidung liegt bei uns.

Zumindest auf intellektueller Ebene zwingt uns die heutige Welt, unsere Einheit und Verbundenheit zu akzeptieren. Und immer mehr Menschen werden sich der Dringlichkeit bewusst, dem zunehmenden Wahnsinn um uns herum Einhalt zu gebieten.

Bislang sind unsere Reaktionen jedoch oberflächlich und werden der Komplexität der Herausforderung nicht gerecht. Maßnahmen, die unsere Sicherheit bedrohen oder unsere gewohnte Lebensweise verändern, werden von uns nicht ergriffen oder auch nur in Erwägung gezogen. Leben wir weiterhin in Sorglosigkeit und Gleichgültigkeit, stellen wir privaten Vorteil und persönlichen Genuss in den Vordergrund, dann entscheiden wir uns im Grunde für den Freitod der Menschheit.

Die Unzulänglichkeit herkömmlicher Sozialarbeit erkennen

Entsprechend unseren Möglichkeiten können wir uns in zahlreichen sozialen Bereichen engagieren, ohne uns auch nur einen Millimeter von unseren privaten Interessen wegzubewegen. Tatsächlich steigert die Ausübung sozialer Dienste in der Regel das Selbstbild und die Selbstbezogenheit. Wahrhaftiges soziales Engagement, das an den Wurzeln der Probleme in der Gesellschaft und der menschlichen Psyche ansetzt, ist jedoch erst möglich, wenn wir uns von eigennützigen Beweggründen distanzieren.

Egozentrische Regungen und Beweggründe können unmöglich Abhilfe schaffen, ganz gleich, wie edel die Sache auch sein mag. Denn immer, wenn das Ego aktiv wird, kommt es zu Spannungen zwischen dem, was mein ist – seien es Ideologien oder andere Aneignungen – und dem, was nicht mein ist.

Versuchen wir heutzutage als engagierte, fürsorgliche Menschen zusammenzukommen, um für den Frieden einzutreten, gelingt es uns nicht einmal, die einfachsten Diskussionen zu führen, ohne dass sich das Ego einmischt und den Geist der Zusammenarbeit verdirbt. Solange die Unnachgiebigkeit des Egos vorhanden ist, können wir nicht darauf hoffen, friedliche Gesellschaften zu erschaffen. Im Namen des Friedens streben wir nach Macht, versuchen andere zu beherrschen, und machen aus jeder Debatte einen Konflikt. Was mit wundervollen Idealen beginnt, verkommt schnell zu kleinlichen Streitereien, Bitterkeit, Hass und zur Unfähigkeit, die Arbeit fortzusetzen.

Wir müssen tief in das Geflecht unserer persönlichen Beweggründe blicken und unsere Prioritäten erkennen. Unsere Sehnsucht nach Frieden muss so dringlich sein, dass wir bereit sind, uns aus der Unmündigkeit des egozentrischen Handelns zu befreien, und gewillt, in die gesunde Reife hineinzuwachsen, die erforderlich ist, um die komplexen Herausforderungen zu bewältigen, die unsere Existenz beeinflussen.

Wir haben fast alle Formen der Ego-Befriedigung ausprobiert. Und immer, wenn das Ego in Aktion tritt, ist das unvermeidliche Ergebnis, dass ein Mensch wie verrückt nach Macht giert und versucht, andere zu beherrschen, die sich dann entweder unterwerfen oder rebellieren. Dieses Muster hat sich im Namen der Religion, der Arbeiterbewegung, der Kampagnen für Frieden und soziale Gerechtigkeit wieder und wieder gezeigt.

Wann immer das Ego im Spiel ist, werden alle auch noch so glorreichen Ideale im Dienste des Ichs untergraben, und das ganze Ausmaß unreifer emotionaler Reaktionen wird zur bestimmenden Beziehungsdynamik. Wir haben festgestellt, dass wir uns im Namen des Friedens hassen können, weil unsere Vorstellungen von einem friedlichen Leben voneinander abweichen. Wir sind in der Lage, um des Friedens willen Krieg zu führen, und unsere große Misere besteht darin, dass wir so unreif und emotional unsicher sind und so sehr zu gewohnheitsmäßiger verbaler Aggression neigen, dass wir nicht einmal anständig über den Frieden diskutieren können.

Wie können wir hoffen, eine friedliche Gesellschaft zu schaffen, wenn wir uns weiterhin im Namen des Friedens zu verbalen Grausamkeiten hinreißen lassen? Wir können keine wirklich verantwortungsbewussten Bürger sein, die zu einer umfassenden sozialen Revolution bereit sind, solange wir auf einer oberflächlichen Ebene leben. Wir mögen zu Wohltätigkeit und sozialem Engagement fähig sein, nicht jedoch zu echtem sozialem Handeln, welches für die Bewältigung der gegenwärtigen Herausforderungen erforderlich ist.

Sind wir vom Wunsch nach Akzeptanz durch die vorherrschende Kultur oder durch die Gegenkultur motiviert, werden uns die Klarheit des richtigen Handelns und die Leidenschaft eines präzisen Ziels fehlen. Wir können unser Leben der Sache widmen und werden vielleicht für unsere Verdienste gepriesen, doch ohne ein tiefes Bewusstsein für die Essenz unseres Lebens, ohne eindringliche Klarheit über den Sinn der menschlichen Existenz, werden die Hingabe und die Bemühungen nicht zu den Wurzeln des menschlichen Elends vordringen.

Vermutlich sind die Bemühungen und das oberflächliche Engagement für die meisten von uns ausreichend. Wir wollen nicht wirklich sozial verantwortliche Bürger sein. Dringen wir zu den dunklen Ebenen unseres gewohnheitsmäßigen Handelns vor, werden wir die eigentlichen Beweggründe und Prioritäten entdecken, die unser Handeln bestimmen. Möglicherweise stellen wir dabei fest, dass wir auf Sicherheit bedacht sind, oder dass wir handeln, um die Schuldgefühle im Zusammenhang mit unserem Wohlstand loszuwerden und um unterdrückte Menschen zu besänftigen, die vielleicht zu Taten angestachelt würden, wenn wir sie nicht mit kleinen Zeichen der Nächstenliebe besänftigen würden.

Wir könnten herausfinden, dass wir mit sozialer Arbeit angefangen haben als eine Art schickes Hobby, welches eine innere Verdorbenheit in Form von Gier und Ausbeutung überdeckt, während wir die Illusion von Fürsorge und sozialer Verantwortung vermitteln. Oder wir entdecken vielleicht, dass unser soziales Engagement ein Mittel ist, um jene sozialen oder religiösen Institutionen zu unterstützen, die uns Sicherheit und ein Gefühl der Zugehörigkeit bieten. Propaganda und Wohltätigkeit sind leider oft eng miteinander verwoben. Häufig engagieren wir uns für soziale Zwecke und Wohltätigkeit, weil irgendeine religiöse oder sonstige Autorität behauptet, die Unterstützung der Armen sei gut für die Seele.

Betrachten wir unsere karitativen Tätigkeiten und Beweggründe dafür in aller Aufrichtigkeit, werden wir vielleicht feststellen, dass wir zwar zu sozialem Engagement neigen, oft auch mit den besten Absichten, aber dass es uns an der Unerschrockenheit für jenes soziale Handeln fehlt, das mit seiner revolutionären Leidenschaft den Boden unter unseren Füßen erschüttern würde. Die Gesellschaft mag unser soziales Engagement würdigen, doch sollten wir auch nur daran denken, wahrhaftig sozial zu handeln, wird sie uns zweifellos ächten.

Den Ursprung wahrhaft sozialen Handelns verstehen

Da die Gesellschaft uns nicht zu sozialem Handeln erzieht oder ausbildet, wie entsteht dann die Neigung zu sozialem Engagement? Warum sollte, angesichts der gefährlichen Verhältnisse, in denen wir leben, überhaupt jemand in Erwägung ziehen, sich sozial zu engagieren?

Wir nehmen die Lebensbedingungen im eigenen Land und in anderen Ländern wahr. Wir werden uns der Ungerechtigkeit, der Ausbeutung und des Elends im Leben der Menschen bewusst. Wir erkennen, dass vielerorts keine Existenz möglich ist, die als lebenswert bezeichnet werden kann.

Wenn wir mit den Tatsachen menschlichen Leidens direkt in Berührung kommen, was bewirkt dieser kraftvolle Moment der Wahrheit in uns? Ziehen wir uns in die Bequemlichkeit von Ideologien, Theorien und Verteidigungsmechanismen zurück oder werden wir im Kern unseres Wesens wachgerüttelt?

Bitte erinnert euch daran, dass Gandhi nach Südafrika reiste und dort Zeuge von Gräueltaten wurde und selbst Grausamkeiten erlitt. Er hätte sich davon freimachen können; er hätte nach Indien oder England zurückkehren und als Anwalt dort praktizieren können. Doch er sagte: »Diese Ungerechtigkeit darf nicht toleriert werden. Ungerechtigkeiten, Ausbeutung und Grausamkeiten sind eine Beleidigung für die Selbstachtung eines Menschen.« Auch wenn nicht wir selbst, sondern andere beleidigt werden, verletzen diese Beleidigungen unsere Selbstachtung. Sie berühren und bewegen unsere Empfindsamkeiten zutiefst. Er sagte: »Man darf nicht nur Zeuge von all dem sein, man kann nicht einfach ein hilfloser Zeuge bleiben.«

Wenn wir das Leiden mit eigenen Augen und mit Einfühlungsvermögen wahrnehmen, wenn wir nicht in Theorien, Ideologien, organisierten oder standardisierten Erklärungen Trost suchen, sondern sehen, was es heißt zu leiden, im Elend zu leben und von allen möglichen Seiten ausgebeutet zu werden, fühlen wir uns dann nicht auf tiefer Ebene und auf intime Weise mit diesem Leiden verbunden? Beobachten wir mit spontaner und sensibler Offenheit, wie unsere Mitmenschen oder die Geschöpfe der Erde tagtäglich leben, dann gibt es kein Getrenntsein.

Erst wenn wir Gedanken, Theorien oder den Schutzmantel von Abwehrmechanismen hineinbringen, errichten wir eine Schranke zwischen uns und dem Leiden der anderen. Von Mensch zu Mensch oder zwischen den Geschöpfen gibt es keine Trennung. Wir teilen das Leiden der Welt.

Das Bewusstsein des Elends, ohne die Verteidigungsstruktur geliehener Ideen oder Ideologien, wird automatisch zum Handeln führen. Das Herz des Menschen kann nicht Zeuge von Elend sein, ohne ihn zum Handeln aufzurufen und die Kraft der Liebe zu aktivieren. Vielleicht werden wir nicht auf globaler oder nationaler Ebene aktiv, sondern nur in unserer Gemeinschaft oder Nachbarschaft, aber wir müssen handeln und reagieren. Sonst verhärten sich die von Natur aus sensiblen Herzen und werden gefühllos und gleichgültig. Dann geht die Gelegenheit zur Liebe und zum echten Teilen verloren.

Jene unter uns, die sich des menschlichen Lebens auf globaler Ebene sowie der komplexen Probleme der Menschheitsfamilie bewusst sind, werden sich in diesem Rahmen einbringen; andere werden auf lokaler Ebene tätig werden. Die Reichweite des Bewusstseins wird die Dimension des Handelns vorgeben.

Nehmen wir die Welt ohne die Mitwirkung des Ego-Bewusstseins wahr, dann entfalten sich soziale Verantwortung und soziales Handeln auf globaler oder lokaler Ebene ganz von selbst. Haben wir einen unmittelbaren Bezug zum Leiden, werden wir zu Verständnis und spontanem Handeln angeregt. Wenn wir die Welt jedoch mit den Augen des Egos wahrnehmen, sind wir durch den Filter jahrhundertealter Vorstellungen von Armut und Ungerechtigkeit von der direkten Beziehung und der Verbundenheit abgeschnitten, die den innersten Kern unseres Wesens berühren.

Traditionelle spirituelle Anführer haben das Leben in »weltlich« und »spirituell« unterteilt und darauf bestanden, dass die Welt eine Täuschung sei. Sie erklärten: »Diese Welt ist *maya,** sie ist eine Illusion. Was immer man also tun muss, sollte in Bezug auf die absolute Wahrheit und nicht in Bezug auf *maya* geschehen.« Demnach braucht sich ein religiöser Mensch, der zehn Stunden am Tag meditiert, nicht um die Tyrannei, die Ausbeutung oder die Grausamkeiten zu kümmern, die ihn umgeben. Er würde sagen: »Das ist nicht meine Verantwortung, sondern Gottes Verantwortung. Gott hat die Welt erschaffen. Er, Sie oder Es wird sich schon darum kümmern.«

Diese Haltung zeugt nicht von Respekt für das Leben. Solche Anführer nannten sich selbst »religiös«, hatten jedoch weder Ehrfurcht vor dem Leben noch Respekt vor den Menschen oder den anderen Lebewesen der Erde.

* *Maya* ist der Sanskrit-Begriff für »Trugbild«, »Blendwerk«, »Illusion« und »Täuschung« und besagt, dass die materielle Welt eine Illusion ist und dass die wahre Realität jenseits der Sinneswahrnehmung liegt [A. d. Ü.].

Vor einhundert Jahren kam dann Ramakrishna und erklärte: »Das ganze Leben ist göttlich. Wie könnt ihr es wagen, das Leben aufzuteilen und zu sagen, dies ist heilig, dies ist göttlich und jenes ist materiell? Das Leben ist weder materiell noch spirituell; es ist alles göttlich, ein Ganzes, ein homogenes Ganzes.« Er versammelte junge Burschen um sich, die er zu unterrichten begann, indem er ihnen einen wissenschaftlichen Zugang zur Spiritualität vermittelte. Er sagte: »Seht, Gott zeigt Sich euch in Form von Bäumen, Tieren und Menschen: Solange ihr euch von den Menschen, ihrem Elend und ihren Sorgen abwendet, haben eure *samadhis* und Errungenschaften keine Bedeutung.«*

Und ein halbes Jahrhundert später verkündete Gandhi, dass jede Handlung, die wir vollziehen, jeder Gedanke, den wir denken, jede Geste, die wir ausführen, entweder religiös oder nicht religiös ist. Religion kann nicht begrenzt werden. Wir müssen handeln. Die spirituelle Suche muss inmitten von Beziehungen stattfinden. Jede Beziehung ist eine Gelegenheit zur Selbsterkenntnis. Wir können keine künstlichen Gelegenheiten erschaffen.

Wenngleich Ramakrishna und Gandhi in ihren Leben und durch ihre Errungenschaften die Tatsache der Einheit und Göttlichkeit des Lebens aufgezeigt haben, klammern sich die meisten von uns weiterhin an veraltete Ideologien und flüchten sich in Theorien über menschliches Leid und Elend. Handlungen, die auf solchen Theorien und Ideologien beruhen, haben zu den abscheulichsten, rücksichtslosesten und korruptesten Verhaltensweisen geführt, die man sich vorstellen kann, und zu einer enormen Ausweitung des menschlichen Elends.

Wir können es uns nicht leisten, derartiges Verhalten zu wiederholen und uns der Verantwortung für die Notlage der Menschheit weiterhin zu entziehen.

Unsere soziale Verantwortung näher betrachten

Wir können ohne Weiteres soziale Verantwortung übernehmen, vorausgesetzt, wir haben die Furchtlosigkeit, alle Theorien, Ideologien und Autoritäten der konditionierten Gesellschaft über Bord zu werfen und uns aus den Fängen der Ego-Strukturen zu befreien.

* Der Sanskrit-Begriff *samadhi* bedeutet: Sammlung, tiefe Meditation, Verbindung, Vereinigung, ein Zustand der reinen Erkenntnis [A. d. Ü.].

Nehmen wir das Leben als Ganzes wahr, müssen wir uns nicht darum bemühen, Zusammengehörigkeit oder Einheit zu erzeugen; sie sind Tatsachen unserer Existenz. Wenn wir jenseits von Fragmentierung oder Getrenntheit leben und uns in der Ganzheit bewegen, gibt es keine Schranken zwischen uns und anderen. Auf mentaler Ebene konstruieren wir künstliche Barrieren und Trennungen, aber in der Ganzheit gibt es diese nicht. Es gibt nur Verbundenheit. Dann teilen wir das Leid der Welt und handeln in spontaner und umfassender Bereitwilligkeit.

Die sozialen Aktivitäten, die wir in diesem Geist ergreifen, werden sich je nach der Reichweite unseres Bewusstseins, unseren Talenten und Fähigkeiten sowie nach unserem Aufenthaltsort unterscheiden. Leben wir in der Ganzheit, können wir jedoch keines der gesellschaftlichen Hilfsmittel oder die psychologische Struktur nutzen, um uns von den Problemen der Menschheit zu distanzieren. Das Bewusstsein des Einsseins wird alle Zweifel an unseren Fähigkeiten und Verpflichtungen, jegliche Befangenheiten und Ängste vor der anstehenden Arbeit zerstreuen. Ganzheit ist spontane Energie, die ohne die Zweifel, Ängste und Unsicherheiten der Ego-Struktur agiert.

Entsprechend unseren Fähigkeiten und Talenten werden wir das soziale Handeln leicht und mühelos angehen. Unser Beitrag des sozialen Engagements könnte darin bestehen, Bilder zu malen oder Skulpturen zu schaffen; wir könnten Gedichte oder Prosa schreiben, um das Bewusstsein der Menschen zu wecken und anzuregen oder Aufmerksamkeit auf die Probleme zu lenken und Wertvorstellungen zu fördern. Wir könnten umherreisen oder dort wirken, wo wir gerade sind – es gibt viele Möglichkeiten und Wege, sich sozial zu engagieren.

Soziales Handeln wird zu einer Erweiterung des persönlichen Lebens. Wir werden spontan aktiv, weil wir nicht anders können. Es ist eine unwillkürliche Regung, welche die gesamte globale Menschheitsfamilie miteinbezieht, und diese Anteilnahme und Fürsorge, diese revolutionäre Leidenschaft drückt sich in verschiedenen Menschen auf unterschiedliche Weise aus. Einige werden singen und durch ihren Gesang das Feuer in den erstarrten Herzen entfachen und sie dazu aufrütteln, sich der Sache des sozialen Handelns zu widmen.

Als soziale Akteure setzen wir unsere Talente und Fähigkeiten nicht ein, um uns selbst aufzuwerten, um persönliches Prestige zu erlangen oder weil »ich ein großes Talent habe und es für die Menschen einsetze.« Auf einfache Art und Weise und mit der Demut, die das Gefühl des Einsseins hervorruft, mobilisiert ein jeder von uns seine individuellen Fähigkeiten und Fertigkeiten für die ganzheitliche Weiterentwicklung der Menschheit.

Jeder von uns muss seine individuellen Ressourcen für soziales Handeln entdecken und sollte sich nicht von irgendwelchen revolutionären Formeln oder Modellen abhängig machen. Jeder ist einzigartig.

Nehmen wir zum Beispiel Ramana Maharshi, einen revolutionären Denker aus Südindien. Im Alter von zwölf Jahren lief er von zu Hause und aus der Schule fort, um in Stille in einer Höhle zu sitzen. Als ruhiger, introvertierter Mensch entsprach die Stille seinem Temperament so sehr, dass er seine Höhle nie verließ. Sein revolutionäres Handeln beschränkte sich auf das Feld seines Ich-Bewusstseins. Er sagte: »Wenn du nicht herausfindest, wer du bist, kann es keine grundlegende Veränderung in deinem Leben geben. Finde heraus, wer du bist.«

Diese Ideen waren auch revolutionäres Handeln. Es war ein sozialer Dienst für diejenigen, die zu ihm kamen. Sein Temperament begrenzte seinen Wirkungsbereich. Bitte erkennt, dass nicht nur das Bewusstsein, sondern auch die Charakterzüge die Art und Qualität des Handelns beeinflussen.

Geeignete Formen des sozialen Handelns bestimmen

Es ist die Motivation, soziale Probleme und menschliches Elend an der Wurzel anzugehen, die soziale Aktivisten eint. Die Ausdrucksformen werden sich je nach Fähigkeiten, Charakter und physischen Voraussetzungen unterscheiden.

Es gibt soziale Akteure, die sich mit den subtilen Ausdrucksformen der Literatur und der Musik nie zufriedengeben werden; sie wollen konkrete Maßnahmen – Demonstrationen oder direkten Druck, sei er politisch oder wirtschaftlich.

Doch was Schriftsteller und Musiker geleistet haben, ist nicht weniger wertvoll, als zu demonstrieren oder direkten politischen Druck auszuüben. Es ergänzt sich gegenseitig. Die Agitatoren und Demonstranten behaupten vielleicht: »Diese Intellektuellen haben nichts bewirkt.« Solche Äußerungen sind ungerecht. Das Feuer der Revolution, die Selbstachtung und Menschenwürde sowie die bürgerlichen Freiheiten werden heute in vielen Ländern von Literaturschaffenden am Leben erhalten. Sie haben eindeutig eine Menge getan.

Soziales Handelns ist ein weites Feld. Solange die Motivation klar, präzise und treffend ist, hat der Einzelne die Freiheit – und sollte sie auch haben –, seine Ideen zu äußern und je nach Neigung, Charakter und Talenten tätig zu werden. Gleichzeitig werden wir, wenn es zu Krisen kommt und die Menschen auf der Welt beispielsweise morgen beschließen, sich gegen die atomare Aufrüstung zu wehren, und wir zufällig in einer Stadt sind, in der eine große Demonstration stattfindet, uns dieser anschließen. Wir werden nicht sagen: »Oh, ich habe schon darüber geschrieben oder gesprochen, also muss ich bei euch nicht mitmachen.« Eine Demonstration ist ein kollektiver Ausdruck, an dem sich zu beteiligen und dessen Konsequenzen zu tragen, alle sozialen Aktivisten aufgerufen sind.

Egal, wo wir uns befinden, wir sind dafür verantwortlich, der Ungerechtigkeit entgegenzuwirken und müssen bereit sein, unsere Bequemlichkeit, unsere Sicherheiten und unser Leben aufs Spiel zu setzen, um uns der Kooperation mit der Ungerechtigkeit und der Ausbeutung ohne Furcht entgegenzustellen. Nehmen wir all die gewohnheitsmäßigen Verhaltensmuster unterdrückter Menschen an – die Angst, die Hinnahme von Tyrannei, die intellektuelle und emotionale Blindheit gegenüber der Ungerechtigkeit –, dann haben wir die unvermeidlichen Folgen verdient, die wie eine dunkle Gewitterwolke über uns hereinbrechen werden. Sind wir unterwürfig und klammern uns an unsere kleinen Inseln der Sicherheit, dann wird zwangsläufig Terror herrschen. Wenn wir bereit sind, alle anderen zugrunde gehen zu lassen – die Völker anderer Länder, Ethnien, Kasten, Kulturen und Religionen oder die anderen Lebewesen der Erde –, damit wir gedeihen und die Fülle an Vergnügungen und Annehmlichkeiten endlos erweitern können, sind wir zweifelsohne zu Verderb und Verfall verdammt.

Eine zärtliche, liebevolle Fürsorge gegenüber allen Lebewesen wird in unseren Herzen erwachen und vorherrschen müssen, wenn irgendwer von uns überleben soll. Die Gefühllosigkeit, die es zulässt, dass andere missbraucht werden, damit unser kleinliches, unbedeutendes Leben ungestört bleibt und all die Annehmlichkeiten eines schönen Heims, wohltuender Mahlzeiten und guter Unterhaltung nicht bedroht werden, verheißt den Untergang von uns allen. Wahrhaftig gesegnet werden unsere Leben sein, wenn das Elend eines Einzelnen aufrichtig als das Elend aller empfunden wird.

Wenn wir das Leben achten und uns eine angemessene Lebensqualität für alle Wesen am Herzen liegt, werden wir uns gegen Ungerechtigkeit, unmoralisches Verhalten und Ausbeutung wehren müssen. Wir können nicht einfach still und sanftmütig in unseren Häusern und Tempeln, Kirchen oder Moscheen hocken und die Geschehnisse beweinen. Der Ungerechtigkeit hilflos beizuwohnen, heißt, sich an ihr zu beteiligen.

Ein ganzer Mensch, ein fürsorglicher oder ein spiritueller Mensch zu sein, ist eine große Verantwortung. Es reicht nicht aus, selbst aufrichtig zu sein; wir müssen der Unaufrichtigkeit in allen Lebensbereichen entgegentreten.

Den Anforderungen umfassender sozialer Verantwortung gerecht werden

Um für soziale Verantwortung bereit zu sein, gilt es, gnadenlos ehrlich mit uns selbst zu sein. Wir müssen einwilligen, unseren individuellen Komfort, unsere Sicherheit und unseren Luxus zu riskieren. Im Widerstand gegen die Ungerechtigkeit müssen wir bereit sein, unser Leben aufs Spiel zu setzen oder zu sterben. In diesen dunklen Zeiten müssen wir bereit sein, jedes Opfer zu erbringen.

Doch wenn wir uns der Ungerechtigkeit widersetzen, uns weigern, bei der Ausbeutung mitzuwirken, oder für den Frieden marschieren, dann lasst uns all diese Dinge mit Liebe in unseren Herzen tun und nicht mit Hass, Bitterkeit und Wut auf unsere Gegner. Die Macht der Liebe ist die Macht der vollständigen Revolution. Sie ist die nicht entfesselte Kraft, deren Dynamik für den Wandel bislang noch unbekannt und unerforscht ist. Wir haben Menschen gefoltert, versucht, sie Gehirnwäschen zu unterziehen und sie einzuschüchtern; wir haben sie eingesperrt und versklavt; wir haben versucht, sie im Namen von Religionen oder Ideologien zu bekehren, und doch haben sie sich im Grunde nicht verändert. Der uneingeschränkten Macht der Liebe haben wir bisher keinerlei Raum gelassen, um Wandel zu bewirken.

Ihr solltet erkennen, dass Gewalt zu mehr Gewalt führt. Jeder, der gewalttätige Gesten, Worte oder physische Brutalität anwendet, selbst wenn dies im Namen des Friedens oder der Gerechtigkeit geschieht, wird gewalttätig. Gewalttätiges Verhalten prägt sich dem Nervensystem ein. Es ist keine Waffe, die man mal eben zur Hand nimmt und dann wieder ablegt. Der Organismus wird durch Gewalt gezeichnet. Sie wird zur gewohnheitsmäßigen Reaktionsweise.

Wir wenden gern Gewalt an, weil sie zu schnellen Ergebnissen führt. In wenigen Tagen oder Stunden können wir rasche Veränderungen herbeiführen, zumindest äußerlich; die Herrschenden sind erledigt, und aus den ehemals Unterdrückten werden die neuen Herrschenden. Doch was erben sie? Es entstehen neue Formen der Korruption, neue Machtkämpfe werden ausgetragen und schon bald bricht erneut Gewalt aus.

Die Menschen werden nicht reifer oder geben ihr neurotisches und irrsinniges Verhalten auf, wenn man sie mit einer Waffe bedroht. Wir haben alle erdenklichen Gewaltmethoden erprobt und befinden uns in einem furchtbaren Dilemma. Die Mittel der Erziehung und der Erkenntnis sind langsamer und weniger spektakulär als die Mittel der Gewalt. Die Wege der Liebe sind unerprobt, doch nur sie bieten Aussicht auf dauerhaften Wandel, auf echtes Wachstum zu Reife und Vernunft.

Als verantwortungsbewusste Menschen müssen wir der Versuchung schneller äußerlicher Resultate sowie der emotionalen Befriedigung durch Gewalt und Vergeltung widerstehen. Vielmehr müssen wir der Liebe eine Chance geben und uns für Gewaltlosigkeit und Zusammenarbeit einsetzen, um die Menschen voranzubringen und um neue Lebensweisen zu erschaffen. So kann Frieden, der jahrhundertelang praktisch nicht existiert hat, die Unschuld dorthin bringen, wo Menschen in seelischer Verwahrlosung leben.

Indem wir uns von den Konditionierungen des Egos befreien, erlangen wir die Furchtlosigkeit, in der Wahrheit zu leben und auf eine reife, liebevolle und gewaltfreie Weise unsere Kooperation zu verweigern. Leben wir aus dem Ego heraus, haben wir unsere Selbstbilder zu schützen und haben alle möglichen Rechtfertigungen für gewalttätiges, primitives Verhalten; das Zentrum des Ichs muss gegen Angriffe verteidigt werden. Als selbstbezogene Menschen haben wir keine Möglichkeit, die Kraft der Liebe und

Gewaltlosigkeit freizusetzen. Bis die Situation heikel wird, mögen wir sehr liebevoll sein, doch dann brechen alle primitiven Verhaltensweisen hemmungslos hervor.

Für gewaltfreie Konfrontation oder friedlichen Protest ist es erforderlich, dass wir uns aus den Fesseln des Ego-Bewusstseins befreien. Wir werden an beiden Fronten gleichzeitig arbeiten müssen, an der inneren und der äußeren, an der individuellen wie an der kollektiven. Wenn Freiheit einen Sinn haben soll, muss sie die absolute Freiheit auf individueller und kollektiver Ebene sein. Individuell werden wir uns von der Autorität der konditionierten Ego-Dynamik freimachen. Gemeinschaftlich gilt es, die Kollaboration zu verweigern, uns den militanten, imperialistischen Bestrebungen der Regierung zu widersetzen und der Ausbeutung der Unterdrückten sowie der Ungerechtigkeit gegenüber den Schutzlosen entgegenzuwirken.

Die Arbeit ist auf der individuellen wie auf der kollektiven Ebene notwendig, sodass neue Impulse für das Leben in allen Bereichen Wirklichkeit werden. Wir können nicht Revolutionen vorantreiben, um dem kollektiven Leben neue Anstöße zu geben, und gleichzeitig an den alten, vorrevolutionären Antriebsmustern im persönlichen Leben festhalten. Bald werden die persönlichen Beweggründe wieder die Oberhand über die gemeinschaftlichen Interessen gewinnen. Tragen wir Gier, Ehrgeiz und Gewalt in unseren Herzen, dann werden wir kollektive Strukturen schaffen, die diesen Tendenzen gehorchen.

Als wahre Revolutionäre werden wir uns über die Korruption in unserem persönlichen Leben ebenso Gedanken machen wie über die Korruption in der Gesellschaft. Wenn jeder von uns sein individuelles Leben umgestaltet und wir gleichzeitig versuchen, die kollektiven Strukturen zu verändern, dann werden diese Strukturen eine Chance haben, in einer idealistischen Form zu überleben. Menschliche Gier oder Ehrgeiz werden sie nicht korrumpieren.

Die Rolle des Volkes im sozialen Handeln reflektieren

Die Völker der Erde wollen offensichtlich keine Kriege. Sie wollen nicht wegen irgendeiner internationalen Streitigkeit ausgelöscht werden, die von Machthabern angezettelt wurde, die sich nicht die

Mühe machen, mit ihnen Rücksprache zu halten. Sie haben keine Lust, ihre Söhne zu opfern, damit weit entfernte Politiker Kriegsspiele veranstalten können. Trotzdem haben die Menschen sich nicht global zur Wehr gesetzt, um dem irrsinnigen Wettlauf Einhalt zu gebieten, dessen Ergebnis die Zerstörung aller Lebewesen und der Erde sein wird.

Die Menschen überall müssen sich vollständig zu einem furchtlosen, verantwortungsvollen Volk entwickeln, dessen Stimme gehört wird. Unsere Wegweiser müssen die Intelligenz und Vernunft der Menschen sein. Wir dürfen uns nicht auf Politiker oder Anführer verlassen, die so oft gekauft und verkauft wurden, dass sie kaum noch einen Funken Moral oder Sorge für das Volk übrighaben.

Jene von uns, denen ein friedliches und würdiges Leben am Herzen liegt, die die Erde und alle darauf lebenden Geschöpfe schätzen, werden den Weg hin zu ganzheitlichem Wachstum und furchtloser Reife weisen müssen. Wir werden die neuen Zellen einer transformierten Menschheit sein. Doch wenn wir versuchen, den Menschen den Weg zu zeigen, und gleichzeitig unsere kleinlichen Streitereien fortführen – Friedensorganisationen, die untereinander zerstritten sind, Gruppen, in denen Machtkämpfe toben, Zusammenarbeit, die wir nicht harmonisch aufrechterhalten können –, dann verdienen wir das Vertrauen der Menschen nicht. Und so großartig die kollektiven Strukturen, die wir auf den Weg bringen, auch sein mögen, die Energie der Wahrheit werden sie nicht in sich tragen.

Wir haben versucht, aus den Motiven des Hasses, der Bitterkeit und des Zorns heraus sozial zu handeln, aber es ist nicht gelungen. Geben wir der Liebe, der Freundschaft, der Zusammenarbeit und der Gewaltlosigkeit eine faire Chance, sich in unserem individuellen und kollektiven Leben zu entfalten. Der Hass hat nur eine begrenzte Kraft, doch die Liebe, als Essenz des Daseins, hat ein unendliches Potenzial. Die Energie des Kosmos fließt in der Liebe, und nur die kleinliche Energie des Egos bewegt sich im Hass. Als sozial verantwortliche Bürger sollten wir nicht den Fehler machen zu glauben, die Kraft der Liebe sei schwach, zart und nur in sehr privaten Momenten einsetzbar. Nur die Liebe hat die heilende und schöpferische Kraft, die Erde vor der Zerstörung zu retten, die Jahrhunderte des Hasses angerichtet haben. Sie kann die Menschen zu einer Lebensweise hinführen, in der Hunger, menschenunwürdige Armut und die Angst vor Kriegen nicht dazu führen, dass empfindsame Wesen zugrunde gehen oder das Antlitz der Erde verschandelt wird.

Unser individuelles und kollektives Leben benötigt dringend die lindernde und heilende Hand der Liebe. Wir werden nicht in der Lage sein, die Liebe zu kontrollieren, sie zu erobern, zu messen oder zu standardisieren, so wie wir es mit den menschengemachten Objekten und Strukturen getan haben. Doch jenen, die ihr Herz öffnen, wird die Kraft der Liebe die Herrlichkeit, die Würde und die majestätische Schönheit des Lebens offenbaren. Soziales Handeln ohne Liebe ist keine tragfähige Möglichkeit mehr. Die Weiterentwicklung der Menschen ohne Mitgefühl ist bedeutungslos. Die Revolution der Liebe und der Gewaltlosigkeit wartet auf die Engagierten und die Furchtlosen. Die Existenz der Liebe macht das Leben lebenswert.

In Einheit leben

Wenn uns der donnernde Zusammenbruch der menschengemachten Strukturen nicht zu sehr deprimiert, wenn wir nicht erschöpft sind von der Angst vor dem rasanten Zerfall des von uns gesponnenen Illusionsnetzes, dann bemerken wir vielleicht, dass wir in aufregenden Zeiten leben.

Die schweren Überbauten stürzen ein; Staaten und Städte, die monströsen Wirtschaftsstrukturen, die riesigen zentralisierten Industriekomplexe verkommen, lösen sich auf und fallen auseinander. Aber wir brauchen nicht sonderlich sentimental zu werden, wenn das Falsche sich selbst zerstört. Wir werden das tiefe Leid durchstehen müssen, wenn uns die verkommenen Strukturen vor die Füße fallen; wir werden die Folgen unserer Fehler, unserer törichten Prioritäten und unserer aufgeblasenen Eitelkeiten ertragen müssen.

Wir haben der Erde zu viele Vergnügungen und Annehmlichkeiten abverlangt; wir haben uns gefühllos gegenüber allem verhalten, das über unsere egoistischen Interessen hinausgeht; wir haben eine neue Religion gegründet, die auf der Verherrlichung des Intellekts basiert, bei der die Wissenschaftler die Priester sind und der materielle Fortschritt das Leitmotiv darstellt. Wir haben so viele lächerliche Dinge getan, also lasst uns nicht deprimiert sein, weil wir nun den Preis dafür zahlen müssen.

Wir leben in bewegenden Zeiten. All das, woran wir als Bürger moderner Kulturen geglaubt haben, erweist sich als Trugbild, zeigt uns die falschen Versprechungen und weist auf die katastrophalen Folgen hin, sollten wir den gleichen irrsinnigen Kurs weiterverfolgen. Praktisch jeder des Lesens und Schreibens kundige Mensch auf der Welt weiß, dass wir mit unglaublicher Geschwindigkeit auf die nukleare Vernichtung aller Lebewesen auf diesem Planeten zusteuern, dass wir mit großer Schlauheit planen, uns selbst von der Erde zu sprengen. Wir können keinen weiteren Tag in der Annahme leben, dass die wirtschaftlichen, militärischen, industriellen und politischen Strukturen in irgendeiner Weise auf das Wohlergehen der Menschen bedacht sind oder dass sie uns zu einem besseren, glücklicheren Leben hinführen, in dem unser menschliches Potenzial verwirklicht wird.

Die politischen und sozialen Systeme, die ursprünglich geschaffen wurden, um den Menschen zu dienen, haben sich zu gierigen Monstern entwickelt, die die Freiheit der meisten Menschen und vieler anderer Erdenbewohner vernichtet haben. Ursprünglich als Unterstützer vorgesehen, sind sie die neuen Feudalherren geworden und wir die Sklaven. Die Würde des Menschseins ist nicht mehr gegeben, geschweige denn die Würde der anderen Wesen.

Die neuen Machthaber sind, gleich ihren mittelalterlichen Vorgängern, gierig, lüstern und bis ins Mark verdorben und sie versinken im Chaos. Wir werden dieses Chaos, diese Anarchie, durchstehen müssen. Wir können nicht erwarten, von den Früchten unserer Torheit verschont zu bleiben. All diese menschengemachten Strukturen werden verschwinden müssen, da sie auf falschen Annahmen über das Wesen des Menschen beruhen, die besagen, dass der Mensch nur durch Bequemlichkeit, technische Spielereien und Sinnesfreuden angetrieben wird, dass er unentwegt bereit ist, Freiheit, Anstand und grundlegende Werte für materielle Güter aufzugeben und Willens ist, sich den Anführern der politischen, militärischen und industriellen Komplexe unterzuordnen. Wir werden unsere materiellen Annehmlichkeiten verlieren, aber dafür werden wir vielleicht unsere Freiheit und unseren Anstand als Menschen zurückgewinnen.

Die dringende Notwendigkeit des Wandels einsehen

Der Zusammenbruch des Falschen und das damit verbundene Leid sollten uns nicht allzu sehr deprimieren. Lasst uns unsere Verantwortung für das Leben wieder aufnehmen und damit beginnen, alternative Lebensstile zu schaffen, die auf einer wahrhaftigen Auffassung davon beruhen, was es heißt zu leben, ein Mensch zu sein, und was Ganzheit bedeutet. Menschen aller Länder erkennen das Falsche als solches und beginnen in kleinen Schritten, neue Lebensweisen anzuregen oder zu schaffen, die auf einer ganzheitlichen Betrachtung des Lebens basieren und in denen jede Schwingung des Lebens in bedeutsamer Wechselbeziehung zu jeder anderen steht.

Fast das ganze Jahrhundert haben wir versucht, jedes Lebewesen in eine ökonomische Handelsware umzuwandeln. Beispielsweise haben wir einen Baum als potenziell nützlich für die wirtschaftlichen Interessen der Menschen betrachtet, um ihn in Holzprodukte oder Brennstoff oder etwas anderes Funktionelles zu verarbeiten. Oder wir haben eine intellektuelle Studie über den Baum durchgeführt, um akademische Anforderungen zu erfüllen, die wiederum zu wirtschaftlichem Vorteil führen. Wie auch immer wir den Baum betrachtet haben, wir haben in ihm einen Nutzen für den Menschen gesehen, der uns als Gipfel der Schöpfung dargestellt wurde.

Wir haben den Baum nicht als ein Mitgeschöpf betrachtet, welches die gleichen fünf Lebensprinzipien enthält wie wir Menschen.* Wir haben den Baum nicht in seiner Beziehung gesehen zum Raum, zur Erde, zum Wasser, zu den Tieren oder zu den Vögeln, die darin nisten. Wir haben die Struktur seiner Rinde, die Form der Äste, das Licht auf den Blättern, den Duft der Blüten, die Bewegungen der dort lebenden Geschöpfe, die Existenz der Wurzeln, der Nährstoffe in der Erde oder seine Beziehung zu seiner Umgebung nicht in einem einzigen ganzheitlichen Blick wahrgenommen.

* Siehe Fußnote Seite 69.

Bisher waren wir nicht in der Lage, den Baum losgelöst von den Beweggründen der menschlichen Kultur zu betrachten. Wir haben von Bäumen nichts über Beständigkeit gelernt oder darüber, wie man an einem Ort verwurzelt bleibt und mit Würde auf die Herausforderungen reagiert, die auf einen zukommen. Wir haben die Ganzheit der Bäume weder wahrgenommen noch von ihr gelernt. Wir haben bisher kaum gewürdigt, was für großartige Wesen sie sind, jedes mit seinem individuellen Ausdruck. In unserer Empfindungslosigkeit, in unserer irren Hast, etwas zu werden, was wir nicht sind, und mit unseren törichten Prioritäten haben wir zahlreiche kostbare Gelegenheiten verpasst, mit diesen wunderbaren Erdgeschöpfen eine Beziehung aufzubauen.

Sowohl kollektiv als auch individuell haben wir aus unseren erstaunlichen Lebensmöglichkeiten ein übles Durcheinander gemacht. Wir haben der natürlichen Herrlichkeit der Welt den Rücken gekehrt und sind jeglichem materiellen Vergnügen nachgegangen, das Wissenschaftler, Techniker und Industrielle erfinden und herstellen konnten.

Wir haben den Wissenschaftlern und Technologen freie Hand gelassen, um immer faszinierendere Geräte zu unserem Vergnügen und zu unserer Unterhaltung zu ersinnen, und waren dann völlig verblüfft, als sie Atomwaffen erfanden, die imstande sind, uns alle zu vernichten. Lange vorher hatten wir alle Lebenswerte verkauft und sie gegen materielle Annehmlichkeiten und Sicherheit eingetauscht und mussten dann feststellen, dass wir keinen moralischen Grundstock und keine ausreichende moralische Kraft mehr haben, um diesem verrückten, ursprünglich von uns gebilligtem Spiel Einhalt zu gebieten.

Wir sind innerlich zerrissen; die Emotionen wollen das eine, der Intellekt das andere, die körperlichen Triebe wieder etwas anderes. In unseren Beziehungen unterteilen wir die Welt in ein »Ich« und ein »Nicht-Ich«; es herrschen Wettbewerb, Vergleich, Selbstbehauptung und die Verteidigung unserer Selbstbilder. Innerhalb von Gemeinschaften sind wir in Kasten, Glaubensrichtungen, Klassen und kommunale Gruppen gespalten, jede darauf bedacht, die andere auszunutzen. Als Nationen sind wir durch sozioökonomische Muster voneinander getrennt, wonach die Mächtigen die Schwächeren dominieren.

Indem wir all unsere Energien in den wissenschaftlichen, technologischen und industriellen Fortschritt investieren, indem wir unsere Werte, die Ressourcen der Erde und die menschliche Arbeitskraft den Priestern und Herren des wissenschaftlichen Vorsprungs überlassen, indem wir die Prioritätensetzung intellektueller und materieller Machbarkeit akzeptieren, haben wir uns in eine Lage manövriert, in der wir Menschen in den Weltraum befördern und auf dem Mond und dem Mars landen können, in der wir Computer zu bauen vermögen, die sprechen, oder Systeme künstlicher Intelligenz entwickeln, aber wir schaffen es nicht, mit unseren Nachbarn in Harmonie zu leben, spontan liebevoll miteinander umzugehen oder die Erde zu achten. Wir sind in der Lage, die kompliziertesten Ideologien zu verstehen, haben jedoch keinen Einblick in die Dynamik unseres eigenen Verstandes. Das ist doch ziemlich erbärmlich, oder nicht?

Obwohl wir von unheilvollen Zukunftsprognosen umgeben sind, die die vollständige Zerstörung aller Lebewesen auf der Erde in allen Einzelheiten vorhersagen, ist das Potenzial eines jeden von uns, als Mensch dazuzulernen, bisher nicht vernichtet worden. Wir mögen im Augenblick fassungslos über die Dummheit, die Scheußlichkeit und das Ausmaß unserer Verfehlungen sein, aber das Leben ist nicht vorbei.

Es macht eine gewisse Freude, wenn das Falsche ganz deutlich als solches entlarvt wird und die Erkenntnis eintritt, dass die Menschheit die Last des Unwahren nicht länger tragen muss. Die Illusion der Fragmentierung ist im Begriff zu verschwinden, und die Wahrheit der Ganzheit wird geboren. Der Fluch der Zersplitterung verliert seinen Einfluss, weil jene, die nach dem Wesen von Wahrheit und Realität suchen, das unerschlossene Reich der Ganzheit entdecken.

Einen Quantensprung in die Ganzheit vorbereiten

Wir stehen an der Schwelle zu einem Quantensprung im menschlichen Bewusstsein, bereit für eine spontane, zeitlose, wundersame Explosion in das Bewusstsein der Ganzheit des Lebens. In nahezu allen Disziplinen gibt es kleine, aber bedeutende holistische Entwicklungen. Heute gibt es ganzheitliche Bewegungen in der Medizin, im Gesundheitswesen, in der Physik, der Ökologie, der Biologie, der Psychologie und sogar in der Wirtschaft. Intellektuell werden wir in vielen Bereichen vorbereitet, wir entwickeln uns entlang paralleler Bahnen, um unser Verständnis der faszinierenden Zusammenhänge aller Lebensströme zu erweitern.

In allen Ländern und in fast allen Bereichen beginnen einige wenige Menschen, die falschen Auffassungen und Wahrnehmungen der Realität zu erkennen, die die Wissenschaft eingeschränkt und in unserem persönlichen Leben großen Schaden angerichtet haben. Einige Physiker haben ihre Ansichten von der Realität radikal geändert und entfernen sich vom fragmentierten Studium der Materie hin zu der Erkenntnis, dass es möglicherweise gar keine Materie gibt. Und die Physiker erkennen die Notwendigkeit, Ereignisse als Systeme und als Felder zu untersuchen und dabei auf ordnende Prinzipien und Ganzheitlichkeit zu achten. Von einer engen reduktionistischen Betrachtung der Materie, die auf kartesianischen und newtonschen Prinzipien beruht, öffnet sich die Physik für Muster, Schwingungen und eine holistische Sicht der Realität. Die Physik wagt sich an die Ufer der Metaphysik.

Auch die Wirtschaft löst sich von ihrem kartesianisch-newtonschen Fundament und wird, wenn schon nicht zum Freund, so doch zumindest zu einem guten Bekannten von Ökologie und Humanismus. Die Biologie wendet sich der Erforschung selbstorganisierender Systeme zu, die nicht nur in der Lage sind, sich selbst zu erhalten, sondern auch zu übertreffen. In der Medizin und den Gesundheitswissenschaften werden ganze Lebenssysteme untersucht, die die Emotionen, den Lebensstil, die Ernährungsgewohnheiten und die Umwelt des Einzelnen einbeziehen. Das ist eine radikale Abkehr von der Betrachtung des Körpers als Maschine, als einem aus Einzelteilen bestehenden Fahrzeug. Die Bildung hat von der Gehirnforschung profitiert. Heutzutage gibt es Programme, die Kindern helfen, die Fähigkeiten beider Gehirnhälften zu nutzen, nicht nur die analytischen, logischen Fähigkeiten der linken Hemisphäre, sondern auch das intuitive, räumliche, ganzheitliche Potenzial der rechten.

Im Bereich des sozialen Handelns hat sich eine Anerkennung der globalen Menschheitsfamilie etabliert und damit die Forderung nach einer Weltregierung von und durch die Menschen. Gandhi hat uns die Weltanschauung nahegebracht, dass wir wirklich alle eine globale Menschheitsfamilie bilden, dass wir eins sind.

Das Leben ist eins. Es kann nicht in kleine Segmente aufgeteilt werden, in denen jeweils ein anderer Verhaltenskodex gilt. Die Politik darf keine Sparte des Lebens sein, die ihre eigene Wertestruktur hat; Wirtschaft, Religion oder Familienleben lassen sich nicht in einzelne Bereiche aufspalten, in denen jeweils andere Lebensweisen vorherrschen. Das Leben ist eins. Wenn das Leben halbwegs intakt verlaufen soll, darf es nur eine einzige Wertestruktur geben mit einheitlichen Motivationen für das gesamte Leben.

Und Spiritualität liefert die Weltsicht, dass wir im göttlichen Tanz des Kosmos alle untrennbar miteinander verbunden sind. Alle Unterteilungen in »Ich« und »Nicht-Ich«, in Innen und Außen, in Persönliches und Privates, in Religiöses und Weltliches sind willkürlich, künstlich und eine Erfindung des menschlichen Verstandes. Wir haben die Haut fälschlicherweise als eine Art Hülle betrachtet, die eine Grenze für die private Welt des Ichs, des Egos, darstellt, in der alle privaten Gedanken und Gefühle enthalten sind. Wir haben die Haut als die Grenze zwischen dem persönlichen und dem gemeinschaftlichen Territorium angesehen.

Doch diese oberflächliche Betrachtung des Menschen als separates physisches, materielles Wesen wird nun an allen Fronten widerlegt. Das Innere und das Äußere sind in einem ständigen Energiefluss und im Grunde nicht voneinander zu unterscheiden; Gedanken und Gefühle gehen als Schwingungen vom Körper aus, und das Schwingungsfeld durchdringt das gesamte Wesen. Wir können die falsche Hoffnung von Getrenntsein oder privater Abschottung nicht länger aufrechterhalten.

In der ganzheitlichen Forschungsarbeit wird jede Regung unseres Lebens miteinbezogen, jede Handlung – es gibt keine privaten Rückzugsräume, in denen wir unsere bevorzugten Neigungen, unsere Störungen und neurotischen Verhaltensweisen verbergen können. Alles wird mit forschendem Blick beleuchtet. Sich sehr spirituell zu geben, solange die Umstände günstig sind, aber unreif und primitiv zu sein, sobald die Bedingungen nicht unseren Vorstellungen entsprechen, ist keine Möglichkeit.

Jegliches Verhalten wird untersucht, damit ein ganzer, reifer und intakter Mensch entsteht, der die Furchtlosigkeit besitzt, in der Wahrheit zu leben. Diese Erkundung der göttlichen Ganzheit, der intelligenten Ordnung, der zeitlosen, geheimnisvollen Ganzheit ist die Essenz von Spiritualität. Sie ist die persönliche Entdeckung der ewigen Ganzheit im täglichen Leben, in den Herausforderungen, die das Leben mit jedem neuen Morgen direkt an unsere Haustür bringt.

Ganzheitliche Lebensweisen schaffen

Was werden wir tun, wenn wir erkennen, dass das Leben eine Ganzheit ist und dass alle Wesen eins sind? Warten wir, bis die Anführer der sogenannt ganzheitlichen Bewegungen mit neuen Rezepten für eine auf Ganzheitlichkeit basierende Lebensweise auftauchen? Suchen wir nach dem Erlöser, der uns den neuen Weg zeigt, dem wir gedankenlos folgen werden? Immer dann, wenn ein Gefühl der Unsicherheit oder der Ungewissheit über die Zukunft aufkommt, drängt es den menschlichen Verstand dazu, eine neue Sekte zu gründen, eine neue Religion zu erfinden, einen neuen Tempel zu errichten und sich von aller Freiheit loszusagen, weil er sich zugehörig und sicher fühlen möchte, weil er vorgeschriebene Formeln für sein Verhalten braucht. Wir mögen gezwungen sein, unser Heim zu verlassen, weil das Fundament morsch ist, das Dach einstürzt und die Wände zusammenbrechen, doch wir errichten kurzerhand ein neues Gebäude mit der kompletten Ausstattung des alten.

Die chaotischen Zustände unserer Zeit zwingen uns dazu, die alten Strukturen aufzugeben. Doch wie gehen wir mit unserer Unsicherheit im Hinblick auf die Zukunft um? Im fragmentarischen und begrenzten Blickwinkel der materiellen Welt können wir uns kollektiv nicht mehr sicher fühlen. Die Zeichen der Zeit weisen unmissverständlich auf die Vernichtung aller Lebewesen auf der Erde hin, sollten wir den eingeschlagenen Weg fortsetzen. Wir werden in Unsicherheit und Ungewissheit versetzt; die Menschen auf der ganzen Welt werden aus ihren sicheren Winkeln herausgeholt und hinausgetrieben in die Angst vor dem, was kommt, vor allem die jungen Menschen, die möglicherweise keinerlei anständige Zukunft haben.

Mit Unsicherheit konfrontiert, neigen wir instinktiv dazu, nach etwas zu greifen, das zumindest die Illusion von Sicherheit vermittelt. Wenn die alten Strukturen versagt haben, rasten wir nicht, bis wir etwas Neues finden, das vielversprechend erscheint, und klammern uns daran, sei es eine neue soziale Bewegung, eine andere religiöse Sekte oder eine charismatische Persönlichkeit. Und wenn der ganzheitliche Ansatz der neue Trend der Zukunft ist, dann greifen wir nach einem Aspekt, zum Beispiel der ganzheitlichen Gesundheit, und werden zu Fanatikern dieses Ansatzes.

Wir haben viele potenziell bedeutende soziale Bewegungen, wie die Demokratie, den Sozialismus oder den Kommunismus, verraten und verdorben, indem wir nicht zu ihren Grundlagen vorgedrungen sind, indem wir ihre revolutionäre Leidenschaft durch oberflächliche Akzeptanz und den Wunsch nach einem Freifahrtschein untergraben haben. Werden wir dasselbe mit den ganzheitlichen Bewegungen tun?

In allen Lebensbereichen sehen wir uns mit Unsicherheiten konfrontiert und sind uns darüber im Klaren, dass die herkömmlichen Lösungen keinerlei Vitalität mehr besitzen. Ist die Liebe für die Freiheit noch lebendig in uns, dann werden wir die Gelegenheit nutzen, die sich uns bietet, um etwas über das Leben zu lernen und auch etwas über die Realität, in der wir leben.

Wissenschaftler, Ökologen, Ökonomen, Psychologen und Sozialarbeiter weisen an allen Fronten darauf hin, dass wir am Ende des fragmentarischen Ansatzes angelangt sind und unser Besessensein von den physischen oder materiellen Aspekten des Lebens ein schwerer Fehler war mit enormen Auswirkungen auf alle Lebewesen der Erde. Sie deuten auf eine holistische Lebensauffassung hin, in der jedes Wesen in erheblichem Maße mit jedem anderen Wesen verbunden ist, und sie zeigen auf, dass die physische, materielle Welt, die wir als Realität abgesteckt haben, möglicherweise nur eine relative Realität ist und dass die wahre Realität noch unerforscht ist.

Uns wird nahegelegt, dass die physische Welt, wie wir sie in der Vergangenheit kannten, womöglich nur eine begrenzte Realität hat und die absolute Realität von den Wissenschaften erst noch erkundet werden müsse. Was tun wir, wenn wir feststellen, dass das, was wir für real hielten, nur eine relative Realität ist? Harren wir in Verwirrung aus, bis die Zeitungen verkünden, die Wissenschaft habe nun die ultimative Realität entdeckt, oder beginnt jeder von uns, wo auch immer wir im Leben stehen, eine persönliche Erkundung der Realität, des Sinns des Lebens, des Wesens des Menschen oder der anderen Lebewesen?

Sorgen wir uns als Menschen nicht nur um die eigene Lebensqualität, sondern auch um die der anderen Wesen, dann werden wir nicht darauf warten, dass irgendjemand diese Erkundungen betreiben und uns dann die vorgefertigten Schlussfolgerungen servieren wird. Vielmehr werden wir uns persönlich für dieses Abenteuer des Lebens begeistern und die Ganzheit für uns selbst entdecken.

Rückzug ist nicht möglich. Entweder bleiben wir passiv und verfallen in Stagnation – stagnierende Leben beginnen zu stinken wie stillstehendes Wasser – oder wir stoßen als Entdecker in das Unbekannte vor. Eine wunderbare Herausforderung, nicht wahr?

Als Forschende müssen wir ein aufmerksames, scharfsinniges, genaues und bewusstes Leben führen. In einem anarchistischen persönlichen Leben und einer nachlässigen Lebensweise können wir keine erfolgreichen Erkundungen durchführen. Wir brauchen die Vitalität und die Exaktheit der Achtsamkeit, um eine persönliche Erforschung der Wahrheit und der Ganzheit zu betreiben. Die Erkundung der Wahrheit und der Ganzheit der Wirklichkeit ist kein emotionaler oder sentimentaler Zeitvertreib für Müßiggänger. Sie ist ebenso präzise wie eine mathematische Untersuchung; wir haben die Genauigkeit und die Ordnungsmäßigkeit der Realität jenseits des Denkens noch nicht erkannt. Wir unterliegen der Illusion, dass die ultimative Realität nicht präzise sei, weil sie sich nicht auf die Rationalität des menschlichen Verstandes reduzieren lässt. Verbringen wir einen Tag in der Natur, ohne sentimentale Vorstellungen und ohne Ehrgeiz, dann bekommen wir vielleicht ein Gefühl für die genaue Ordnungsmäßigkeit der Realität.

Lasst uns nicht einfältig oder leichtgläubig sein, wenn wir jenseits des Bekannten forschen. Wir werden den rationalen Verstand und die Schönheit des Intellekts so weit nutzen, wie sie uns tragen, bis hin zu den Grenzen des Bekannten. In der Vorbereitung unseres Lebens auf die Erkundung des Unbekannten werden wir so präzise vorgehen wie Wissenschaftler. Letzten Endes aber werden wir die Regungen des Verstandes hinter uns lassen müssen, weil sie zu begrenzt sind, um die Ganzheit der Wirklichkeit zu erkennen.

Das Denken wird uns nur bis an die Grenzen des Bekannten führen, weil es in seiner Natur liegt, die Unterschiede und nicht das Ganze wahrzunehmen. Das Denken unterscheidet unmittelbar zwischen dem Subjekt der Wahrnehmung und dem wahrgenommenen Objekt. Das Subjekt des Denkens, der oder die Denkende, wird im Moment der Wahrnehmung vom Objekt des Denkens getrennt.

Die Denkstruktur trägt die Last von Jahrtausenden des Wissens, der Quantifizierung, der Formulierung von Theorien und Ideologien; sie verweilt in den Erinnerungen von gestern und von Abertausenden vergangenen Tagen davor, was einen Druck auf den

Verstand ausübt, die Dynamik der Vergangenheit in die Zukunft weiterzutragen.

Glücklicherweise müssen wir Ansichten über den Verstand aus zweiter Hand nicht hinnehmen. Wir Menschen sind mit selbstbewusster Energie ausgestattet; das heißt, wir können die Regungen des Verstandes beobachten, während er aktiv ist.

Jeder von uns hat die wunderbare Gelegenheit, den Verstand im Laufe des Tages bei seinen Aktivitäten zu beobachten, in Beziehungen, bei der Arbeit, in Ruhephasen und in Krisen. Wenn uns das repetitive, mechanische Wesen unseres Verstandes nicht zu sehr deprimiert, kann es ein großer Spaß für jeden Einzelnen von uns sein, selbst herauszufinden, worüber wir den ganzen Tag nachdenken. Halten wir das Experiment der Beobachtung auch nur einen Tag lang durch, werden wir keine Zweifel mehr an den Ursachen des menschlichen Elends, von Konflikten, Ausbeutung und Kriegen in der Welt haben.

Reife und ein gesunder Verstand sind weder individuell noch kollektiv möglich, solange nicht jeder von uns die Verantwortung dafür übernimmt, den Inhalt und den Prozess unserer mentalen Strukturen im Detail zu erkunden. Unsere Lebensmotive, Handlungsprioritäten und Beziehungsdynamiken sind im Verstand enthalten und haben dort ihren Ursprung. Die Gesamtheit der individuellen Beweggründe, Prioritäten und Dynamiken sind die Grundlage der Gesellschaft, der Zivilisation. Sorgen wir uns um die Lebensqualität der Gemeinschaft, dürfen wir den Mechanismus unseres individuellen Denkens nicht länger ignorieren.

Die Wurzel allen menschlichen Elends liegt im Verstand. Die individuellen Gedanken prägen das Kollektiv, und die Strukturen des Kollektiven formen die Motivationen und Prioritäten der individuellen Gedanken. Kollektive Strukturen, die auf Motiven wie Gier, Wettbewerb, Angst und dem Wunsch nach Herrschaft aufbauen, bestärken derartige Beweggründe im Denken des Einzelnen und geben sie an die jungen Menschen in der Kultur weiter.

Wir können den Kreislauf des individuellen und kollektiven Elends erst durchbrechen, wenn wir über die begrenzte, fragmentarische Sicht des Menschen hinauswachsen. Ein egozentriertes Leben wird immer eigennützig, besitzergreifend, defensiv und aggressiv sein. Es gibt keinen Weg zum Frieden, der durch das Reich des Egos führt. Wir haben alle Wege des Denkens und des Egos gründlich ausgelotet. Nur in der Erkundung dessen, was jenseits dieses begrenzten Territoriums liegt, in der Erforschung der Ganzheit, besteht die Aussicht auf gesunden Verstand, Harmonie, Frieden und Mitgefühl.

Die Ganzheit im Alltag leben

Wir müssen zu wissenschaftlichen Beobachtern unseres eigenen Lebens werden, um herauszufinden, wer wir sind und wie wir funktionieren. Aber wir werden Wissenschaftler sein, die die Menschheit lieben, die sich um die Lebensqualität der Menschen sorgen und Zuneigung zu allen Lebewesen verspüren. Gleichgültigkeit und Gefühllosigkeit gegenüber anderen Lebewesen können wir nicht länger tolerieren, auch nicht im Namen der Wissenschaft.

Dies ist die Epoche, in der Wissenschaft und Spiritualität sich in der Erforschung der Wahrheit des Lebens vereinen. In der Vergangenheit hat sich die Spiritualität allerlei unwissenschaftlicher Methoden bedient, um die Wahrheit zu ergründen. Sie verfiel der Leichtgläubigkeit, dem Glauben, der Kasteiung des Körpers zur Triebkontrolle und unterwarf sich fanatischen Dogmen, Sekten und Persönlichkeiten. All diese unwissenschaftlichen, ungesunden Methoden, die Wahrheit des Lebens zu erforschen, werden verschwinden müssen und tun es bereits.

Die Spiritualität kann von der Wissenschaft lernen, wie man eine Untersuchung durchführt, wie man objektiv beobachtet oder wie man Fragen unvoreingenommen aufgreift, ohne Vorurteile zu fällen, und wie man voreilige Schlussfolgerungen zurückstellt. Die Wissenschaft wiederum kann von der Spiritualität etwas über die Heiligkeit des Lebens, die Ehrfurcht vor den Lebewesen und die Moral des Forschens lernen.

In unseren Untersuchungen zur Wahrheit und dem Wesen der Realität können wir mithilfe des wissenschaftlichen Ansatzes etwas über unseren individuellen Verstand und unser Gehirn entdecken. Um in der Ganzheit aufzugehen, werden wir alle Regungen hinter uns lassen müssen, selbst die subtile Regung des Beobachtens. Doch wir beginnen, indem wir mit wissenschaftlicher Unvoreingenommenheit und Genauigkeit die Funktionsweise unseres individuellen Verstandes aufmerksam betrachten.

Wir beginnen dort, wo wir sind, wo auch immer wir im Leben stehen. Wenn wir als soziale Aktivisten tätig sind, verlassen wir diese Arbeit nicht oder geben das Engagement für die Entwicklung der Menschen auf und verstricken uns in unser kleines, unbedeutendes Ego. Vielmehr werden wir die Regungen des Egos oder des Verstandes im Laufe des Tages aufmerksam verfolgen.

Das innere Leben zu beleuchten, war bisher nicht das Ziel sozialer Aktivisten, die sich der Bekämpfung von Ursachen sozialer Ungerechtigkeit in den sozioökonomischen, politischen und militärischen Strukturen gewidmet haben. Die Auseinandersetzung mit dem Innenleben war bislang den Psychologen und spirituell Suchenden vorbehalten. Doch heutzutage fallen diese falschen Unterscheidungen ganz von selbst weg und alle, die ein Interesse an Lebensqualität haben, seien es Ökologen, Wissenschaftler, soziale Aktivisten, Pädagogen, Ökonomen oder Mediziner, werden die Untersuchung und Beobachtung der Funktionsweise des Verstandes in einen ganzheitlichen Lebensansatz mit einbeziehen müssen.

Wir können es uns nicht mehr leisten, dass jeder sich ein Stück Territorium absteckt und dieses innerhalb klar definierter Grenzen erforscht. In der heutigen Zeit müssen wir das ganze Leben, die ganze Erde und das gesamte Fachwissen miteinander teilen. Die Ökonomen werden mit den Ökologen teilen müssen, die Pädagogen mit den sozialen Aktivisten und die Wissenschaftler mit den spirituell Suchenden.

Die Zeit der abgesteckten Spezialgebiete ist vorbei. Vergangen sind die Tage, in denen wir uns in unsere eigenen Laboratorien zurückziehen und unsere privaten Experimente mit einem Fragment des Lebens durchführen konnten. Vorüber ist die Zeit, in denen wir die Arbeit der anderen verschmähen und die Überlegenheit unserer eigenen Untersuchungsmethode beanspruchen konnten.

Wir wurden aus unseren abgesonderten Gemeinschaften in die globale Menschheitsfamilie versetzt, und darin müssen wir in Harmonie leben, so wie es in einem Familienleben sein sollte. Es ist die Wärme der Liebe, die das Zusammenleben ermöglichen wird. In den meisten intakten Familien versuchen wir, miteinander auszukommen, uns gegenseitig zu unterstützen, die Eigenheiten und Wesensarten des anderen zu akzeptieren. Wir müssen zur Kenntnis nehmen, dass die Integrität der Familie vor allem in den westlichen Ländern nachgelassen hat und in dem verrückten Bemühen, in den Augen der Gesellschaft wichtig zu sein, die Zärtlichkeit der gegenseitigen Unterstützung und Fürsorge oft verloren geht. Lasst uns also zur ursprünglichen Bedeutung der

Familie zurückkehren, in der die Familienmitglieder miteinander kooperieren, sich gegenseitig bei der Überwindung von Schwächen helfen, sich in schwierigen Zeiten beistehen und einander heilende Liebe schenken. Es ist diese Art von Kooperation, die in der globalen Menschheitsfamilie heute so dringend gebraucht wird.

Die Menschheit leidet heute nicht nur unter dem Unheil, das durch die drohende Zerstörung durch Atomwaffen entsteht, sie leidet auch unter dem erbärmlichen Zustand der Beziehungen, dem Mangel an liebevoller Unterstützung und an der heilenden Berührung der Liebe.

Die Quelle der Liebe liegt offensichtlich nicht in kleinlichen Egos, die miteinander wetteifern möchten, die ihre Selbstdarstellung schützen wollen oder eifersüchtig werden und in Beziehungen leicht gekränkt sind. Die Liebe blüht auf, wenn das Ego schweigt, wenn das Ich-Bewusstsein mit seinen eigennützigen Motiven sich nicht regt. Die Liebe anerkennt die Grenzen des Ichs nicht; sie fegt alle Trennungen, alle menschengemachten Zerstückelungen beiseite und vereint die Herzen in einer freudigen Feier des Lebens.

In unseren täglichen Beziehungen, an unserem Arbeitsplatz und bei uns zu Hause müssen wir die Kraft der Liebe dringend wiederbeleben – nicht jene vermeintliche aus romantischen Liebesromanen, in denen das sinnliche Vergnügen im Vordergrund steht. Liebe bedeutet nicht, vom Gegenüber irgendwelche Vergnügungen zu erhalten. All das haben wir bereits erlebt und bis in alle Einzelheiten die Verfälschung der Kraft der Liebe in unserem Leben und das damit verbundene endlose, erbärmliche Elend gesehen. Die Liebe zu allen Lebewesen und zur Erde ist absichtslos. Sie *ist* einfach.

Ist es uns peinlich, einander als Mitglieder einer globalen Menschheitsfamilie zu lieben? Haben wir Angst vor der Zärtlichkeit der Liebe?

Wir haben uns an einen rücksichtslosen, rauen Umgang miteinander gewöhnt. Wir haben kaum Respekt oder Sensibilität für das Leben anderer Menschen. Wir haben uns mit achtloser Aggression im Miteinander abgefunden und sind an endlose Konflikte gewöhnt, die durch aggressive Tendenzen ausgelöst werden.

Die Dynamik einer globalen Menschheitsfamilie darf nicht auf rücksichtsloser Aggression beruhen. Das würde das Ende des

Lebens für uns alle bedeuten. Die neue Dynamik muss Liebe, Zusammenarbeit und freundschaftliche Verbundenheit sein.

Wir wollen keine Forscher sein, die den Suchscheinwerfer der Wahrheit nur auf äußere Strukturen, auf unsere beruflichen Spezialgebiete oder auf unsere begrenzten, durch unsere Talente und Fähigkeiten bedingten Interessensgebiete richten. Lasst uns stattdessen die inneren Abläufe unseres Verstandes und unserer Beziehungen sowie unsere Arbeitsweise und unser Zusammenleben beleuchten.

Ein ganzheitlicher Lebensansatz gestattet nicht, dass wir uns einerseits um das Leben anderer, die Not von Tieren und der Erde, die Erforschung von Physik, Biologie, Wirtschaft und Medizin bemühen und andererseits unser persönliches Leben vernachlässigen. Die Zeit der großen Erfolge in den Laboren, der bedeutsamen Arbeit zum Wohl der Menschheit, des Brillierens in Kunst, Literatur und Musik unter dem gleichzeitigen Mief von Nachlässigkeit und Verwahrlosung im persönlichen Leben ist ein für alle Mal vorbei.

Über das Begrenzte hinauswachsen

Es wird nicht leicht für uns, Mitglieder einer globalen Menschheitsfamilie zu sein, solange wir in der Denkstruktur und ihren Regungen feststecken, da diese in ihrer Weltsicht zwangsläufig fragmentarisch ist. Als Familie müssen wir über die Denkstruktur hinauswachsen und in der Ganzheit leben.

Die Denkstruktur zu überwinden, zu transzendieren, ist weniger schwierig, als es oft dargestellt wird. Wir haben diesen Vorgang und besonders die Stille und die Meditation mystifiziert. Wir haben dem Unbekannten den Anstrich des Okkulten, Übersinnlichen und Mystischen gegeben. Die Dimension der Stille muss ihren Platz in einer intakten, gesunden Lebensführung zurückerhalten.

Es ist wahr, dass die Dimension der Stille Energien enthält, die bisher noch nicht systematisch erforscht wurden und daher geheimnisvoll erscheinen. Sie sind jedoch nicht grundsätzlich mysteriös, sondern wurden von der Wissenschaft einfach noch nicht umfassend erforscht. Doch ebenso wie Radiowellen einst geheimnisvoll erschienen, so wirken auch die Energien des Reichs der Stille außergewöhnlich auf uns.

Im natürlichen Rhythmus zwischen Handeln und Nichthandeln erwartet uns die Dimension der Stille; wir gelangen vom Klang in die lautlose Dimension der Stille, in der völlige Entspannung möglich ist. Die meisten von uns kennen keine vollkommene Entspannung in ihrem Leben; wir kennen nur die relative Entspannung, wenn wir nicht arbeiten und uns trotzdem Gedanken über die Arbeit machen, über Beziehungen, über das, was morgen und übermorgen sein wird, und über unser Alter, wenn wir vielleicht krank sein werden und sterben. Wir wissen nicht, was erholsamer Schlaf ist, der uns gestärkt in den Morgen starten lässt, um die Herausforderungen des neuen Tages zu bewältigen. Wir kennen nur endlose Erschöpfung, Belastung, Anspannung und Abstumpfung.

Um über die Frische und die Vitalität zu verfügen, die wir für das soziale Handeln benötigen, und um unser Potenzial als ganze Menschen zu verwirklichen, ist es unerlässlich, den harmonischen Rhythmus zu entdecken, der uns leicht und anmutig vom Handeln zum Nichthandeln führt. In der Stille des Nichthandelns werden wir gestärkt und können wieder zum Handeln übergehen. Es ist ein ganz natürlicher Fluss oder Rhythmus. Allerdings ist er für uns ungewohnt, weil die modernen Gesellschaften uns zu einer einseitigen Ausrichtung auf das Handeln konditionieren und dazu, etwas zu werden und etwas zu vollbringen, das uns in den Augen der Gesellschaft wichtig erscheinen lässt.

Die Ethik des sozialen Handelns lautet, beharrlich für die Sache zu arbeiten, ohne Rücksicht auf die Ermüdung des Körpers, die Erschöpfung der Nerven oder die Belastung des Gehirns. Da die Herausforderungen, vor denen wir stehen, zunehmend komplexer werden, wird es uns nicht gelingen, sie erfolgreich zu bewältigen, wenn unsere Lebenskraft erschöpft ist und wir nicht die Vitalität für spontane und kreative Ansätze besitzen, um die Lebensqualität der Menschen zu verbessern. Ein ermatteter Organismus verfällt in Starrheit und wird unflexibel, weil er keine Energie hat um voranzukommen, um seine Erkenntnis zu vertiefen und neuen Situationen mit Scharfsinn, Beweglichkeit und Spontaneität zu begegnen.

Wir werden uns das Nichthandeln selbst beibringen müssen, denn bisher wurde es in unserem Leben vernachlässigt. Um dies zu tun, müssen wir uns jeden Tag etwas Zeit nehmen, in der wir ungestört bleiben – keine Telefonate, keine Besuche, keine Unterbrechungen –, um herauszufinden, was es bedeutet, in einer lautlosen und regungslosen Dimension zu sein.

In der Dimension der Stille steuern und kontrollieren wir das Leben nicht; wir lassen alle diese Regungen hinter uns. In dieser völligen Entspannung sind wir offen und empfänglich für jene Energien, die von der Wissenschaft bisher unerforscht blieben. Wenn das Ego nicht präsent ist und alle auch noch so subtilen Regungen des Verstandes wegfallen, ist eine wundersame, freudvolle Begegnung mit der Essenz des Lebens möglich.

Versteht diese Beschreibungen nicht als ein Dogma; sind wir am Wesen der ultimativen Wirklichkeit eines ganzheitlichen Lebens interessiert, müssen wir sie in der weiten Dimension jenseits des Denkens für uns selbst entdecken.

Ihr wisst vielleicht, dass die alten Weisen Indiens viele faszinierende Erforschungen der inneren Stille und des Wesens der absoluten Wirklichkeit unternommen und ekstatische Hymnen über die Essenz der Realität verfasst haben.

Die absolute Wirklichkeit kann natürlich nicht beschrieben werden. Dennoch versuchten diese Weisen ein Gespür für jene Glückseligkeit zu vermitteln, für eine von jeglichen Schwingungen und konditionierter Energie unberührte Reinheit, für das zeitlose Sein, das weder Anfang noch Ende kennt, und für die immerwährende Liebe, die weder Absicht noch Ursache hat, sondern einfach *ist.* Diese Hymnen sind wunderschön, doch sie sind lediglich romantische Poesie, solange man keine persönliche, direkte Erkundung des Lebens jenseits der bekannten, abgesteckten Grenzen des Verstandes unternimmt.

Unser Potenzial verwirklichen

Wie jene Weisen haben auch wir spannende Möglichkeiten, neue Dimensionen des Seins zu entdecken und über eine armselig enge, fragmentarische Sicht des Lebens hinaus in die Ganzheit zu gelangen.

Wir haben die Annehmlichkeiten des fragmentarischen Lebens ausgeschöpft; jetzt langweilen sie uns. Wir haben unzählige Formen kollektiven Lebens ausprobiert und sind gescheitert. Selbst der Trost der Liebe, aufrichtige Freundschaft und sinnerfüllte Beziehungen sind im elenden Wettstreit um materielle Güter oder das Anhäufen von Theorien und Ideologien verloren gegangen. Wir sind kollektiv traurige und unglückselige Menschen, die im Schatten der Verzweiflung existieren und sich darum sorgen, ob es überhaupt noch möglich ist, wirklich zu leben.

Wir können einander nicht vertrauen, weder als Individuen noch als Nationen. Auf der ganzen Welt werden Politiker gekauft und verkauft, als seien sie Konsumgüter. Wir können ihnen kein Vertrauen schenken. Wir schämen uns dafür, was wir unseren Mitgeschöpfen und der Erde antun, die wahrlich eine Mutter für uns ist und uns lebensnotwendige Nahrung schenkt. Und an das, was wir den jungen Menschen hinterlassen, können wir ohne schmerzliche Gewissensbisse und tiefe Schuldgefühle nicht einmal denken.

Wir haben kein Recht, uns den negativen Energien der Verzweiflung zu ergeben, solange wir nicht das Potenzial des Lebens gründlich erforscht haben. Und das haben wir bisher nicht getan. Wir haben uns im Kreis gedreht, uns an unseren liebgewonnenen Theorien, Ideologien und Entscheidungen festgehalten und sind als Gesellschaft nicht über vertraute Teilbereiche hinausgegangen.

Wir dürfen nicht jammern, dass das Leben dem Untergang geweiht ist, dass alles hoffnungslos ist und wir alles Mögliche versucht haben, wenn wir uns in Wirklichkeit dafür entschieden haben, in sehr begrenzten Lebenswelten auf den grobstofflichsten Ebenen zu agieren, und mit großer Arroganz verkündet haben, dass es nichts anderes gibt.

Die Schönheit und die Heiligkeit des Lebens bestehen darin, dass die Möglichkeit der Transzendenz, so erdrückend die Dunkelheit auch sein mag, jedem Menschen zur Verfügung steht wie ein Samen, der sich jeden Augenblick öffnen und zu einem neuen, reifen, transzendenten Wesen erblühen kann.

Die Schwierigkeiten des Lebens sind nicht unüberwindbar für engagierte Menschen, die sich von Herausforderungen nicht so leicht unterkriegen lassen und die tiefe und leidenschaftliche Lebensfreude empfinden. Sie sind nicht unüberwindbar, weil jeder von uns unzählige Möglichkeiten der Kreativität, Intelligenz und Liebe in sich trägt.

Anstatt uns in Angst und Selbstmitleid zu ergehen, sollten wir alle, nicht nur die sogenannten sozialen Aktivisten, die Verantwortung dafür übernehmen, über uns hinaus- und in eine ganzheitliche Weltanschauung hineinzuwachsen. Lasst uns über die künstlichen Begrenzungen des Bekannten hinausgehen und uns in die subtileren Sphären des Daseins wagen, wo Intelligenz, Kreativität und Liebe zu Hause sind; lasst uns dort zusammenkommen. Jene unter uns, die den Weg zu einem ganzheitlichen Leben weisen, sind Abenteurer. Mit dem Licht der Ganzheit erhellen sie die Schatten des materialistischen Lebens.

Wir haben einen Lebensstil genossen, der im Widerspruch zur Harmonie des Lebens steht. Diese Gewohnheiten werden sich nicht durchsetzen, wenn die Menschheit sich zu einer ganzheitlichen Lebensweise entwickelt, die im Einklang mit der Ganzheit steht.

Wir haben in kollektive Lebensstrukturen investiert, die nicht nur hässlich, sondern auch korrupt und verdorben sind. Warum sollten sie nicht zusammenbrechen? Am Horizont erkennen wir die Wellen der Zerstörung, die über die Zivilisationen der Welt hereinbrechen werden. Doch lasst uns keine Angst haben. Das ewige Leben wird nicht vergehen und das Potenzial des Menschen wird nicht zerstört werden.

Nach der dunklen Nacht der Verwüstung bricht im Leben der Menschheit ein neuer Tag an. Und in den zarten, zögerlichen Strahlen dieser Morgenröte entfaltet sich ein neuer Mensch. Wir haben die Finsternis der Ausbeutung, der Grausamkeit gegenüber Mensch und Erde überstanden. Wir haben die entmenschlichenden Auswirkungen der sozioökonomischen und politischen Strukturen ertragen. Wir haben unzählige Tränen der Trauer und Verzweiflung vergossen und auf einen neuen Tag gewartet, auf eine neue Chance zu leben, immer in der Sorge, dass dieser Tag nie kommen würde.

Die Zartheit der Morgendämmerung und die Frische des Tagesanbruches haben in unserem Leben schmerzlich gefehlt. In den dunklen Kerkern unserer selbstauferlegten Gefangenschaft waren wir von den heilenden und regenerierenden Strahlen der Liebe und des Mitgefühls abgeschottet. Selbst von der sanften Zuneigung und vom Licht des Staunens und der Erkenntnis waren wir abgeschnitten.

Erheben wir uns über die Grenzen des Egos und begegnen wir der Morgendämmerung in der Offenheit von Vertrauen und Glauben. Wir sind nicht geschlagen, und es wäre unseres Erbes und unserer Verantwortung als wertvoller Teil der Schöpfung unwürdig, uns mit dauerhafter Finsternis abzufinden.

Möge dieser Tag eine neue Zeit einläuten, in der Frieden und Harmonie in unser Herz und unser Zuhause fließen, in der wir die zarten Rhythmen der Ganzheit und die kraftvolle Gegenwart des Einsseins entdecken. Lasst uns an diesem Tag lernen, mit allen Wesen im gesegneten Reich der Stille in Verbindung zu treten, und mit dem Herzschlag und dem Puls des ewigen Seins verschmelzen.

Über die Autorin

von Renata Keller

Vimala Thakar (1923–2009) war eine indische Philosophin, revolutionäre Mystikerin und soziale Aktivistin, eine bemerkenswerte Persönlichkeit des zwanzigsten Jahrhunderts, die unerschrocken einen radikal unabhängigen Ansatz in der Spiritualität und der Suche nach der Wahrheit verfolgte. Von allen religiösen Traditionen befreit, brachte sie die zeitlose Weisheit des Ostens mit dem rationalen Denken des modernen und liberalen Westens zusammen. Es war ihr ein großes Anliegen, die Menschen zu einem tiefen Verantwortungsbewusstsein wachzurütteln. Sie reiste jahrzehntelang um die Welt, besuchte mehr als fünfunddreißig Länder und rief alle, die bereit waren, ihr zuzuhören, dazu auf, dringendst zu innerer Freiheit und einer Fürsorge für das ganze Leben zu erwachen.

Vimala wurde am 15. April 1923 in eine brahmanische Familie in der Stadt Akola im indischen Bundesstaat Maharaschtra geboren und interessierte sich schon sehr früh für spirituelle Themen. Sie wollte dem Heiligen begegnen. Mit sieben Jahren lief sie von zu Hause weg in den Wald, um nach Gott zu suchen. Oder sie sprang in einen Brunnen, weil eine Tante im Scherz gesagt hatte, dass Gott im Brunnen lebt.

Obwohl es Frauen nicht erlaubt war, religiöse Texte zu lesen, studierte sie bereits in jungen Jahren die indischen Veden und Upanischaden und lernte Sanskrit. Nachdem sie ihr Studium in östlicher und westlicher Philosophie erfolgreich abgeschlossen hatte, ging sie nach Rishikesh und meditierte ein Jahr lang in einer Höhle am Flussufer des Ganges, experimentierte mit verschiedenen spirituellen Praktiken und besuchte Lehrer und Aschrams in ganz Indien. Sie wurde jedoch immer wieder von den religiösen und spirituellen Autoritäten zurückgewiesen, weil sie eine Frau war. Trotz häufiger Kränkungen blieb sie unbeirrt. Als spirituell Suchende im Indien der 1940er-Jahre so eigenständig zu sein, war mutig und revolutionär. Sehr genau beobachtete sie, was ihr an spirituellen Autoritäten gefiel und missfiel, und entwickelte für sich selbst eine eigene Ethik. Innerhalb dieses patriarchal-geprägten Milieus kämpfte sie leidenschaftlich darum, ihren eigenen sprachlichen Ausdruck zu finden, der ihren Herzenswunsch nach innerem und äußerem Frieden vermitteln und kommunizieren würde.

Sehr früh war sich Vimala über ihre innere Bestimmung, frei und ungebunden ihrer Leidenschaft nach innerer Befreiung nachgehen zu wollen, im Klaren. Unbeeindruckt von mehreren Heiratsanträgen und nach einem kurzen Arbeitseinsatz im Entwicklungsfonds der Vereinten Nationen für Frauen in New York schloss sie sich Vinoba Bhaves friedlicher Landreformbewegung *Budhan* in Indien an, die von Ghandis Vision inspiriert war. Vimala wurde eine führende Persönlichkeit dieser Bewegung und wanderte mehrere Male zusammen mit Hunderten von Mitstreitern zu Fuß durch ganz Indien, um reiche Landbesitzer davon zu überzeugen, einen Teil ihres Landes an arme Bauern abzugeben, damit diese sich eine eigene, unabhängige Existenz aufbauen konnten. Die *Budhan*-Bewegung war und ist bis heute eine der wenigen gewaltfreien Revolutionen weltweit, bei denen Menschen aus humaner und großherziger Motivation Land an arme Menschen verschenkten, ohne von einer mächtigen Behörde dazu gezwungen zu werden.

Aufgrund eines schweren Autounfalls musste Vimala Thakar ihr Engagement für die Bewegung beenden. Ihre anschließende Begegnung mit dem Philosophen und Autor Jiddu Krishnamurti im Jahr 1960 veränderte ihr Leben radikal, und sie erkannte die volle Tiefe dessen, was ihr im Laufe der Jahre zuvor immer deutlicher klargeworden war: dass einzig die innere Arbeit mit dem eigenen Bewusstsein und die Transformation von Gewalt und Aggression in uns selbst ein friedlicheres Leben auf dieser Erde bewirken können.

In einem offenen Brief an ihre ehemaligen Kollegen und Kolleginnen der *Budhan*-Bewegung schrieb sie:

> Meine Verbindung mit der Bewegung ist vorbei. [...] Es gibt keinen Frieden und Zufriedenheit mehr ohne eine tiefgreifende menschliche Revolution. Eine menschliche Revolution, die daraus besteht, sich von jeder Art persönlicher, nationaler, ethnischer und ideologischer Voreingenommenheit zu befreien. [...] Alles, was unserem Verstand über Jahrhunderte hinweg eingeimpft wurde, muss vollständig verworfen werden.

Sie beschloss, ihr Leben diesem inneren Weg zu widmen und ihre eigenen Worte zu finden. Dies hatte Konsequenzen im Äußeren: Bald wurde sie nach Europa, Südamerika und Indien eingeladen, wo sie begann, Vorträge und Seminare über innere Transformation zu halten. Über dreißig Jahre lang bereiste sie die ganze Welt, traf Tausende von Menschen und leitete Hunderte von Sozialarbeiter-Camps in Indien.

Zu Vimalas Lebzeiten wurden fast einhundert Bücher über ihre Arbeit auf Englisch, dutzende auf Marathi, über einhundert auf Gujarati und fünfzig auf Hindi veröffentlicht und in verschiedene europäische Sprachen übersetzt. Dies verdeutlicht die Verbreitung ihres Einflusses in Asien, Europa und Amerika. Da sie jedoch sehr bescheiden war und weder Ruhm noch Medienpräsenz suchte, blieb sie trotz des Umfangs ihrer Arbeit und ihrer Aktivitäten relativ unbekannt.

Angesichts eines wachsenden Gefühls der Sinnlosigkeit in der globalisierten und technologisierten Welt, die wir geschaffen haben, ermutigt uns Vimala, unsere Lebenskraft in der Stille und Kontemplation zu finden. Und heute, da die Zivilisation vor ernsthaften Herausforderungen steht, ruft sie uns auf, neue Formen des Zusammenlebens von Mensch und Natur zu schaffen und zu gestalten, Formen die auf dem universellen Prinzip der Einheit und Verbundenheit beruhen.

Am 11. März 2009 starb Vimala Thakar in ihrem Haus in Mount Abu, Radschastan, umringt von nahen Freunden, darunter vielen, die aus Europa angereist waren, um sich von ihr zu verabschieden. Es war Holi, das Fest der Farben in Indien, und es war Vollmond. So bescheiden wie sie gelebt hatte, so bescheiden war auch ihre Bestattung.

Ihr wegweisender Aufruf zu einem ganzheitlichen Menschsein und ihr revolutionäres und kompromissloses Leben können vielen Menschen Mut machen. Auch denen, die ihre Person und ihr Werk erst jetzt, über ihre Bücher, Videos oder den Dokumentarfilm *Im Feuer der tanzenden Stille – Reflexionen mit Vimala Thakar* kennenlernen dürfen.

Weitere Informationen

www.vimalathakar.world · www.vimalathakar.com
www.imfeuerdertanzendenstille.de

Dank

Die deutsche Übersetzung dieses Buches ist ein Akt der Hingabe. Ein großer Dank geht an Martina Dietrich. Sie hat stundenlang an den Sätzen getüftelt, um der Bedeutung von Vimalas Denken gerecht zu werden. Ich habe die abendfüllenden Zoom-Gespräche mit ihr genossen, in denen wir uns über die Feinheiten der deutschen Sprache unterhielten und zuweilen lange um ein Wort oder eine Beschreibung rangen, bis wir ein gemeinsames Ja zu einer bestimmten Textstelle erreichten. Gegen Ende der Übersetzung des Buches war gelegentlich auch ihre neugeborene Tochter dabei. Ich hoffe, dass sie etwas von Vimalas Geist mitbekommen wird.

Ein weiterer großer Dank geht an die deutsche Lesegruppe, mit der ich seit fast zwei Jahren dieses Buch lese und bespreche. Es ist immer ein wunderbarer Moment, wenn wir uns Sonntagmorgens virtuell treffen und ein weiteres Kapitel studieren. Wir sind uns nahegekommen in unseren Visionen, Sorgen, Ängsten und Hoffnungen, und Vimalas Worte haben unsere Kreativität und Denk- und Dialogslust gefördert. Ich danke euch allen für eure Ermutigungen, an der deutschen Ausgabe dieses Buches dranzubleiben. Auch danke ich Ulla Röber von Herzen, die das Buch vor Abgabe lektoriert hat. Mit großer Einfühlsamkeit hat sie, wie eine Bildhauerin, den ganzen Text nochmals bearbeitet und gewisse Sätze hinterfragt oder verfeinert.

Ein großer Dank geht auch an Ronald Steckel, der mich auf den Chalice Verlag aufmerksam gemacht hat, und an dessen Leiter Helga Jacobsen und Robert Cathomas: Danke für eure spontane Zusage und die großartige Zusammenarbeit. Ihr habt gespürt, dass die Herausgabe dieses Buches jetzt dringend nötig ist.

Und ein letzter großer Dank geht an Dr. Barbara Pennington, die ursprüngliche Editorin dieses Buches im englischen Original. Ohne ihre nahe und langjährige Freundschaft mit Vimala Thakar und ihre hingebungsvolle Bearbeitung von Vimalas Texten im Jahr 1984 würden Sie dieses Buch heute nicht in Ihren Händen halten.

Mit tiefer Dankbarkeit an Vimala Thakar.

RENATA KELLER

IM FEUER DER TANZENDEN STILLE

Reflexionen mit Vimala Thakar

Dieser Film von Renata Keller ist eine Ode an die Kraft der Stille, ein Andachtslied an das Leben, ein Tanz mit der Würde. Eine feurige Besinnung auf die Kraft unserer Verantwortung. Es ist ein Liebesgedicht, angeregt durch das rebellische Leben einer großmütigen Inderin.

Wäre ein friedvolleres, kreativeres Leben auf unserem Planeten möglich? In einer Zeit, in der der Zustand des Planeten laut zu uns spricht und fragt: Was ist uns das Leben, das Lebendige wert? Und was ist uns noch heilig? Diese Fragen führte die Regisseurin zur indischen Mystikerin, Philosophin und Grassroots-Aktivistin Vimala Thakar (1921–2009). Eine Begegnung, die ihr Leben tief inspiriert und verändert hat. Fast zwanzig Jahre später stellt sie das tiefgründige Werk dieser faszinierenden Frau in den Kontext unserer Zeit und setzt ihren dringlichen Aufruf zum ganzheitlichen Denken und Handeln in ein filmisches Kunstwerk um.

Der Chalice Verlag widmet sich
der Publikation von wertvollen Texten
aus verschiedenen spirituellen Traditionen

Unser gesamtes aktuelles Verlagsprogramm sowie
weiterführende Textbeiträge, Audioaufnahmen und Videos
finden Sie auf unserer Webseite

chalice.de

Wie Sie unsere Arbeit unterstützen können

Gute Bücher mit anspruchsvoller Literatur zu machen, ist heutzutage ein steiniges Unterfangen, besonders für kleine Verlage, die knappe finanzielle Mittel mit umso mehr Herzblut wettmachen müssen. Wir sind ein nicht-profitorientierter Kleinverlag, arbeiten für weniger als ein Taschengeld und reinvestieren alle unsere Erträge in neue Buchprojekte

Wenn Sie den Chalice Verlag unterstützen möchten, freuen wir uns natürlich über jeden Kauf und jede Weiterempfehlung der von uns verlegten Bücher. Falls Sie uns eine Zuwendung zukommen lassen möchten, die uns neue Buchprojekte ermöglichen hilft und unsere Verlagsarbeit fördert, danken wir Ihnen von Herzen

Unsere Bankverbindung:
Iban-Nr. DE89 3545 0000 1150 0050 54
Unser PayPal-Konto: kontakt@chalice-verlag.com

Chalice Verlag

Wie leben wir *richtig*, sodass wir unser körperliches, geistiges und seelisches Daseinspotenzial verwirklichen und mit unserer Umwelt, unseren Mitmenschen und uns selbst in Achtsamkeit und Mitgefühl umgehen und Sinn und Zweck unseres Lebens auf der Erde erfüllen können? Der Shivapuri Baba, einer der beeindruckendsten Menschen des 19. und 20. Jahrhunderts, der ein salomonisches Alter von 137 Jahren erreichte, lehrte das Prinzip des »Rechten Lebens«, das in seinen Grundlagen bestechend einfach und problemlos übertragbar ist auf jede Epoche, Gesellschaft, Kultur und Religion. Nachdem er 24 Jahre (!) in absoluter Einsamkeit im indischen Dschungel gelebt, danach auf seiner Pilgerreise 40 Jahre lang (!) den ganzen Erdball zu Fuß (!) umrundet und zahlreiche historische Persönlichkeiten wie Königin Victoria, George Bernhard Shaw oder Theodore Roosevelt beraten hatte, ließ er sich 1926 in Nepal nieder, wo er die Erkenntnisse seiner Erfahrung der spirituellen Verwirklichung lehrte. Obschon bereits zu Lebzeiten als großer Heiliger verehrt, lehnte er jeglichen Kult um seine Person vehement ab. Auf seine Bitte, seine Lehre der drei Disziplinen Rechten Lebens für die moderne Welt einfach und verständlich darzulegen, schrieb John G. Bennett diesen Klassiker der spirituellen Literatur: eine praktische Anleitung, wie wir – egal in welcher religiösen Tradition wir zuHause sind – die richtigen Prioritäten setzen, ganzheitlich leben und zu Selbsterkenntnis und zur Schau Gottes gelangen können.

ISBN 978-3-942914-26-0
240 Seiten

Sex ist eine der machtvollsten Kräfte in unserem Leben, und doch vermögen nur die wenigsten Menschen, ihn ganzheitlich zu betrachten. Weit über Fortpflanzung und Vergnügen hinaus kommt ihm besondere Bedeutung für die spirituelle Transformation des Menschen zu. Suchenden, denen sich zu diesem Thema schwierige Fragen stellen, bietet dieses Buch neue Denkanstöße und überraschende Blickwinkel auf eines der größten Wunder und tiefsten Rätsel der Schöpfung. In den hier zusammengestellten Auszügen aus seinen Vorträgen behandelt der Naturwissenschaftler, Philosoph und spirituelle Lehrer Bennett Themen wie den Ursprung der Sexualität, ihr Verhältnis zur Liebe, die Bedeutung des Geschlechtsakts, die komplementären Rollen von Mann, Frau und Kind, Ehe und Partnerschaft, Fortpflanzung, Elternschaft, Kreativität, »negativen Sex« sowie psychologische und gesellschaftliche Aspekte.

»Die innere Spaltung des Menschen ist die Trennung seiner geistigen und materiellen Hälften. Sie führt zur Unzufriedenheit und Suche, die seine Transformation erst ermöglichen. Die wirkliche Freude am Sex liegt weder in gedanklicher Stimulation noch in emotionaler Erregung, sondern in verbesserter Klarheit, Kraft und Stärke der Erfahrung auf allen Ebenen. Im Geschlechtsakt können wir wahrhaft wir selbst sein, und dies sollte uns in Sachen Sex sehr feinfühlig machen.«

ISBN 978-3-942914-06-2
120 Seiten

»In meines Vaters Haus sind viele Wohnungen.« Eine Entdeckungsreise durch alle Reiche der Schöpfung, von denen jedes eine besondere Aufgabe im Prozess der Selbsterkenntnis Gottes hat. Zentral ist dabei jener Ort, »wo sich die beiden Meere treffen«: die Welt des Imaginativen zwischen dem Sichtbaren und dem Unsichtbaren, wo sich ein wunderbarer Austausch abspielt. Um dem Sinn unseres Daseins und unserer Verantwortung – als Individuen und als Gemeinschaft – im Rahmen der Evolution gerecht zu werden, müssen wir die Funktion des imaginativen Reichs als Teil der Wirklichkeit verstehen lernen. Das Organ, das uns dazu befähigt, ist das menschliche Herz, dessen Spiegel wir durch die Läuterung unseres Lebenswandels polieren. Und das Gefährt, das uns über diese imaginative Wasserscheide hinaustragen kann, ist die menschliche Seele, die wir uns in diesem irdischen Leben erarbeiten und kräftigen müssen. Auf Basis von non-dualem metaphysischem Kartenmaterial (aus Christentum, Sufismus und den Lehren Gurdjieffs, Teilhard de Chardins und Ken Wilbers) erläutert die Autorin das Wesen des Imaginativen, das mit dem Auge des Herzens gut sichtbar und den mystischen Traditionen bestens vertraut ist. Dabei zeigt sie auf, wie wir unser Herz öffnen und einstimmen können auf die höheren Welten, durch die sich die erhabene Schönheit Gottes ausdrückt in unserer kostbaren Besonderheit als menschliche Individuen wie auch in unserer gegenseitigen Verbundenheit.

ISBN 978-3-942914-48-2
228 Seiten

Welch eminente Bedeutung Pflanzen für intakte Ökosysteme und unser globales Klima haben, weiß heute jedes Kind; ihre medizinischen Heilkräfte kennt und nutzt die Menschheit seit Urzeiten. Doch die moderne Wissenschaft tut sich noch immer schwer damit, die richtigen Fragen zu stellen bei der Erforschung der Pflanzenwelt, ihrer erstaunlichen Wirkungsweise, Kommunikation und Intelligenz. Der bekannte Pflanzenheilkundler und Bestsellerautor Buhner sagt: Für das Verständnis dieser Zusammenhänge können wir uns nicht allein auf die linearen Analysen unseres Gehirns verlassen, wir brauchen vor allem eine direkte Wahrnehmung der Natur. Die dafür prädestinierten Organe sind unsere Sinne und unser Herz. Wie wir lernen können, uns von der Wirklichkeit der Welt berühren zu lassen und ihre Bedeutungen zu verstehen, indem wir unsere Sinneswahrnehmung schärfen und unsere Gefühlsempfindungen ernst nehmen, erklärt er in diesem einzigartigen Buch. Mit einer spannenden Zusammenfassung neuster Erkenntnisse über die Synchronisation von Herz- und Gehirnaktivitäten, mit Erfahrungsbeispielen aus seiner langen Heilpraxis, mit einer Fülle wundervoller Zitate großer Naturpoeten – von Paracelsus über Goethe, Henry David Thoreau, Luther Burbank, George Washington Carver und Masanobu Fukuoka bis zu Robert Bly – sowie mit konkreten Übungsanleitungen zeigt uns der Autor, wie wir in der Wildheit der Welt die richtige Medizin finden gegen die Krankheit unserer anthropozentristischen Gegenwart: Mitgefühl, Verständnis, Ganzheit, Liebe.

ISBN 978-3-942914-56-7
442 Seiten · 30 Abbildungen

Nach seiner hochgelobten Biografie über Dag Hammarskjöld (1905–1961), den parteilosen schwedischen Diplomaten, zweiten Generalsekretär der Vereinten Nationen und spirituellen Denker und Autor, der auf einer Friedensmission in Afrika unter mysteriösen Umständen bei einem Flugzeugabsturz ums Leben kam, legt Roger Lipsey mit diesem Buch ein kluges Vademecum vor über dessen Gedanken zur Kunst der ethischen Führung, die in der heutigen Zeit von Populismus und wiederaufkeimendem Nationalismus vielleicht bedeutsamer sind als jemals zuvor. »In einer Zeit, in der politische Führung sich in vielen Kontexten den schlimmsten und ätzendsten Facetten der Unterhaltungsindustrie angleicht und das Ideal des Dienstes am Allgemeinwohl geringgeschätzt, ja gar missachtet wird, ist es wichtig zu wissen, wo wir nach Hoffnung und neuen Zielen suchen sollen. Dag Hammarskjölds herausragendes Beispiel einer Staatskunst, die gleichzeitig klug, demütig, beherzt, geduldig und gewagt war, haben wir heute so nötig wie Wasser in der Wüste« (Rowan Williams Politiker und Theologe, Magister am Magdalene College in Cambridge und ehemaliger Erzbischof von Canterbury). »Ich bin mittlerweile zur Erkenntnis gelangt, dass ich im Vergleich zu ihm nur ein kleiner Mensch bin. Er war der größte Staatsmann unseres Jahrhunderts« (John F. Kennedy über Dag Hammarskjöld). Mit dem Kauf dieses Buches unterstützen Sie UNICEF, das Kinderhilfswerk der Vereinten Natio-nen, mit 1 Euro.

ISBN 978-3-942914-47-5
152 Seiten

Das innere Leben von Kindern und Jugendlichen ist für die meisten Erwachsenen zu einem Rätsel geworden, nachdem sie die Sprache der Kindheit verlernt haben. Wie können wir diese kostbare Innenwelt von Heranwachsenden nähren und heilen angesichts der schlechten Einflüsse einer Gesellschaft, die sich rein materiellen Werten verschrieben hat und Geist und Seele vernachlässigt? Dieses einzigartige Buch gibt viele praktische, intelligente und überraschende Impulse dazu, wie wir schädliche Erziehungsmethoden maßvoll korrigieren und unsere Kinder und Teenager ermutigen können, eigenständig zu denken und sich angstfrei und emotional ausgeglichen zu entwickeln. Das kann aber nur geschehen, wenn wir Erwachsenen bereit sind, uns selbst zu verändern und gemeinsam mit unseren Kindern »größer zu werden«. Lillian Firestone beschreibt hier einfühlsam, selbstkritisch, humorvoll und höchst unterhaltsam, wie wir gemäß den weisen Ratschlägen des genialen Lebenslehrers Georges I. Gurdjieff ein Umfeld schaffen können, in dem Kinder mit Freude lernen, kreativ und mutig zu sein, Verantwortung zu übernehmen, gesunden Menschenverstand (das heißt einen klugen Kopf *und* ein kluges Herz) zu entwickeln und sich ihre Neugier, ihre Abenteuerlust und ihre Achtsamkeit gegenüber dem Wunder des Lebens zu bewahren. Eine inspirierende und ermutigende Lektüre für alle, die das Staunen, Lernen und Wachsen nicht allein den Kindern überlassen wollen.

ISBN 978-3-942914-37-6
224 Seiten · 21 Abbildungen

WEITERE TITEL IM CHALICE VERLAG

Was ist das Wesen des Kindes? Was bedeutet Kind*heit* als Archetyp, als spirituelles Ideal und lebendige Wirklichkeit? Wie können wir Kindern helfen, das zu werden, was zu sein sie von der Schöpfung gedacht sind? Was können wir von ihnen lernen, da wir doch aufgerufen sind, zu werden wie sie? Wie können wir ihnen in liebender Achtsamkeit begegnen und ihnen die Art von Nahrung verschaffen, die sie in unserer Zeit brauchen? Dieses Lesebuch bietet Denkanstöße, Erfahrungsberichte und Verhaltensvorschläge aus dem Weisheitsschatz der mystischen Überlieferungen der verschiedenen Religionen wie auch von maßgeblichen Wegbereitenden einer neuen ganzheitlichen Pädagogik. Nicht nur Eltern, Betreuende und Erziehende sind hier angesprochen, sondern alle, die die »versöhnende Kraft des Kindes« (Gurdjieff) verstehen möchten, die »Achtung haben vor den Geheimnissen und den Schwankungen der schweren Arbeit des Wachsens« (Janusz Korczak) und die es sich zur Aufgabe machen, das Kind als »lebendiges menschliches Bild der Wahrheit zu umsorgen« (Bülent Rauf). Und weil letztlich »alle Bildung Selbstbildung ist« (Edith Stein), geht es dabei immer auch um unser »inneres« Kind, das, »wenn die Zeit reif ist, in uns geboren wird« (Reshad Feild). Dieses Buch kann uns helfen, zu verstehen und unsere Kinder zu lehren, was Gott zu jeder und jedem Einzelnen von uns sagt: »Du bist Mein Schmuck; du bist Meine Schönheit; du bist Meine Vollkommenheit; du bist Mein Name« (al-Dschīlī).

ISBN 978-3-942914-34-5

480 Seiten

Eine den Zeitgeist bedienende Trivialtheologie sowie ein vom Publikumsschwund verängstigtes Kirchenmarketing interpretieren die Gleichnisse und Wunder Jesu zunehmend unter politischen, sozialen und moralischen Gesichtspunkten. Damit berauben sie die christlichen Grundbotschaften ihres revolutionären, zutiefst spirituellen Gehalts und werfen deren unschätzbaren »Perlen vor die Säue«. Dieses Buch des Neurologen und Psychiaters Maurice Nicoll (Schüler von C.G. Jung und G.I. Gurdjieff und dessen Lehre des Vierten Weges oder »inneren Christentums«) rückt den geistig-psychologischen Kern dessen, was Jesus gelehrt hat, wieder in den gebührenden Fokus. Die wichtigsten Gleichnisse und deren zentralen Begriffe und Figuren – wie die Liebe, die Hochzeit, die Versuchung, die Wahrheit, das Gute, die Gerechtigkeit, die Rechtschaffenheit, die Klugheit, das Gebet, der Weinberg, der Glaube, das Himmelreich, die Wiedergeburt zum neuen Menschen oder Simon Petrus, Maria Magdalena und Judas Ischariot – werden hier mit einem tiefgreifenden Verständnis ihrer inneren Bedeutung so überraschend wie brillant erklärt. Nicht zuletzt die schöne Übersetzung aus dem Englischen, besorgt von Ernst Friedrich Schumacher (dem deutschen Ökonomen, »geistigen Vater« der Europäischen Währungsunion und Autor des Bestsellers *Small Is Beautiful*), machen dieses Buch zu einem Aufklärungswerk für alle, egal welchen Glaubens, die verstehen wollen, was Christus gelehrt hat.

ISBN 978-3-942914-05-5
208 Seiten

»Chanting«, das meditative, rhythmische Singen einfacher Tonfolgen, wirkt spürbar fördernd für unser körperliches, seelisches und geistiges Gleichgewicht. Dieses archaische Vokaltönen steigert unser Wohlbefinden und vermag, im stressigen Alltag eine heilende Wirkung auf vielen Ebenen zu entfalten. Insbesondere in Verbindung mit Meditationstechniken und Bewegungsformen wie Yoga oder Qi-Gong gewinnt »Heilsingen« als Therapieform eine immer größere Bedeutung. Dabei liegt dem Chanting ein jahrtausendealtes spirituelles Wissen über das Verbinden von »Himmel und Erde« zugrunde, das in hinduistischen und buddhistischen Mantras ebenso anklingt wie in gregorianischen Chorälen und vielen Gesangsritualen indigener Völker auf der ganzen Welt. Dieser praktische Ratgeber ist auch für ungeübte Sängerinnen und Sänger bestens geeignet. Er führt in verschiedene Methoden des Vokaltönens ein und präsentiert viele Chanting-Übungen sowie begleitendes Tonmaterial zum Gratis-Download aus dem Internet. Der Autor vermittelt seine Anleitungen auf Basis jahrzehntelanger Erfahrung als Musiker und mit einem profunden Wissen über die grundlegenden Zusammenhänge von Chanting und Harmonielehre, Schwingungstheorie, Oktavengesetz, Atemkunst, Körperarbeit, Meditation, Achtsamkeit und Geomantie. Dabei lernen wir auch, den »Klängen« von Kunstwerken der Malerei oder von Kraftorten in der Natur zu lauschen und deren Resonanz in uns heilend wirksam werden zu lassen.

ISBN 978-3-905272-36-9
212 Seiten · 42 Abbildungen

Ein Schatz tiefer Einsichten aus spiritueller Perspektive in das große Mysterium des Atems. Inspirierende Vorträge, praktische Übungsanleitungen und eine Auswahl poetischer Texte aus unterschiedlichsten Traditionen laden uns ein, den Atem als Wunder auf vielen Ebenen zu erforschen.

Was ist dieser Atem? Welche Bedeutung liegt in diesem Leben spendenden Geheimnis? Wie wichtig ist das bewusste Atmen für echte spirituelle Transformation? Was sagt uns die Tatsache, dass unser Leben all seine Möglichkeiten zwischen einem Einatmen und einem Ausatmen entfaltet? Wie hängt das alles mit dem Rhythmus des Universums und der Zeit zusammen? Welche Rolle spielt der Atem im »Werden des Seins« aus dem immerwährenden »Schoß des Augenblicks«? Wie können wir Nahrung einatmen und sie ins alchimistische Exilier destillieren, das wir für die nachhaltige Verwandlung unseres Lebens brauchen? Wie können wir ausatmen, um die Atmosphäre in einem Raum oder in einer Situation zu verändern, in Verantwortung für unsere Mitmenschen und für die »kommende Welt«? Was könnte es bedeuten, dass Jesus »auf dem Wasser wandelte« und dass »Atem und Geist eins sind«? Welches ist die esoterische Beziehung zwischen Maria, Jesus, dem Geist Gottes, *rūḥ Allāh,* und Christus?

Vor dem Hintergrund seines lebenslangen Studiums der inneren Essenz der Sufi-Lehren liefert uns der Autor Gedankenanstöße und praktische Tipps zur Atemarbeit in unserem Alltag.

ISBN 978-3-942914-09-3
172 Seiten

Das Leben ist das größte Geschenk, das uns gemacht wird. Und doch geschieht beinahe alles, was wir in dieser Welt tun, unbewusst und beruht auf den Reaktionen unseres konditionierten Verstandes, der im Allgemeinen schläft und mechanisch auf alle erdenklichen äußeren Reize anspringt. Wir stolpern schlafwandelnd durchs Leben und hinterfragen selten oder nie unsere Motive und Absichten. Kein Wunder, dass wir hin- und hergeworfen werden von den Wellen eines Schicksals, über das wir die Kontrolle längst verloren haben, und dass wir, eingelullt in unserer Blase von Meinungen und Urteilen, die Wirklichkeit nur in den seltensten Augenblicken klar erkennen. In diesem mitreißenden Buch finden wir wertvolle Impulse und praktische Unterweisungen dazu, auf was wir achten sollten, wenn wir uns auf die Suche machen nach der wahren Bedeutung unseres Daseins und nach einem sinnerfüllten, spirituellen, ganzheitlichen Leben. Der bekannte Mystiker und Atemlehrer Reshad Feild hat mit seinen tiefen Einsichten in die Geheimnisse der Schöpfung und seinem freigeistigen, unsentimentalen, humorvollen Ansatz bereits Tausenden von Menschen auf der ganzen Welt geholfen, in ihrer persönlichen Entwicklung voranzukommen. Diese 39 Kapitel beschreiben Schritte in jene Freiheit, nach der wir uns alle sehnen, wenn wir erst einmal erkannt haben, dass der Zweck der oberflächlichen Antworten dieser Welt darin besteht, unseren Hunger nach den tiefergehenden Fragen des Lebens zu wecken.

ISBN 978-3-942914-35-2
208 Seiten